강원문학의 장소와 심상지리

# 강원문학의 장소와 심상지리

강원문학연구회 평론집
남기택 국원호 권석순 김남극 김정은
류상범 박상익 성시하 이민호 이　은
장경호 정연수 최도식 최봉주 최　윤

## 책을 내며

　이 책은 강원문학의 장소성을 다양한 시각에서 살펴볼 목적으로 기획되었다. 강원문학의 정체성과 특이점을 논구하는 과정에는 현대문학뿐만 아니라 고전문학, 언어학, 역사학 등의 학제간 관점이 종합되어야 한다. 이 책은 그런 당위를 실천하고자 강원 지역에서 활동하는 소장 필진을 섭외하고 청탁하였다. 물론 그 중심에는 강원문학연구회 회원들의 공통된 문제의식과 협동 작업이 전제되어 있다.

　강원문학연구회는 강원 영동권을 거점으로 활동하는 소장 문인들의 모임이다. 문학평론가는 물론 시인, 소설가가 함께 문학 활동을 펼치고 있다. 2006년도에 설립된 본 단체는 창작은 물론 본격적인 문학평론 작업을 지향해 왔고, 현재 정기적인 세미나를 통해 이론 공부와 사업 기획을 추진 중이다.

　2024년에는 지역문학의 현재적 수위를 진단하고자 문학심포지엄을 개최했고, 그 결과를 이번 공동 평론집으로 묶었다. 우리는 문인협회나 작가회의를 포함하는 강원권 공론장을 마련하였고, 나아가 전국에 강원문학의 실체와 저력을 알리고자 노력했다. 구체적으로는 강원 문학사의 대표적 정전(canon)을 지금 시각에서 재구성하고, 더불어 현 단계 쟁점적 작가 및 작품을 조명하거나 소개하고 싶었다.

이 책은 3부로 구성되어 있다. 1부는 '강원문학의 경계와 장소성'이라는 제하로 일반론 혹은 범주론의 관점에서 강원문학에 접근한 글을 묶었다. 2부는 '정전과 정전 너머'라는 주제로 강원문학의 대표적 정전에 관한 재론에 해당된다. 3부는 강원문학의 당대적 지평을 예시하는 글들을 모아 '강원문학의 현재와 미래'로 실었다. 원고를 맡은 필자들이 요약한 키워드를 중심으로 이 책의 내용을 소개하면 다음과 같다.

1부를 여는 「강원 문학사와 로컬리티」(남기택)는 장소성에 주목하여 강원 문학사의 쟁점을 다룬다. 정전 격으로 거론되는 이태준, 김동명, 이성교 등의 문학세계에 나타난 장소성 양상을 예시하였다. 올바른 지역 문학사 구성을 위해 로컬리티 관점에서의 다양한 모색은 필연의 수순일 것이다. 「언어라는 장소」(최윤)는 부제와 같이 '강원문화와 방언 양상'을 소개한다. 영동 방언과 영서 방언으로 대표되는 강원 방언은 그 지역의 음운적, 언어적 특성을 담아내며 지역문화를 생동감 있게 표현하는 중요한 자산이다. 문학작품에서 방언은 지역적 특수성을 살릴 수 있는 중요한 도구로, 이를 통해 작품의 질적 향상과 지역문화의 보존에 기여할 수 있다. 이 글의 제언처럼 방언을 활용한 문학적, 교육적 접근으로써 방언의 가치를 재발견하고 지역적 자긍심을 고취하려는 노력은 중요한 의미를 지닌다.

「한시를 통해 본 강원도의 심상지리」(김정은)는 전근대 시기 한시

작품에 표상된 강원도 명승에 대한 심상지리를 고찰한 것이다. 이 글은 관련 심상지리의 형성 과정을 살펴보고 색다른 명승 이미지를 보여주는 한시 작품을 소개한 데에 의미가 있다. 「강원권 아동문학의 공간과 장소」(권석순)는 강원아동문학회 동인지 『강원아동문학』 창간호부터 49집까지의 작품에 녹아져 있는 공간과 장소의 정체성을 살펴본 글이다. 이 글에서는 아동문학가들의 상상을 통과한 강원권 자연환경이 동심과 맞물리면서 생명력을 얻고 있음이 확인되었다.

2부의 「이효석 소설에 나타난 공간의 의미」(김남극)는 부제목처럼 평창, 경성, 북만주를 중심으로 이효석 소설의 공간 양상을 다룬 글이다. 특히 장편 『벽공무한』을 통해 하얼빈으로 대표되는 북만주 공간의 의미에 주목하였다. 하얼빈과 경성의 흥미로운 대비 양상 속에서 이효석 소설의 다양한 면모를 확인할 수 있다. 「철원, 이태준 단편소설 속 고향의 심상지리」(박상익)는 강원도 출신의 대표적 문인 이태준이 자신의 문학작품에서 고향의 심상지리를 어떻게 반영했는지를 탐구한 글이다. 이태준 소설세계는 방대한 양으로 정평이 나 있음은 물론 문학적 성취 또한 기존 연구에서 확인된 바 있다. 이 글은 이태준 소설을 철원에 대한 문학지리학으로 접근한 선구적 사례에 해당된다. 「이국 정서와 고향에 대한 토포필리아」(국원호)는 강원문학의 대표적 정전이라 할 김동명을 다시 읽는다. 특히 김동명의 첫 시집 『나의 거문고』가 고향에 대한 장소애로 가득 차 있음에 주목하였다.

「강원문학의 정전, 박인환과 김수영의 차이」(이민호)는 인제 출신의 박인환을 김수영과 함께 다룬다. 박인환과 김수영의 관계는 대부분 비문학적 층위에서 논의되었다. 경쟁 관계, 열등감, 콤플렉스, 피해의식, 대타 의식 등으로 고정관념 혹은 편견을 표출하는 수준은 아니었는지 반성해야 한다. 이 글은 강원문학의 정전으로서 박인환 시는 여전히 변신 중임을 강조하였다. 「강원도의 심상지리와 공간의 실천」(최도식)은 강원도의 시인, 삼척의 시인으로 알려진 월천 이성교의 시세계를 조명했다. 월천 이성교는 고향 삼척과 영동 지역, 더 나아가 영서 지역으로 시적 소재를 확장한다. 그의 시는 강원 지역의 공간적 이미지를 통해 민족의 애환과 정서를 내면화한 세계를 선보였다.

3부의 「강원 근현대사의 쟁점」(장경호)은 사학 전공자가 강원 지역 근현대사를 개관한 글이다. 강원 지역 근현대사의 쟁점이 되는 부분을 우선적으로 정리하고, 말미에 미개척 분야에 대하여 근현대로 나누어 각 분야별로 정리한 것이다. 「강원문학에 나타난 분단 인식과 장소성」(정연수)은 38선과 휴전선이 남긴 분단의 상처를 시를 통해 조망했다. 정춘근, 고형렬, 김동명, 이성선, 이상국, 박봉준, 김종헌, 장승진 등 강원 지역 시인의 작품을 통해 관련된 장소성을 살폈다. 트랜스로컬리티 관점에서 속초 아바이마을을 다루는가 하면, 분단 현장을 대하는 문인의 자세까지 아우르고 있다.

「탄광문학의 미래」(남기택)는 광부시인의 대명사로 알려진 성희직 시세계를 조명한다. 성희직 시를 통해 탄광문학의 현재를 진단하고 미래 비전을 예고하였다. 시인을 직접 찾아 인터뷰한 내용은 관련 장르의 실정을 이해하는 참조점이 될 수 있을 것이다. 「정석교 시의 장소성과 서정적 리얼리즘」(류상범)은 강원영동 지역(삼척)을 거점으로 문학 활동에 매진한 정석교의 시세계 전반을 조명하였다. 정석교 시는 지역에 대한 애정을 기반으로 인간 존재와 노동의 문제를 사유한다. 정석교 시가 보여주는 지역적 특수성과 한국 사회의 보편성은 지역문학, 노동문학, 탄광문학, 한국문학이라는 다양한 층위에서 논의될 필요가 있다.

그 밖에도 이 책은 강원문단 현장에서 활동하고 있는 작가들의 작품을 수록하였다. 기성 문인으로서 이은과 성시하의 시, 신예 작가로서 최봉주의 소설을 청탁하였다. 1부 말미에 수록된 이은 신작시 「나의 고랭지」·「동쪽 장터」, 2부 말미에 수록된 성시하 신작시 「붉은 메밀밭」·「달을 먹다」, 3부 말미에 수록된 최봉주 소설 「타점」 등은 이 책을 읽는 또 다른 재미이자 감동일 것이라 자신한다. 강원문학을 주제로 삼은 책에서 창작은 꼭 필요한 콘텐츠라 생각했다. 바쁜 와중에도 취지를 공감하고, 귀한 작품을 보내 준 작가들에게 지면을 빌려 고마움을 전한다.

공동 평론집 원고 작업을 마무리할 즈음에 소설가 한강의 노벨문학상 수상 소식이 들렸다. 문학에 종사하는 사람으로서 벅찬 감격을 느꼈다. 한국문학의 역사적 성가가 집약된 사건이자 미래 지평을 여는 중대한 기제임이 확실하다. 수상자가 아프게 직시했던 가부장적 이데올로기, 제도의 폭력과 그로 인한 트라우마는 지금 이 순간에도 여전히 실재할 줄 안다. 과연 문학이 무엇을 할 수 있을까. 늘 되물어 왔던 이 질문에 대해 한강의 작품들은 명확한 답을 제시해 주었다.

우리 공저가 공명 없는 작업에 그칠지도 모른다. 그렇더라도 강원문학의 실체와 다양성에 관한 하나의 흔적으로 남길 기대한다. 과문한 탓이겠지만 강원문학의 현장은 지극히 정태적으로 보인다. 제대로 된 계간지 한 종조차 찾아보기 힘든 이 광역 단위는 너무도 넓은 영역을 점유하고 있다. 거기 자리한 18개 시군이 각자도생의 자기만족적 차원에서 개별 문단 명맥을 이어가는 중이다. 물론 그 자체로 고유한 지역문단 현장임이 분명하다. 우리는 나아가 내부 간 소통과 외부와의 협업을 그린다. 로컬은 곧 트랜스로컬임을 알기 때문이다. 스스로를 갱신하는 입장과 실천 속에 이곳 공동체의 문학과 문화를 비출 비전이 담보되리라 믿는다.

2024. 10.
필자들을 대신하여
남기택

| 차례 |

책을 내며 • 05

# 1부
## 강원문학의 경계와 장소성

강원 문학사와 로컬리티 **남기택** • 17

언어라는 장소 – 강원문화와 방언 양상 **최윤** • 35

한시를 통해 본 강원도의 심상지리 **김정은** • 71

강원권 아동문학의 공간과 장소 **권석순** • 95

신작시_나의 고랭지 외 1편 **이은** • 119

## 2부

## 정전과 정전 너머

이효석 소설에 나타난 공간의 의미
—평창, 경성, 북만주를 중심으로 **김남극** • 127

철원, 이태준 단편소설 속 고향의 심상지리 **박상익** • 155

이국 정서와 고향에 대한 토포필리아—김동명론 **국원호** • 175

강원문학의 정전, 박인환과 김수영의 차이 **이민호** • 193

강원도의 심상지리와 공간의 실천—이성교론 **최도식** • 211

신작시_붉은 메밀밭 외 1편 **성시하** • 243

3부

**강원문학의 현재와 미래**

강원 근현대사의 쟁점 **장경호** • 249

강원문학에 나타난 분단 인식과 장소성 **정연수** • 263

탄광문학의 미래—성희직론 **남기택** • 293

정석교 시의 장소성과 서정적 리얼리즘 **류상범** • 313

소설_타점 **최봉주** • 343

# 1부

## 강원문학의 경계와 장소성

# 강원 문학사와 로컬리티

남기택

## 1. 전제와 입장

강원권 현대문학은 여느 지역과 마찬가지로 일제강점기로부터 본격적 성립 양상이 기록되고 있다. 이 지역의 문학사를 개관한 『강원도사』(강원도사편찬위원회 편, 『강원도사』 18—문화·예술·체육, 강원도사편찬위원회, 2017)를 보면, 대표적인 예시로 시 장르에서는 김동명(1900~1968, 강릉), 박인환(1926~1956, 인제) 등이 거론된다. 이들의 주 활동 무대가 서울이었다는 점은 부인할 수 없는 사실이지만, 강원도와 관련된 생애가 적지 않다는 점에서 지속적 관심이 필요하다는 입장이다.(이민희, 「제1절 문학」, 94쪽) 소설의 경우 해방과 한국전쟁 이후부터를 다룬다. 그 이전의 정전(canon)에 대해서는 "이효석·김유정 등으로 대표되는 소설"이 "향토성을 중시하던 풍토"를 지니며, 1960년대 이후에야 주류 경향에서 벗어나기 시작되었다는 문맥을 통해 짧게 확인되는 정도이다.(98쪽) 『강원도사』라는 개관류 자료의 한계를 인정하더라도, 강원문학 전반에 대한 개설로서는 소략한 수준으로 보인다.

강원 문학사를 학술적 관점에서 정리하려는 시도는, 역설적으로, 강원 지역권 에콜 너머에서 발견된다. 『한국 지역문학 연구』(박태일, 『한국 지역문학 연구』, 소명출판, 2019)가 대표적 사례이다. 이 책 5부가 강원문학에 해당되는데 「재북 시기 리태준의 문필 활동 실증」, 「리태준이 북한에서 쓴 평론」, 「전쟁기 강원 지역 시동인지 『청포도』」 등 3편이 수록되었다. 간단한 논지이기는 하지만 강원문학을 대상으로 집중된 학술 담론을 취합하고 있는 경우라 하겠다. 지역 에콜 내부의 최근 성과로는 『문학 속의 강원, 강원 속의 문학』(이미림, 『문학 속의 강원, 강원 속의 문학』, 월인, 2023)이 있다. 강원문학에 대한 개별 접근들이 취합된 책인데, 일제강점기 김유정·이효석, 시인 김동명·신봉승, 소설가 윤후명·이순원·최성각 등에 대한 분석이 수록되어 있다. 저자의 연속된 문제의식을 담고 있지만, 지역문학 연구라는 관점에서 일관된 방법론이 적용된 경우로 보긴 어렵다. 개별 원고를 취합하는 형식의 연구서가 지닌 공통된 한계일 것이다.

2020년대 이전의 강원문학 연구사에 속하는 자료들은 대개 단편적 정리 차원을 벗어나지 못하고 있다. 강원문학 연구사의 현 수준은 해당 지역의 문학장 활성화 정도와 비례할 것이다. 또한 이곳 지역의 아카데미와 평단에 내재된 구조적 조건과도 관련된다. 인적, 물적 조건이 열악한 까닭에 그 결과물이 풍성할 리 없다. 이제는 개별 작가론이나 작품론 단계를 넘어서는 포괄적 접근은 물론 다양한 방법론적 모색을 통해 강원문학 연구의 수위를 확장할 시점이다. 인적, 물적 조건의 열악함을 조직적 접근 등으로써 보완하는 실천적 입장이 요구되고 있다.

이른바 강원문학이라는 범주 속에는 다양한 텍스트가 존재한다. 아직까지도 많은 자료들이 사장된 채 제대로 된 조명과 평가를 받지 못하고 있는 실정인 줄 안다. 이들에 대한 실증적 복원은 지속되어야 할 일차적 과제임이 분명하다. 나아가 현 단계 강원문학 연구에 있어서는 미학적, 이론적 입장에서 정치한 방법론적 천착이 필요하다. 이는 '강원문학'이라는 범주 형성의 근거인 동시에 한국문학 연구의 지평 확장을 위한 필연적 선택일 것이다.

## 2. 개별 지역 문학사 사례

지역문학은 통상 거점 지역 단위를 중심으로 호명된다. 즉, 현 단계 행정구획에 있어서 광역단체에 따라 범주 구분을 하는 것이 통상적이다. 이처럼 강원문학을 하나의 통시적, 공시적 단위로 둘 때에는 하위 지역의 다단한 현상을 포함하기 어렵다. 그 한계를 극복하고자 시 단위 문인 단체를 중심으로 개별 지역의 문학사 연구가 시도되기도 한다. 필자가 주목한 몇 가지 사례를 예시하면 다음과 같다.

우선『삼척문학통사』(정연휘 편,『삼척문학통사』, 삼척문학통사발간위·삼척문인협회, 2011)가 있다. 이는 삼척 지역의 문학장을 독립된 단위로 전제하고, 고대로부터 현대에 이르기까지 이 지역의 문학 양상을 개관하려는 의욕적 시도였다. 한편 '통사'의 개념은 사전적으로 전 시대와 전 지역에 걸쳐 역사적 줄거리를 서술하는 역사 기술의 양식 또는 그 역사로 정의된다. 그렇게 볼 때『삼척문학통사』는 통사라기보다 사료집에 가깝다. 일관된 역사 기술의 관점에서 체계적으로 정리된 텍스트는 아니기 때문이다. 그럼에도 불구하고 27cm 판형의 740쪽에 이르는 방대한 체제로 고대로부터 현대에 이르기까지 삼척 지역의 문학 흔적을 정리하였다는 점에서 남다른 의미를 지닌다. 관련 지역의 문학 연구는 물론 한국 문학사의 총량적 관점에서 의의를 지니는 1차

자료인 것이다.

『삼척문학통사』의 주요 내용은 다음과 같다. 먼저 '화보로 만나는 삼척 문단'은 1960년대부터 2011년대까지의 주요 행사 사진을 소개한다. 그 밖에 주요 동인 단체들의 사진이 실린다. '시인·작가앨범' 역시 주요 작가의 사진이다. 다음으로 '문단사 1'에서는 「고대부터 근대까지 삼척문단사 개관」(김영기), 「1960년대 이후 삼척문단사」 1(이창식), 2(김진광)가 수록되어 있다. '문단사 2'는 작가들의 대표 작품이 전재되어 있고, '문단사 3'에서는 주요 동인 단체들의 양상과 작품세계에 대한 글들을 취합하여 소개하였다. 예컨대 동예문학회, 불모지문학회 등 초기 문학 단체들의 활동 양상과 동인지 일부가 전재되어 있다. 또한 삼척 시인들의 탄광시 양상, 안팎에서 본 두타문학회 평가 등을 수록하였다. 그 밖에 이 사료집에는 강원 문학사의 주요 인자인 신봉승(1933~2016, 강릉)의 격려사가 있어 주목된다.

돌이켜보면 나와 삼척문학의 인연은 남달리 깊다. 삼척현대문학의 태두나 다름이 없는 고 최인희 시인은 나를 문학의 세계로 이끌어주신 최초의 스승이시다. 내가 강릉사범학교 학생일 때 선생님은 마치 낙서 조각과도 같은 나의 습작시를 손수 첨삭지도 해 주시면서 해박한 한문 지식으로 당나라의 고전시를 해설해주시곤 하였지만, 애석하게도 36세를 일기로 세상을 떠나셨다. 나는 선생님의 장례식장에서 하염없이 울었던 기억이 지금도 생생하다.

이성교 교수와는 또 어떤가. 내가 사범학교 3학년일 때 이성교 시인은 강릉상고의 2학년 학생이었다. 1952년 피난지 대구에서 발간되던 「수험생」이라는 잡지에 나와 이성교 시인은 서로 앞서거니 뒷서거니 당선의 영예를 안으면서 당시 광주고교의 학생이었던 박봉우, 윤삼하 등과 함께 고교생 시인의 문명을 함께 떨친 인연이 있으며, 문학평론가

이자 강원일보사의 논설위원, 전무 등의 중책을 거치면서 강원언론을 주도하는 와중에서도 강원문화의 심층을 파헤쳐서 도민의 자긍심을 깨우는 등 수많은 작품을 집필한 김영기 위원과도 끊을 수 없는 인연을 맺고 있다. (중략)

　그리고 또 한사람의 작고문인 중에 김영준이라는 이름이 하나의 신기루처럼 다가온다. 20여 년 전, 내가 강원문학의 재건을 위해 사재를 털어서 <관동문학회>를 복원하였고, 동인들의 발표지면을 확장하기 위해 『관동문학』지를 발간하게 되었다. 그리고 얼마 뒤 『관동문학상』을 제정하여 시상을 하는 등 관동권 문인들의 활성화를 위해 미력을 보태고 있을 때, 삼척문학인들의 따뜻한 협력을 잊을 길이 없다. 김영준, 정연휘, 박종화 등 삼척문단을 대표하는 세 분의 협력과 지원을 나는 지금도 생생히 기억하고 있다.(신봉승, 「박수와 격려 그리고 그리움」, 정연휘 편, 앞의 책, 10~11쪽)

　신봉승은 강원 문학사의 주요 전사로 조명되는 대상이다. 위에 언급된 최인희, 이성교 역시 그렇다. 김영준은 제도적 문단 활동이 드물었던 탓에 학계의 주목은 받지 못하고 있으나, 지역문단의 구성과 전개 과정에서 의미 있는 역할을 한 인물이다. 위 신봉승의 회고는 당대 강원문단의 구체적 양상을 재구하는 데에 참고할 만한 지표를 육성으로 체현하고 있다.

　이 같은 『삼척문학통사』의 의의는 역으로 한계에도 해당된다. 고대로부터 현대에 이르기까지 삼척 지역의 문학적 흔적을 종합적으로 정리한 일차자료로서의 의미를 지니지만, 관련 자료나 학술적 전거가 부족하다. 구체적 실증에 있어서의 한계는 선험적으로 예고된 결과일지 모른다. 해당 지역에는 관련 연구 활동을 하는 전문 학자나 정치한 평론 작업을 담보해 낼 인자가 부족하기 때문이다. 이 작업을 총괄한 정연휘 시인의 경우도 전문적 분석가는 아니다. 따라서 화보 자료와 함께 작가 총원을 약력 중심으로 개괄하였다. 이는 기존의 동인 문집을 구성해 왔던 방식, 즉 정연휘 시인이 오랫동안 제작해 왔던 『두타문학』이나 『삼척문단』의 체제와 다르지 않다.

강원권 내부의 개별 지역 문학사 차원에서 또 다른 성과로 예시할 텍스트는 『강릉문학사』(강릉문인협회, 『강릉문학사』, 강릉문인협회·강릉시, 2017)이다. 이 책은 "첫째 시대는 '삼국·통일신라·고려·조선시대 문학'으로, 둘째의 시기를 '구한말·일제강점기·해방기 문학'으로" 하며, "셋째 시기는 1950~1970년대로 하고, 넷째는 1980~1990년대로 가고, 다섯째의 시기를 2000~2010년대로 하여 마무리하는 것"을 목표로 8명의 필자에 의해 집필되었다.(이광식, 「총론」, 17쪽) 단계적인 필진회의와 전문가 자문을 거친 결과 전체 구성이나 항목별 논거 제시가 진일보한 수준으로 평가할 수 있다. 사료집 체제를 지양하고 각 장마다 시대별 문학사 기술의 형식을 취했으며, 외형적 규모 역시 27cm 판형에 1,033쪽에 이르는 방대한 분량을 통해 그 진정성을 입증한 셈이다.

하위 지역별 문학사 정리의 방식과 달리 개별 주제론 차원에서 주목되는 최근 성과로는 정주아의 「1970년대 원주그룹의 생명론과 '민중-생태'의 형식」(『한국현대문학연구』 72, 한국현대문학회, 2024. 4)이 있다. 이 글은 1970년대부터 생명사상을 지향했던 이른바 '원주그룹'의 형성 및 운동 방향, 운동 과정에서 직면했던 갈등 등을 분석하였다. 주요 논점으로 초기 원주그룹을 구성했던 주요 구성원들의 면모와 세대적 특징, 원주그룹이 진행한 협동조합운동에 '생명'이라는 의미가 부여되는 과정과 이 운동철학이 생태주의를 포괄하게 되는 과정, 원주그룹의 정체성이 집약된 <한살림선언>에 반영된 생태론적 시각과 당대 마르크스주의 운동론과 갈등을 빚었던 정황 등이다. 이러한 분석은 강원문학의 사상적 배경과 문학담론의 지평 구성과 관련된 저변 확보의 일환일 수 있다는 점에서 의미를 지니리라 본다.

기타 각론의 성과로 졸고 「박일송 시 연구」(『운곡논총』 14, 운곡학회, 2023)를 예시하고자 한다. 박일송은 장교 생활을 청산한 이후 원주에 정착하여 해당 지역의 문학장이 형성되는 데에 주요한 역할을 했다. 그의 활동은 원주문인협회로 이어지는 문총 원주지부를 견인하는 데에 결정적 동력으로 기능하였기에 해당 지역문단의 1세대로 기록되고 있다. 그럼에도 불구하고 그의 문학세계에 대한 정치한 비평 작업이나 학술적 논구가 전무한 실정이다. 박일송 시세계는 단행본만 따지더라도 350권에 이르는 기형적 규모를 지닌다. 이 논문에서는 전기 시세계를 대변하는 『주마간산』·『목련화』, 후기 시세계를 대변하는 『시신의 목가』·『방랑시인』·『봉명서원』·『소크라테스의 노래』·『신작 방랑시인』 등을 선별하여 주요 경향을 살폈다.

박일송이 남긴 다양한 이력은 말 그대로 '기인'의 행적을 증거한다. 박일송은 시인이자 소설가였고, 교육자로부터 사업가, 서예가, 음악가, 침술가, 철학자 등을 망라하는 이력의 삶을 살았다. 그를 기억하는 사람들 역시 이 같은 기인의 면모를 한결같이 증언하는 모습이다. 문학에 국한하자면, 박일송의 기이하고도 다채로운 삶의 이력은 역설적으로 박일송 문학의 근본적 한계를 지시하기도 한다. 정전의 위상은 방대한 정량이나 화려한 포즈와는 무관하기 때문이다. 그럼에도 불구하고 1960~1970년대 박일송 문학은 한국문학의 주류 경향을 구성했다는 실정적 의미를 지닌다. 당대 발간된 선집류 도서들은 박일송 문학이 구현한 문학적 성가를 반증하는 근거이기에 충분하다. 다양한 장르 중에서도 박일송 문학은 단형 서정의 세계에서 그 개성과 특장이 두드러진다. 박일송 시세계는 자연의 감각과 인생의 의미를 전통적 언어

미학에 결합시키고 있다. 나아가 생애 내내 일상적 에크리튀르를 실천했다는 점에서 문학의 본령을 체현한 사례로 기록되어야 한다. 이는 시학의 지평을 재구하는 참조점일 뿐만 아니라 지역 문학사적 의미를 확장하는 기제일 수 있다는 점에서 주목될 필요가 있다.

강원문학 범주에 속하는 텍스트 자체는 물론이고 관련 연구사의 현황이 환기하는 다양한 정체성은 해당 지역문학의 가능성일 수도, 혹은 결여의 지점일 수도 있겠다. 지난 문학의 전사를 전유하여 현재를 구성하고 미래를 기획하는 일은 당대 문단과 학계의 몫일 것이다. 강원문학 연구를 통해 귀납되는 지역 문학사적 가치는 현 단계 문학장의 재구를 위한 실천적 논의 속에서 그 진정한 의미를 완성할 수 있으리라 본다. 지역문학 텍스트의 많은 경우들은 일상적 에크리튀르, 삶의 실천으로서의 글쓰기 양상을 지닌다. 이런 아비투스가 시사하는 진정성에 대한 평가를 어떻게 부여할 것인가의 문제가 항상적 쟁점으로 남아 있다.

## 3. 장소성의 변주 양상

이태준(1904~1978, 철원)의 고향에는 '촌뜨기길'이 있다. 그가 쓴 단편 「촌뜨기(촌떠기)」(『농민순보』 1934년 3월호)의 배경 장소에 따라 답사 코스를 안내하는 프로그램이다. 「촌뜨기」는 『농민순보』 1934년 3월호에 처음 발표되었다. 철원의 한 시골에 사는 '장군이'가 일제 수탈과 문명에 쫓겨 삶의 터전을 잃고 고향을 떠나는 과정을 묘사한 소설이다. 당국이 금지하는 사냥 덫을 설치했다는 이유로 구금됐던 장군이는 경찰서에서 풀려나 집으로 돌아오며 고향을 떠날 결심을 한다. 아내를 처가로 돌려보내며 헤어지는 과정에서 새파란 양복쟁이의 자전거와 부딪치고, '촌뜨기 녀석'이라는 지청구를 듣게 된다. 이 같은 쓸쓸한 이야기에는 이태준의 고향 마을이 곳곳에 등장한다. 그가 태어난 곳이 철원군 묘장면 산명리인데, 「촌뜨기」의 배경은 철원경찰서 자리에서부터 시작해 이태준의 고향 마을에 이르는 길이 구체적으로 명시되어 있다.

  이태준의 삶의 궤적은 이른바 트랜스로컬리티의 운명을 잘 보여준다. 익히 아는 것처럼 이태준의 부친은 지방관원으로서 한말의 개혁파 운동에 가담하던 중 수구파에 밀려 블라디보스톡 등지로 떠돌다 사망했다. 부모을 잃은 이태준은 친척집을 전전하는 유년 시절을 보냈다. 휘문고등보통학교 입학과 동맹휴학으로 인한 퇴교, 도쿄 조오치대학(上智大學) 문과에 재학하다가 중퇴 후 귀국 등의 사연에도 평탄하지 않은 청년기의 삶이 담겨 있다. 개벽사 기자 생활이나 구인회 결성, 『문장』 주재 등은 대표적인 조직 활동의 하나였다. 해방 후 월북, 숙청과 복권 등의 다난했던 이력이 그의 것이다. 그런 이태준은 조선의 강원도에서 태어나 분단된 이북의 강원도에서 삶을 마감했다. 김진계의 구술 기록(김진계 구술·김응교 기록, 『조국』 상·하, 현장문학사, 1990)에 따르면, 이태준은 1969년 1월 강원도 장동탄광 노동자 지구에서 부인과 함께 살았다.

  이태준 문학을 강원문학의 관점으로 재조명하는 과정에는 그의 작품에 반영된 장소성 양상이 상론되어야 함이 필수적이다. 철원의 촌뜨기길 조성은 이태준 소설에 나타난 장소성 요소를 현재의 문화콘텐츠 관점에서 재전유하려는 시도로 평가할 수 있다. 하지만 2024년 현재 시점에서 해당 프로그램은 누구도 찾지 않는 쇠락한 폐도처럼 방치되어 있는 듯하다. 남겨진 서사에 기반한 문화콘텐츠 조성은 문학의 현재성을 증거하는 중요한 방법으로 보인다. 하지만 그런 가능성의 실현을 위해서는 모다 많은 준비와 실천이 요구된다.

시 장르의 경우 장소성 전유는 일차적으로는 소재의 차원에서 드러날 것이다. 나아가 그러한 소재적 관심이 미적 지평이나 고유한 시의식을 확장하는 양상에 주목할 필요가 있다. 강원문학의 시적 정전에서 로컬리티가 목적의식적으로 부각되는 경우는 드문 편이다. 하지만 고향에서의 원체험이 작가의 내면의식에 직간접 반영되어 시적 구조화로 이어지는 경우를 빈번히 발견할 수 있다. 또한 로컬리티는 동시에 트랜스로컬리티의 관점에서 중층적으로 탐구되어야 한다.

로컬리티가 트랜스로컬리티를 전제한다는 명제는 존재의 본성인 이동 메커니즘을 반영한다. 동시에 경계와 장소의 구성 자체가 상대적이요 유동적일 수밖에 없다는 사실을 함의한다. 실제로 문학작품 속에 체현되는 로컬리티는 사후적으로 구성된 경우가 많다. 강원권 문학장 내에서 정전 격으로 전유되고 있는 김동명도 유년 시절에 고향을 떠났다. 생존을 위해 개항지인 함남 원산으로 가족이 이주해 갔던 것이다. 그 이후로 고향에 돌아와 정주하지 않았다. 김동명의 초기 시세계를 집대성하는 자료는 첫 시집 『나의 거문고』(신생사, 1930)이다. 여기에는 130여 편의 작품이 수록되어 있다. 강릉시에 의해 2017년 복원되기 이전까지는 이 시집의 온전한 실체를 파악하기 어려웠다. 『나의 거문고』는 습작기의 산물로서 과잉된 관념의 허무적 소산이라고 거론되어 왔다. 그런데 시집이 출판된 1930년은 시인이 31세가 되던 해이다. 일본 유학을 다녀온 이후로서 충분한 이론적, 실천적 모색이 전제되어 있는 시기임을 짐작할 수 있다. 아마추어리즘의 소산이라 평가되는 등단작(「당신이 만약 내게 문을 열어 주시면」, 『개벽』 1923년 10월호)을 포함한 『개벽』의 초기 작품들은 아예 수록되지 않았다. 이러한 정황만을 두고 보더라도 과연 『나의 거문고』를 '습작기의 산물'이라고 규정할 수 있을지 의문이다. 이 시집에 대해 김동명 스스로가 '부끄러운 시집'이라고 진단했다는 점도 위와 같은 판단의 주요 근거로 작동해 왔다. 이 진술은 특히 소설가 안수길이 자신의 회상 속에서 "선생은 『나의 거문고』는 창피한 시집이라고 말했고"(안수길, 「김동명선생의 시와 애국심」, 『신동아』 1968년 3월호, 305쪽)와 같이 강조하고 있기에 흔히 인용되곤 한다.

『나의 거문고』는 9장으로 분절되어 있으며, 각 장에는 소제목이 달려 있다. '즐거운아즘', '잔치', '옛노래', '외로울째', '여도풍경(麗島風景)', '이역풍정(異域風情)', '고향', '명상의노래' 등이 그것이다. 그중 일곱 번째 장인 '고향'에 수록된 20편의 시작품은 김동명의 원형적 장소 상징에 관한 예시가 된다. 이들 시편을 통해 김동명 초기 시세계에 각인되어 있는 고향의 상상력과 근원적 장소성을 파악할 수 있다. 김동명은 유년기에 타향으로 이주하였으나, 원형적 장소로서 고향에 대한 장소애를 시적 세계관의 근저에 지니고 있었던 것이다.

나는 지금 詩樓峰 꼭닥이에 섯다./ 마치 第三期를지난 肺病쟁이와 가치/ 그러케 피폐하고 쇠약한 한 적은거리를/ 발압헤 나려다보며 여기에 서서/ 東海를 스쳐오는 막은바람을 쏘이며 생각한다./ 게짝지 업허 노흔듯한 집들 사이로 쑬린길우에/ 펄넉이는 힌옷자락 느리게 움즉이는 적은그림자/ 아아 장차 엇니나 될것인고/ 世紀를 거듭하여 지나는 동안에./ 생각하면 내몸에 이峰으로더부러 오래오래 여기에서서/ 저 힌옷거리의 運命을 직히고 십흐다만은—/ 아아 내마음을 괴롭히는 속절업는 생각이어 살아지라/ 그래도 四千年동안이나 이쌍껍질우에 부쳐두엇거늘,/ 하고 쏘 세상은 비록 조금식이남아 밝아 오지안는가.
— 김동명, 「시루봉(詩樓峰)에올라서」,(『나의 거문고』) 전문

위 작품은 김동명의 고향의식과 문학적 심상지리의 본령을 적시하는 대표작이라 할 만하다. 가장 먼저 주목되는 점은 전유된 명명이다. 이는 '시루봉'을 '詩樓峰'으로 표기하는 방식을 가리킨다. 시루봉(―峰)은 강원도 강릉시 저동에 있는 산의 봉우리로서, 유래를 보면 그 생김새가 떡을 찌는 시루를 엎어 놓은 것처럼 생겨 붙여진 이름이다. 보편적 외양인 만큼 우리나라 도처에서 발견되는 지명이기도 하다. 시루에 해당되는 한자 표기는 없다. 직역하면 '시루峰'이요 의역하면 '甑峰' 정도가 되어야 한다. 그럼에도 김동명은 이를 '詩樓峰'이라 명명하였다. 고향의 대표적 장소 상징을 문학의 다락, 곧 '詩樓'로 의역하여 전유하고 있는 것이다. 이는 장소의 문학적 전유 의식이 상징적으로 담긴 국면이라 하겠다.

다음으로 장소성을 소재로 한 수준 높은 형상화의 측면이 부각된다. 시루봉은 경포 지역에서 제일 높은 봉으로서 서쪽으로는 태장봉이 있고, 능선 끝에는 경포대가 있다. 그 밖에도 시루봉은 경포의 4주산, 강릉의 4주산 가운데 하나이고, 경포팔경 가운데 하나인 '증봉낙조(甑峰落照)'를 구성하는 소재라는 점이 특징적이다. 이를 통해 시루봉은 강릉권 지역에서 대표적 장소 상징의 자연물임을 알 수 있다. 위 작품은 김동명이 초기 시세계로부터 고향의 장소성을 시화하려는 문학적 세계관을 의식적 혹은 무의식적으로 지니고 있었음을 증거한다. 구체적 장소와 경험의 전유는 근대적 시작법의 원리이자 미학적 가치를 체현하는 주요 수단이다. 그런 점에서 「시루봉에올라서」와 같은 작품은 김동명 시의 모더니티를 입증하는 문제작이기도 하다.

나아가 이 작품은 개별 지역의 단위를 넘어 민족 공동체의 운명을 유비하는 데로 확장된다. 시루봉 꼭대기에서 화자가 응시하는 대상은 "펄럭이는 힌옷자락 느리게 움즉이는 적은그림자"이다. 이는 고향 강릉의 민초들인 동시에 보편적 민족 형상이기도 하다. 화자가 애달프게 고백하는 "저 흰옷거리의 운명"은 민족 공동체의 운명과 등치된다. 사적인 언어를 통해 공동체 보편의 가치를 내면화하는 방식은 한국 근현대 문학사의 주요 동력이었던 민족문학의 입론과 미학을 지시한다. 위와 같은 시적 진술은 일제강점기라는 엄혹한 시절에 대항하는 김동명의 문학적 파레시아('진실을 말하는 용기' 혹은 '위험을 감수하는 말하기', 미셸 푸코, 이상길 역, 『헤테로토피아』, 문학과지성사, 2014, 11~39쪽)라고도 볼 수 있다. 장소를 통한 역사적 현실의 재현은 진실을 말하는 용기 혹은 비판적 태도의 실천과 다르지 않은 것이다. 이러한 양상 역시 김동명 시의 로컬리티가 아우르는 폭넓은 경계를 환기하고 있다.

한편 '강원도 시인'으로 불렸던 이성교(1932~2021, 삼척)는 자신이 태어난 장소 '월천(月川)'을 호로 삼았다. 강원도 삼척군 원덕면 월천리는 고향이자 시인의 또 다른 이름이 되었다. 그렇듯 고향 지역의 원체험은 이성교 시세계의 중심 화소이자 상상력의 근원으로 작동해 왔다. 강릉상업고등학교 재학 당시부터 문학의 꿈을 품었던 이성교는 서울 서대문구의 국학대학에 진학한 이후 본격적 습작 활동을 펼쳐 나갔다. 전문 시인으로서의 출발은 당대의 대표적 잡지 『현대문학』을 통해서였다. 문청 활동 중 서정주와 사제 인연을 맺게 되었고, 스승은 『현대문학』 추천위원으로 활동하고 있었다. 고향의 장소성은 첫 시집 『산음가(山吟歌)』(문학사, 1965)에서부터 두드러진다.

오동나무/ 꽃핀 마을은/ 죄다 잔치에 바쁜 마을./ 돌을 모아 산봉우리를 만들고/ 그 속으로 잎을 피어가게 함은/ 앞길을 더 창창하게 하자 함인가.// 우리 어머니가/ 나를 이 산에서 낳고/ 이 산으로 가게 할 산공을 드린 후/ 모진 놈의 창자 속은 황당불이 붙는다.// 죽더라도/ 영남(嶺南)길은/ 떠나지 말아야지./ 깜바구나 따먹고 아리랑이나 부르지.// 밤마다/ 지렁이는 섧게 우는데/ 나무가지에 붙은 하얀 침은/ 어느 누구의 눈물인고.// 차돌마다/ 지문(指紋)이 툭 툭 튀어나와/ 영없는 놈의 팔자를 고치게 한다.// 산은/ 한 해/ 한번씩 운다./ 징소리가 울리면/ 떡을 훌훌 뿌리고,/ 아직 못다 푼 산돌메기를 달랜다.

— 이성교, 「갈령상(葛嶺峠)」(『산음가』) 전문

「갈령재」가 첫 시집에 수록될 당시의 표제는 위에서 보는 바와 같이 '재'를 한자로 표기한 '갈령상'이었다. '상(峠)'의 우리말 표기가 '고개' 혹은 '재'이므로 이후에는 '갈령재'라 썼다. 갈령은 시인의 고향 지역을 구성하는 대표적 장소 지표이다. 월천리 서남쪽에 위치한 갈령은 안일옥산(安逸玉山)이라고도 하는데, 남북을 연결하는 가장 험준한 곳으로 알려져 있다. 1916년 편찬된 심의승의 『삼척군지』에도 "갈령(葛嶺)은 안일옥산(安逸玉山)이라 칭하며, 그 동쪽에 봉수산(烽燧山)의 연대구지(烟臺舊址)에 지금은 성황사(城隍祠)를 설(設)"('월천3리 천제단과 서낭제', <디지털삼척문화대전>)했다는 기록이 있는 것으로 보아 봉수대 옛터를 간직한 신성한 장소였음을 짐작할 수 있다.

이성교 시세계 속에는 그 밖의 「갈령재」들이 존재한다. 예컨대 「갈령재(1)」과 「갈령재(2)」(『남행길』, 청문사, 1986), 「갈령재 산마루에서」(『싸리꽃 영가』, 창조문예사, 2008) 등을 지나 「갈령재 소곡·1」과 「갈령재 소곡·2」(『끝없는 해안선 그 파도를 따라』, 마을, 2011) 등으로 이어진다. 갈령재는 말년의 시집에도 다시 등장한다. "경상도·강원도의 경계가 되면서/ 더욱 얼굴이 커지고/ 붉어졌다// (중략)// 고포·나실·월천— 길게 손잡고/ 모두 한 고향임을 자랑하고있다"(「갈령재」, 『영일만을 바라보며』, 천산, 2019)가 그것이다. 이처럼 '갈령재'라는 고개는 이성교 시세계를 관류하며 특유의 장소성을 환기하는 기제로 작동하고 있다.

이 작품은 시인의 유년 시절 체험이 적절한 방언과 함께 진술됨으로써 생생한 장소성을 환기한다. 예컨대 3연에 등장하는 '깜바구'의 사전적 의미는 백합과의 조개를 가리키는데, 이 작품에서는 전혀 다른 대상이다. 여기서 깜바구의 표준어 표기는 '청미래덩굴'이다. 즉 백합과의 낙엽 활엽 덩굴성 관목을 가리키는 강원도 방언인 것이다. 마지막 연의 '산돌메기' 역시 '산멕이기'의 방언이다. 사전에 등재된 산멕이기는 음력 4월 초순에 화전민들이 산당에 모여 제물을 차리고 자손의 번영과 가축의 번식을 비는 굿으로 정의되어 있다. 이성교의 고향인 삼척에서는 '산멕이'로 통용된다. 이곳 지역에서는 가정의 액을 없애고 복을 초대하기 위하여 산을 먹이는 풍속이 전해지고 있다. 산을 먹이는 풍속은 삼척 지역뿐만 아니라 영동 지역 여러 곳에서 발견되는 풍속이기도 하다. 오늘날 삼척 지역에서 산멕이는 산신, 군웅신, 용신, 삼신 등을 제향하는 제의로 알려져 있다.('산에 기대어 살다, 산멕이', <디지털삼척문화대전>) 이처럼 갈령재라는 장소 지표는 구체적 삶과 풍속을 함의하는 로컬 히스토리의 집약체라 하겠다.[1]

## 4. 문학과 정전

지역 문학사의 정전에 대한 심층적 조명 결과는 지역학 혹은 한국학의 주요 논거로 기능할 수 있다. 우선 정전이라는 것은 하나의 제도에

---

1) 남기택, 「강원 문학사의 쟁점」(세명대 인문사회과학연구소·한국 지역문학회 공동학술대회, 2024년 6월 7일, 세명대) 참조 및 재인용.

불과하며 구성적 개념임을 기억해야 한다. 오늘날의 '문학(literature)' 개념이 일종의 근대적 제도로서 구성된 범주이듯이, 정전 역시 제도화된 형식임은 당연한 사실이다. 이러한 문학 개념의 전제 위에 강원 문학사의 정전 역시 성립될 수밖에 없다. 안타깝게도 강원 문학사 정립의 현황은 제도화된 형식으로서의 정전 개념 확증에 있어서도 미진한 수준이다. 동궤의 맥락에서 기존 한국문학의 정전류에는 김유정의 「동백꽃」이나 이효석의 「메밀꽃 필 무렵」과 같이 강원권 소설문학의 대표적 사례가 포함되어 있지만 시문학 분야에는 강원권 사례는 거론되지 않고 있는 실정이다. 이러한 지형 역시 강원권 시문학의 정전 재구성을 위한 제도적 노력이 요구되는 상황을 시사한다. 강원문학의 정전 확정은 한국문학의 총량과 다양성을 제고하는 방법론적 도구이기도 하다.

또한 현 단계 지역학은 특정 지역의 지리나 역사, 문화 등을 종합적으로 연구하는 학문으로 정의되고 있음에 주목해야 한다. 단순한 사전적 의미와 달리 지역학 연구의 실제에 있어서 그 범위와 방법론은 다양하게 분절 중이다. 지역 단위의 실정적 의미가 강조되고, 그와 관련된 개별 연구의 역사가 축적된 성과를 보이는 시점이다. 그럼에도 불구하고 지역학의 방법론에 관한 합의는 여전히 요원한 실정인 듯하다. 일종의 전유 관점으로 본 지역학, 즉 해당 지역의 다양한 문화 콘텐츠를 재구하고 현재화하려는 시도 전반을 유의미한 지역학 범주로 삼는 거시적 관점을 주목할 필요가 있다. 문학은 그중 하나의 각론임이 분명하다.

'지역'은 한국문학의 다양성을 증거하고 미적 기준을 재고하는 데에 있어서 필수적인 결절일 수밖에 없다. 팬데믹이 무화한 거리를 적극 전유하면서 소통을 견인하는 네트워크의 로컬 연대는 지역문학 범주와 내용성을 강화하는 방법론적 틀이어야 한다. 이 글에서 예시한 이태준, 김동명, 이성교 등에게는 실존을 위해 선택했던 이주의 장소가 사후적으로 강원권 로컬리티를 형성하는 기제로 기능하고 있는 셈이다. 그렇다면 지역문학의 미학적 근거인 로컬리티는 모빌리티와 트랜스로컬리티의 지평 위에서 보다 정치하게 분석될 수 있다.

지역 문학사 구성을 위한 다양한 제도적 노력이 진행되어 왔다. 한편 지역별 문학사의 정전류 작품들이 로컬리티 관점에서 심층적으로 논구되는 사례는 많지 않아 보인다. 문학의 장소성 양상에 대한 적극적 모색은 정전 자체의 의미와 한국 문학사의 다양성을 실증하는 수단인 동시에 오늘날 미적 공준의 폭력적 위계화를 재구하는 대안 미학이라는 점에서 시사적 의미를 지닌다. 지역의 문단에서 정전 격으로 거론되고 있음에도 불구하고 학계나 한국 문학사의 관점에서는 소외된 대상들이 많다. 지역별 정전류 작품이 지니는 현재적 의미를 확인하고, 또 새로운 시각에서 재구할 필요가 있다. 지역 문학장과 문학사가 고유의 로컬 히스토리를 전략적 의제로 설정하여 제도 장치에 활용하는 것도 한 방법이다. 이를 위해서 작가의 지연이나 행정 경계, 혹은 소재 중심적으로 구성된 기존 범주를 확장하려는 노력이 요구된다. 학계의 관성이나 평단 메커니즘을 넘어서는 실천이 쉬운 문제는 아니다. 달라진 모빌리티 환경은 미증유의 가능성을 부여하고 있다. 일상적인 로컬 네트워크의 연구 단위는 지역 문학사 재구성을 강제하는 효율적 조직일 뿐만 아니라 로컬 히스토리와 관련된 문학적 재현을 문화 담론으로 확장시키는 기제가 될 것이다.

# 언어라는 장소
―강원문화와 방언 양상

최 윤

## 1. 서론

언어는 문화를 담는 그릇이다. 하나의 언어가 그 언어를 사용하는 사람들의 의식과 문화를 대변한다면, 한 지역의 언어, 즉 방언은 그 지역 사람들의 고유한 의식과 문화를 나타낸다. 본 글에서는 이러한 관점에서 '강원의 언어', 즉 강원 방언을 중심으로 강원 지역의 지리적, 역사적, 문화적 요소를 전반적으로 탐구하고자 한다.

논의에 앞서, 먼저 사용할 용어를 정리할 필요가 있다. 2023년 6월 11일, '강원도'는 '강원특별자치도'로 개칭되었다. 따라서 새로운 행정명인 '강원특별자치도'를 사용해야 하나, 이 글에서는 강원도의 역사를 일부 다루고 있다는 점을 고려하여 '강원특별자치도'라는 명칭이 아닌, 익숙한 '강원도'라는 명칭을 사용하기로 한다. 또한 '방언'이라는 용어 역시 이해를 공유할 필요가 있다. 방언은 대체로 특정 지역에서 사용되는 고유한 언어 형태로, '사투리', '지역어', '토박이말' 등 다양한 명칭으로 불린다. 여기에서는 '방언'이라는 용어를 사용하기로 한다. 방언은 12세기 국어사 문헌에 등장하여 '사투리'나 '지역어'보다 이른 시기에 사용되었으며, 국가어와 현재의 지역어 개념을 모두 포괄하는 용어로 발전해 왔다. 20세기 초 '표준어' 개념이 등장한 이후, 방언은 '비표준어'의 의미도 갖게 되었다. 방언은 특정 사회, 계급, 지역 등 다양한 층위에서 사용되는 언어를 지칭하며, 일반적으로는 '지역 방언'을 의미한다. 따라서 본고에서 사용하는 '방언'은 '지역 방언'이며 '비표준어'의 개념을 포함하나 '비격식적인 것'이라는 인식은 철저히 배제한 용어로 사용된다.

이 글에서는 방언을 단순히 비표준어로 보는 것이 아니라, 지역 주민들의 생각과 문화적 정서를 담고 있는 중요한 언어로서 다루고자 한다. 방언은 지역적 자긍심과 자부심이 담긴 언어로, 그 보존과 연구가 매우 중요하다. 따라서, 여기에서는 강원 방언의 언어적 특성과 함께 강원도의 지리적, 역사적, 문화적 배경을 살펴봄으로써 강원 방언의 가치를 재조명하고자 한다. 이를 통해 강원 방언이 단순한 지역 언어가 아니라, 강원도민의 삶과 문화를 이해하는 데 필수적인 요소임을 밝히고자 한다. 또한 방언 연구 현황 및 강원 방언 연구 현황 분석을 통해 앞으로의 과제를 살피고, 문학 작품 연구 내에서의 방언 연구 현황 및 과제, 교육 분야에서의 현황과 과제 역시 함께 논의할 것이다.

## 2. 강원도와 강원 방언

### 2.1. 강원도의 영역, 면적

먼저, 강원도의 영역과 면적에 대해 살펴보기로 한다. 강원도는 한반도의 중앙부 동측에 위치하고 있다. '강원특별자치도' 출범 이전까지

'강원도'라는 도명은 남한과 북한이 공유하는 유일한 행정구역이었다. 즉, '강원도'라는 행정구역명을 기준으로 하면, '강원도'는 행정구역명을 유지한 채, 휴전선을 기준으로 북한과 남한으로 나누어져 있는 것이다. 8.15 광복 이후 미국과 소련에 의해 그어진 소위 삼팔선이라고 부르는 북위 38도선이 강원도의 중앙부를 통과하고 있고, 남과 북을 가르는 휴전선은 삼팔선을 기준으로 북쪽으로 올라가 그어졌다. 휴전선은 전체적으로 다음과 같이 삼팔선을 기준으로 강원도인 동쪽은 북쪽으로, 경기도인 서쪽은 남쪽으로 조금 내려와 그어져 있다.

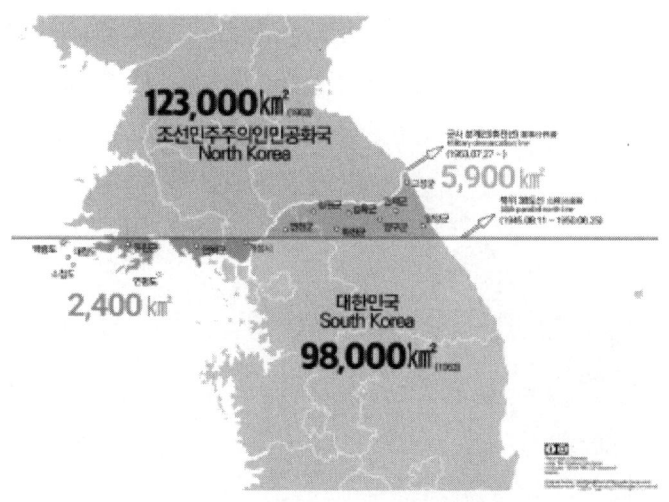

[그림 1] 남북의 경계 - 38선과 휴전선

한국 정부의 실질적 영토가 되는 남측 강원도, 즉 '우리의 강원도'는, 서쪽으로 경기도, 남서쪽으로는 충청북도, 남쪽으로 경상북도, 동쪽으로 동해 바다와 맞닿아 있다. 앞서 살펴본 것처럼, 군사분계선을 통해서는 북한의 강원도와 접하고 있다.

그러나 현재 '강원특별자치도청'에서는 대한민국 헌법 제3조와 '이북5도 등에 관한 특별조치법'이라는 법률에 근거해서, 강원특별자치도 (강원도)가 '서방은 황해도 및 경기도와 접해 있고 남쪽은 충청북도 및 경상북도, 북쪽은 함경남도 및 황해도와 접하여 경계를 이루고 있다.'라고 밝히고 있다. 즉, 북측 강원도를 포함한 강원도 전체를 우리의 '강원도, 강원특별자치도'로 보고 있는 것이다.

강원특별자치도에서는 북측 강원도의 행정구역을 '미수복지구'라는 명칭으로 '통천, 회양, 평강, 이천, 김화'로 보고 있다. 이 기준에 의하면 남한의 기준으로 강원도는 북한지역을 포함하여 전체 7개 시, 16개 군으로 이루어져 있다고 볼 수 있다. 그러나 북한에서는 북측 강원도의 하위 행정구역으로 원산시, 문천시의 2개 시, 고산군, 고성군, 금강군, 김화군, 법동군, 세포군, 안변군, 이천군, 창도군, 천내군, 철원군, 통천군, 판교군, 평강군, 회양군의 15개 군을 두고 있다.

[그림 2] 북한의 강원도 하위 행정구역

만약 남한과 북한의 행정구역 기준을 모두 인정하여 적용하게 되면 강원도 전체는 9개 시, 24개 군으로 구성되었다고 할 수도 있다.

면적을 살펴 보면, 남측과 북측을 모두 합한 강원도 동서의 길이는 약 150km, 남북은 약 243km에 달하며 강원도의 동쪽은 약 314km에 걸쳐서 해안선을 이루며 이어져 있다. 북한에서 강원도에 편입시킨 '원산시'를 제외한 강원도 전체 면적은 약 25,228㎢로, 남북한을 모두 합쳐 함경북도와 평안북도에 이어 세 번째로 큰 도이다[1].

잠시 살펴 본 바와 같이 '강원도'는 분단 이후 남한과 북한에서 각국의 판단에 따라 행정구역 구분을 서로 다르게 하고 있다. 따라서, 강원도의 하위 행정구역에 대한 이해가 필요할 경우, 상당한 주의가 요구된다. 이 가운데서도 특히 우리의 기준과 인식이 중요할 것이라 생각하는데, 우리는 '미수복지구'로서 북측 강원도를 대한민국의 영토에 포함시키고 있음을 분명히 해야 한다. 즉, 해당 지역의 명칭이 어떠하든 북측 강원도에 대한 관심을 지속해야 한다는 것이다. 즉, 앞으로의 '강원도'에 대한 관심과 연구는 남측 강원도와 북측 강원도를 모두 포함한 '강원도' 전체를 대상으로 해야 한다는 것이다. 이러한 인식과 관심이야말로 '강원도'가 통일의 매개체가 되는 발판이 될 수 있는 첫걸음일 것이다. 본고에서도 이러한 인식하에서 영동 방언과 영서 방언 외

---

[1] 우리의 실제적 영토인 남측 강원도의 면적은 약 16,873㎢로, 남한 기준, 국토의 약 17%를 차지함으로써 경상북도에 이어 두 번째로 넓은 면적을 가진 도이다. 또한 도내 하위 행정구역의 면적도 넓은 편인데, 강원도의 하위 행정구역인 홍천군과 인제군은 기초자치단체 내에서 1위와 2위의 면적을 차지한다. 즉, '강원도'는 남북을 합쳐서는 한반도 전체에서 세 번째로 넓은 면적을, 그리고 남측의 강원도만으로도 남한에서 두 번째로 넓은 면적을 가진 행정구역이라고 볼 수 있다.

에 단편적이나마 북측 강원 방언에 대해서도 잠시 살펴보려 한다.

## 2.2. 방언의 언어 외적 요소

언어, 특히 방언의 특징에 대해 이야기할 때 언어학자들은 보통 언어 외적 요소와 언어 내적 요소를 구분하여 분석한다. 언어 외적 요소에서는 특히 지리적 특징과 행정 구역의 변화를 대표적인 요소로 보고 있다. 본고에서도 이 두 가지를 기준으로 영서 방언과 영동 방언 그리고 북측 강원도 방언을 살펴보고자 한다.

강원도는 흔히 '영동 지방'과 '영서 지방'으로 나눈다. 백두대간이라고 불리는 태백산맥이 강원도의 동쪽 지역에 약간 치우쳐 남북으로 지나가는데, 이 백두대간을 넘는 고개 중 하나인 대관령을 기준으로 해서 동쪽을 '영동', 서쪽을 '영서'라고 일컫는다. '고성, 속초, 양양, 강릉, 동해, 삼척, 태백'의 7개 지역이 영동 지방에 해당하며, '철원, 화천, 양구, 인제, 춘천, 홍천, 횡성, 원주, 평창, 영월, 정선'의 11개 지역이 영서 지방에 해당한다. 태백산맥의 영향으로 영동과 영서는 왕래가 쉽지 않았으며 영서 지방은 태백산맥 너머의 영동 지방과의 교류보다는 서쪽의 경기 지방과의 교류가 용이했다. 반대로 영동 지방은 산맥과 바다에 둘러싸여 있어, 영동 지역 특유의 언어적 특성이 자리잡을 수 있게 되었다. 흔히 영동 방언을 대표하는 지역을 '강릉'을 꼽곤 하는데, 이 역시 지리적으로 강릉 지역이 영동 지역의 가장 중심에 위치하고 있어 타 지방의 언어적 영향력이 상대적으로 덜 미쳤기 때문으로 분석할 수 있다.

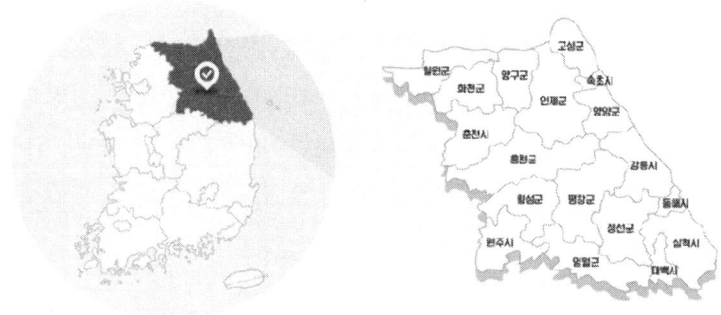

[그림 3] 강원특별자치도청
(https://state.gwd.go.kr/portal/introduce/situation/district)

북한 지역을 제외한 남측의 하위 행정구역은 춘천시, 원주시, 강릉시, 동해시, 태백시, 속초시, 삼척시의 7개 시. 그리고 홍천군, 횡성군, 영월군, 평창군, 정선군, 철원군, 화천군, 양구군, 인제군, 고성군, 양양군의 11개 군이 있다[2].

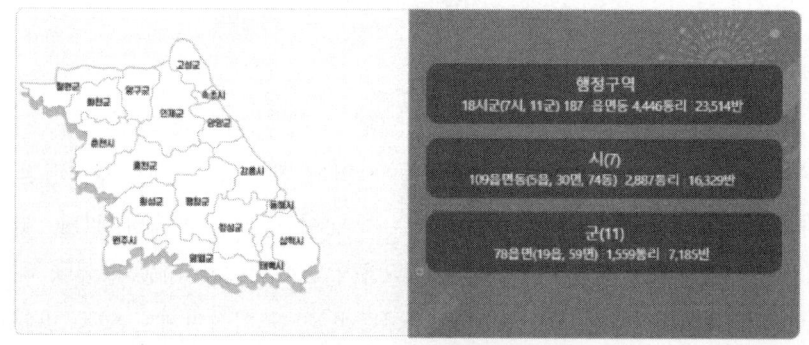

[그림 4] 강원특별자치도청
(https://state.gwd.go.kr/portal/introduce/situation/district)

---

2) 이하 행정구역은 [그림 4] 참조.

앞서 '고성, 속초, 양양, 강릉, 동해, 삼척, 태백'의 7개 지역이 영동 지방에 해당하며, '철원, 화천, 양구, 인제, 춘천, 홍천, 횡성, 원주, 평창, 영월, 정선'의 11개 지역이 영서 지방에 해당한다고 설명하였다. 그런데 방언이 나타나는 권역을 구분하는 '방언권3)'을 나누게 되면 태백산맥을 중심으로 한 영동과 영서 구분과는 다소 차이가 발생한다.

[그림 5] 이익섭(1981) 강원 방언 구획

위 그림은 이익섭(1981)의 강원 방언 구획을 나타낸 그림이다. 이 구획에 따르면 앞에서 언급한 영동 지역에 해당하는 지역 중 '평창, 영월, 정선'의 세 구역이 방언권으로는 영서 방언권에 속해 있다. 이 지역 어휘 내적 요소를 살펴 보면 문법이나 어휘에서 영동 방언에 해당하는 요소가 드러나기 때문인데, 이들이 영서 지역임에도 영동 방언의 특징을 보이는 이유는 과거 이들이 영동 지역의 행정구역에 속한

---

3) 학술적 시각에서 방언을 기준으로 공통적 특징에 따라 지역을 구분하는 것을 '방언 구획'이라 하며 이러한 방언 구획을 통해 나뉜 각 지역을 '방언권'이라 한다.

지역이기 때문이었다. 즉, 태백산맥이라는 지리적 차단이 있었음에도 하나의 행정구역에서 발생하는 언어적 교류가 큰 영향을 미칠 수 있다는 것이다. 즉, 지형이나 행정구역, 교통 등과 같은 언어 외적 요소에 의한 언어 분화는 서로 크고 작은 영향 관계를 주고 받으며 이루어졌고 현재도 이루어지고 있다.

## 2.3. 방언의 언어 내적 요소

특정 방언을 구분하는 언어 내적 요소로는 '어휘', '음운(음소, 운소)', '문법', '표현' 등이 있다. 이들 가운데 '어휘'가 가장 접근과 분석이 쉬운 요소라 할 수 있겠으나 반대로 어휘보다는 '음운'이나 '문법'이 방언을 구분하는 보다 결정적이며 중요한 요소로 다루어진다.

여기에서는 영서 방언과 영동 방언의 언어 내적 요소별 차이를 대조적으로 살피고 다음 절에서 영서 방언과 영동 방언의 특징을 보다 자세히 살펴보기로 한다.

(1) 어휘

표준어 '오른손'은 영서 방언에서 '바른손'으로, 영동 방언에서 '오른손'으로 나타난다. 방언에 따라 다양하게 분화한 여러 어휘를 두루 조사하면 방언권을 구분할 수 있는 유의미한 자료를 얻을 수 있다.

(2) 음운

음고(음의 높낮이)와 음장(음의 길이) 가운데 영서 방언은 상대적으로 음고보다 음장이 중요한 요소가 되는데 반해 영동 방언은 상대적으로 음장보다 음고가 중요한 요소가 된다. 영동 방언의 특징 중 하나로

'억세고 역동적인 느낌'을 이야기하는데 이는 '음고'에 의한 것이다[4].

(3) 문법·표현

청자가 화자보다 낮은 위치일 때 나타날 수 있는 '하게체'가 영동 방언에서는 반대의 상황에서도 나타날 수 있다. 예를 들어, 강릉 지역에서는 '엄마 나 밥 좀 주게.'라는 표현이 가능하다. 영서 지역에서는 전혀 나타나지 않는다.

## 3. 강원 방언의 특징

### 3.1. 영서 방언

(1) 음운

영서 방언의 자음은 표준어와 큰 차이가 없으나 모음에는 다음과 같은 몇 가지 특징을 보인다.

- 'ㅣ, ㅔ, ㅐ, ㅟ, ㅚ, ㅡ, ㅓ, ㅏ, ㅜ, ㅗ' 10개의 단모음으로 실현된다.
- 철원·화천 지역에서는 단모음 'ㅟ'가 음성적으로 확인되기도 하지만 음소로서의 지위가 불안정하다.
- 'ㅔ'와 'ㅐ'의 모음 대립은 제1음절에서 대체로 잘 유지되지만 제2음절 이하에서는 그 변별력이 점차 사라지고 있다.

---

[4] '방언학사전'에서는 음고와 음장에 따라 음장에 따라 다음과 같이 보다 세분화된 방언 지역 구분을 하기도 한다.
   음장지역: 철원, 화천, 양구, 인제, 춘천, 홍천, 횡성, 원주
   성조지역: 강릉, 동해, 삼척, 태백, 영월
   준성조지역: 고성, 속초, 양양, 평창, 정선

· 이중모음의 실현 환경과 양상은 중부방언의 하위 방언들과 비슷한 모습을 보이지만 철원 지역에서는 반모음 'ㅣ'와 단모음 'ㅚ'가 결합하여 특이한 이중모음이 실현되기도 한다.

음운 변동의 측면에서도 영동 방언은 표준어와 다른 특징적인 모습을 보이나 영서 방언은 표준어와 크게 다르지 않다. 특징적인 음운 변동은 다음 몇 가지로 한정된다.

· 'ㅊ'종성 체언이 'ㅌ'으로 실현되는 경향을 보인다.
 꽃: 꼬치(꼍+이), 꼬테(꼍+에), 꼬틀(꼍+을)
 빛: 비치(빝+이), 비테(빝+에), 비틀(빝+을)
· 체언의 음절말 'ㅌ'이 'ㅊ'으로 재구조화되는 경우도 있다.
 솥: 소치(숯+이), 소츨(숯+을), 숯으로(숯+으로)

(2) 문법
문법적인 특성 역시 표준어와 큰 차이를 보이는 것은 없다.

· 공동격조사 '-와/과, 하고'가 '-꽈, -과, -하과'로 실현되기도 한다.
 가대기꽈훌치꽈(가대기와 훌치와) - 철원
 나하과(나하고) - 양구·홍천
· 불규칙활용의 양상이 다른 경향이 있다.
 표준어: 흐르고, 흐르니, 흘러 / 다르고, 다르니, 달라
 영서 방언: 흘르구, 흘르니, 흘러 / 달르구, 달르니, 달라

(3) 어휘

영서 방언의 대표적인 방언형 어휘들은 다음과 같다.

· 찬밥 - 따뜻한 밥: 찬밥 - 더운밥
· 서랍: 서랍, 빼닫이, 빼랍
· 해바라기: 해자우리, 해바래기
· 오른손: 바른손
· 벼: 베, 나락
· 볍씨: 베씨, 벱씨, 종자
· 못자리: 모자리

### 3.2. 영동 방언

(1) 음운

영동 방언은 음고(성조) 방언의 특성을 보여 자음과 모음의 수나 음가가 표준어와 크게 다른 점은 없다. 다만 10개 단모음 가운데 'ㅚ'와 'ㅟ'는 표준어에 비해 원순성이 두드러진다는 특징을 가진다.

음운 변동의 특성을 정리하면 다음과 같다.

· 어미 '-어/아'의 결합 시 모음축약 현상이 일어난다.
  마세(마시+어), 던제(던지+어)[5]
· 'ㅣ'형 체언+조사 '이' 결합 시 반모음화 현상
  다레(다리+에), 접쎄(접시+에)
· 체언+조사 '이' 결합 시 모음축약 현상이 일어난다.
  사이(산+이), 가이(강+이): 1음절에 약한 비음이 추가된다.

---

[5] 영서지역 및 표준어는 반모음화 'ㅣ+어 → ㅕ

· 자음군단순화 시 후행 자음이 탈락하는 특징이 있음
  늙는다(늙+는다), 밟는다(밟+는다)6)

(2) 문법
영동 방언은 상대적으로 다양한 문법적 특성을 보이는 방언형이 존재한다.

· 모음으로 끝나는 명사에 조사 '-이'가 결합하기도 하고 '-거'나 '-이가'가 나타나기도 한다.
  코이(코+가), 오후이(오후+가)
  니거(네+가): 강릉·양양·고성
  뱀이가(뱀+이): 삼척
· 보조사 '-은/는'이 '-으는'의 형태로 나타나기도 한다.
  아들으는(아들+은), 팥으는(팥+은): 강릉·삼척·정선·영월
· 불규칙활용의 양상이 다른 경향이 있다.
  표준어: 걷고 - 걸으니 - 걸어서
  영동 방언: 걸고 - 걸으니 - 걸어서
· 규칙활용의 양상이 다른 경향이 있다.
  표준어: 씻고 - 씻어라
  영동 방언: 씻고 - 쎄라
· 특징적인 종결어미가 있다.
  하오체: 어무이요. 내가 어제 그랬잖소.(강릉)
  해라체: 아께 니가 그랬잖니.(고성)
· 영동 방언 어미 '-래-/-라'가 '이다, 아니다' 문형에서 규칙활용된다.

───────────
6) 영서지역은 '늑(늙)는다, 밥(밟)는다'

언어라는 장소                                                                 47

| -래- | -이다 | | -아니다 | |
|---|---|---|---|---|
| | 현재 | 과거 | 현재 | 과거 |
| 해요체 | -이래요 | -이랬어요 | -아니래요 | -아니랬어요 |
| 하오체 | -이오 | -이랬소 | -아니오 | -아니랬소 |
| 하게체 | -이네 | -이랬네 | -아니네 | -아니랬네 |
| 해라체 | -이래 | -이랬어 | -아니래 | -아니랬어 |

(3) 어휘

영동 방언의 대표적인 방언형 어휘들은 다음과 같다.

· 무: 무(고성, 양양), 무수·무꾸(평창, 영월, 정선), 뭉우·무(비음)우(강릉)
· 배추: 배차
· 부추: 분추
· 오이: 물외
· 김치: 짠지
· 백김치: 김치, 짐치
· 참기름, 들기름: 참지름, 들지름
· 겨: 제
· 산자: 과질
· 나무: 남그, 낭그
· 감자: 감재

## 3.3. 북측 강원 방언

이번 절에서는 최윤(2022)의 연구를 소개하며 북측 강원 방언에 대해 논의해 보기로 한다. 최윤(2022)에서는 통합적인 강원 방언 및 강원 지역어 연구를 위한 첫 단계로서 답사에 활용할 조사 어휘 자료를 마련하는 것을 목적으로 하여 연구를 진행하였다. 이를 위해 남한의 강원 방언과 북한의 방언 자료 가운데 가장 큰 규모의 자료이며 공공성을 갖추고 있다고 볼 수 있는 최신의 사전 자료로서 <우리말샘>과 『조선(2017)』을 연구 대상으로, 양 사전의 규모와 등재 양상 등을 전반적으로 확인하고 등재된 '강원 방언'을 대상으로 이들을 비교·대조하여 분석한 결과 다음과 같은 결론을 얻을 수 있었다.

양 사전에 등재된 강원 방언 표제어 수는 다음과 같다.

1) 강원 방언 표제어의 등재 규모
  가. <우리말샘>에 등재된 강원 방언은 총 16,362개이다.
  나. 『조선(2017)』에 등재된 강원 방언은 총 1,016개이다.

양 사전에 공통적으로 등재되어 있는 강원 방언의 규모와 특징은 다음과 같았다.

2) 공통 등재 강원 방언의 규모와 특징
  가. 양 사전에 공통으로 등재되어 있는 강원 방언은 총 524개이다
  나. 위 '가' 가운데 양 사전의 의미가 일치하는 어휘는 494개이다.
  다. 위 '가' 가운데 의미가 일치하지 않는 어휘는 30개이다. 이 중 의미적 상관성이 다소 존재하는 것으로 볼 수 있는 어휘는 7개, 의미적 상관성이 전혀 없는 어휘는 23개이다[7].

---

7) 특징적인 예라 판단되므로 모두 제시한다.

'2)나'에 해당하는 어휘는 남측 강원 방언인지 북측 강원 방언인지 남북 공통 강원 방언인지 알 수 없는 어휘라고 할 수 있다. 따라서 이 어휘들 중 특징적인 것을 선별하여 남측 강원 방언 조사에 즉시 활용한다면 방언 분화의 정도를 보다 객관적으로 이해할 수 있을 것이다. 또한 '2)다'에 해당하는 어휘는 의미나 개념, 지칭 대상이 다르다는 점에서 향후 북한의 방언 조사가 가능한 시점에서 분화 양상을 확인하는 자료로 활용할 수 있다.

『조선(2017)』에 단독으로 등재되어 있는 강원 방언의 규모와 특징

| 표제어 | 〈우리말샘〉 뜻풀이 | 『조선(2017)』 뜻풀이 |
|---|---|---|
| 날기 | 벼,나루 | 날개 |
| 내빠달구다 | 내쫓다 | 내빼다 |
| 다구 | 깡다구 | (윷놀이에서의) 모 |
| 두루 | 더러 | 들 |
| 망족 | 맷돌중쇠 | 망 |
| 문지 | 먼지 | 민지 |
| 베리 | 벼루 | 벼랑 |
| 세 | 새 | 혀 |
| 싸래 | 사레 | 싸리나무 |
| 올갱이 | 다슬기 | 망태기 |
| 우타 | 얼마나 | 어떻게 |
| 울미 | 우렁쉥이 | 율무 |
| 주래기 | 버릇 | 버들피리 |
| 찍개 | 벼훑이 | 집게 |
| 고치 | 고추 | 골짜기,곶 |
| 글루 | 그루 | 그리로 |
| 되리 | 똬리 | 도리여 |
| 토매기 | 도마 | 목침 |
| 고애 | 자두 | 고양이 |
| 대리미 | 다람쥐,대님 | 다리미 |
| 실겅 | 살강 | 시렁 |
| 지제기 | 기지개 | 기저귀 |
| 쫴기 | 좨기 | 덫 |

은 다음과 같았다.

3) 『조선(2017)』 단독 등재 강원 방언의 규모와 특징

가. 『조선(2017)』에 단독으로 등재되어 있는 강원 방언은 총 473개이다.

나. 위 '가'에서 『조선(2017)』에 타지역 방언으로 등재되어 있지 않은 어휘는 총 238개이다.

다. 위 '가'에서 <우리말샘>에 타지역 방언으로 등재되어 있지 않은 어휘는 총 291개이다.

라. 위 '나, 다'에서 중복되는 어휘는 총 181개이다.

마. 위 '라'에서 품사적으로 희소성이 높은 어휘는 부사 어휘로 총 10개이다[8].

바. 위 '라'에서 품사적 희소성은 높지 않으나 방언형과 문화어형에 차이가 큰 어휘는 동사, 형용사, 명사로서, 각각 8개, 5개, 64개 어휘를 선별하였다[9].

---

[8] 특징적인 예라 판단되므로 모두 제시한다.

| 표제어 | 『조선(2017)』 뜻풀이 | 남한 표준어 |
| --- | --- | --- |
| 걸씬하면 | 걸핏하면 | 걸핏하면 |
| 골고리 | 골고루 | 골고루 |
| 글미선 | 그러면서 | 그러면서 |
| 금새 | 금방 | 금방 |
| 긴까나 | 그러니까 | 그러니까 |
| 맹탕씨 | 공연히 | 공연히 |
| 몽도리 | 모조리 | 모조리 |
| 옌만침 | 웬만큼 | 웬만큼 |
| 울메나 | 얼마나 | 얼마나 |
| 한바트럼 | 하마트면 | 하마터면 |

[9] 특징적인 예라 판단되므로 모두 제시한다.

'3)라'에 해당하는 어휘는 북측 강원 방언으로 분화하였을 가능성이 높은 어휘들이다. 이 가운데 '3)마'와 '3)바'에 해당하는 어휘는 다소 특수성이 높은 어휘들로서 향후 북한의 방언 조사가 가능한 시점에서 생성 및 분화 양상을 확인하는 자료로 활용할 수 있다.

가. 동사 - 8개
갱키다(감기다), 근다리다(건드리다), 깜짝대다(까불대다), 끄낭다(끌어안다), 나물과주다(나무라다), 안가다(하지 않다), 통벌다(횡재하다), 패딩기치다(팽개치다)

나. 형용사 - 5개
걀쑴하다(걀쑴하다), 또스하다(따스하다), 믿괄시럽다(밉광스럽다), 비조트다(비슷하다), 시뻐르다(시뻘겋다)

다. 명사 - 64개
게베기(고함), 구정물께이(찌꺼기), 구투배기(구두쇠), 궁거(구멍), 글커리(그루터기), 기름쫑아리(기름쟁이), 꾜끔하다(께끈하다), 낙시물(기스락물), 냉견(감발), 노내끼(노끈), 눈갑비(진눈까비), 느아돌기와), 능담(쓸개), 다굴치(눌은밥), 다리맹이(고매끼), 당홀치(가마치), 더레이(더럭), 도꼽장난(소꿉놀이), 들거지(그루터기), 딱딱붕어(올빼미), 딱제구리(딱따구리), 매끼질(자리개질), 맹돌(망돌), 명덩딸기(들딸기), 모솔(수세미오이), 무게눈(사팔뜨기), 보암(도토리), 부앙개(아궁이), 빼말나무(뽕나무), 삐꺼미(딸꾹질), 산시낭(성황당), 새차구니(사타구니), 셍게리(무말랭이), 소강(솥뚜껑), 소굴치(눌은밥), 수수적기(수수께끼), 수장(널판자), 시나지(남편), 신그름(심부름), 신당나무(단풍나무), 신탕나무(단풍나무), 싹써기(삭정이), 쌀빵(튀밥), 썩쓰래기(오가리), 쓰렁(돌서덜), 씰씰이(귀뚜라미), 아리랑(아가미), 악째이(아가미), 여매지(오미자), 옥채(양배추), 옹새(동그랭이), 완뗑(알알이 잘 여문 제일 좋은 잣), 장달방어(크기가 0cm이하인 새끼방어), 장둥띄(허리띠), 저러기(도라지), 쪽떼기(광주리), 채갑수건(머리수건), 코라진내(고린내), 택아리(턱), 할막따구(할머니), 혹뚜아지(복사뼈), 혹케(혹간), 후리치기(벼훑이), 흙두구리(등디)

## 4. 문학 작품 속 강원 방언

　방언의 문화적 영향력을 가장 잘 보여줄 수 있는 것은 역시 문학 작품 속 방언형일 것이다. 본고에서는 상대적으로 주목도가 높지 않았던 영서 방언을 중심으로 문학 작품 속 방언의 모습을 살펴보고자 한다. 영서 방언을 사용한 작품을 쓴 대표적인 작가로 김유정을 꼽는다10). 김유정의 수필과 소설 속 방언형들을 통해 영서 방언의 모습을 살피고 실제 영서 방언형으로 보이는 예들의 사전 등재 양상을 함께 살피기로 한다.

　　"나의 고향은 저 강원도 산골이다. 춘천읍에서 한 이십 리 가량 산을 끼고 꼬불꼬불 돌아 들어가면 내닫는 조그마한 마을이다. 앞뒤 좌우에 굵직굵직한 산들이 빽 둘러섰고 그 속에 묻힌 아늑한 마을이다. <u>그 산에 묻힌 모양이 마치 옴팍한 떡시루 같다 하여 동명을 '실레'라 부른다.</u> 집이라야 대개 쓰러질 듯한 헌 초가요, 그나마도 오십 호밖에 못된, 말하자면 아주 빈약한 촌락이다."
　　　　　　　　　　　　　－ 김유정(1936), 「오월의 산골짜기」 일부

　위 내용은 김유정의 수필 '오월의 산골짜기'의 일부이다. 김유정은 여기에서 본인의 고향 마을인 춘천 실레 마을에 대해 묘사하고 있는데, '옴팍한 떡시루' 모양을 닮아 마을 이름이 '실레'라고 하는 점을 언급하고 있다. 따라서 '시루'의 영서 방언형으로서 '실레'를 추측해 볼 수 있을 것이다.

---

10) 영동 방언을 사용한 작품을 쓴 대표적인 작가로는 이순원을 꼽는다. 추후 김유정과 이순원의 작품 속 어휘 및 문체 비교 연구를 통해 강원도 영서 방언과 영동 방언을 비교·대조할 수 있을 것이다.

[그림 6] 실레마을 지형 지도

[그림 7] 실레마을 전경(김유정 문학촌)

위 그림들은 실레마을 지형 지도와 '김유정 문학촌'에서 제공하고 있는 실레 마을 전경이다. 이 그림들을 통해 실레 마을의 지형적 특성을 확인할 수 있을 것이다. 수필의 내용처럼 마을이 산으로 둘러쌓여 있어 시루 모양을 하고 있다. 실제로 한국의 지명을 보면, 움푹 들어가 시루 모양을 하고 있는 지형이나 툭 튀어나와 뒤집어진 시루 모양을 하고 있는 바위나 봉우리에 '시루'에 해당하는 이름이 붙은 경우가 많다. 하지만 이들 가운데서도 '실레'라고 하는 이름이 붙은 곳은 실레 마을이 유일하다. 이는 상당히 특징적인 방언형이라 할 수 있음에도 강원 지역 방언 어휘로 등재되어 있지는 않다.

- 슬기 「004」 '시루'의 **방언**(함북, 중국 길림성).
- 시루 「002」 '시루'의 **방언**(강원).
- 시리 「001」 '시루'의 **방언**(강원, 경상, 전남, 제주).
- 실구 「004」 '시루'의 **방언**(강원, 함경).
- 실그 「001」 '시루'의 **방언**(강원, 함경, 중국 길림성).
- 실기 「001」 '시루'의 **방언**(강원, 경북).
- 실루 「001」 '시루'의 **방언**(강원).
- 실리 「001」 '시루'의 **방언**(경상).
- 쉴 「001」 '시루'의 **방언**(강원, 함경).

[그림 8] '시루'의 방언

 김유정의 작품 속 방언형을 확인하기 위해 다음과 같은 과정을 거쳤다. 먼저, 김유정 소설 텍스트를 형태소 분석하여 검색이 가능한 형태로 가공하였다. 그 다음으로 우리말샘에서 '방언'으로 등재된 어휘 자료 전체를 내려받은 후 이를 형태소 분석한 김유정 소설 텍스트와 비교하여 김유정 소설에서 사용된 어휘 가운데 '방언'에 해당하는 어휘들을 추출하였다11).

"……주위가 이렇게 시적이니만치 그들의 생활도 어디인가 시적이다. 어수룩하고 꾸물꾸물 일만 하는 그들을 대하면 딴 세상을 보는 듯하다.
……그리고 산골에는 잔디도 좋다.
산비알에 포근히 깔린 잔디는 제물로 침대가 된다. 그 위에 바둑이와 같이 벌릉 자빠져서 묵상하는 재미도 좋다. 여길 보아도 저길 보아도 우뚝우뚝 섰는 모조리 푸른 산이매, 잡음 하나 들리지 않는다."
(이하 생략)
— 김유정(1936), 「오월의 산골짜기」 일부

위 산비알은 우리말샘에 방언 어휘로 등재되어 있다.

**산-비알**
· 산-비알 「001」 「명사」 「방언」 '산비탈'의 방언(충청).

산으로 올라서려니까 등뒤에서 푸드득 푸드득하고 닭의 횃소리가 야단이다. 깜짝 놀라서 고개를 돌려 보니 아니나 다르랴 두 놈이 또 <u>얼리었다</u>.
— 김유정(1936), 「동백꽃」 일부

---

11) 필자가 가지고 있는 전자화된 텍스트는 초판 원본 텍스트와는 큰 차이가 있을 것이라 짐작할 수 있다. 초판 원본 텍스트를 통한 정밀한 연구를 진행한다면 보다 풍부한 연구 결과가 나올 수 있으리라 생각한다.

'얼리다'역시 방언형으로 등재되어 있어 추출이 되었으나 소설에서 사용된 의미인 '엉겨붙다' 혹은 '싸우다'의 의미로 등재되어 있지는 않았다.

- **얼리다** 「009」 「동사」 「방언」 '속이다'의 방언(함경).

- **얼리다** 「010」 「동사」 「방언」 '어르다'의 방언(전남).

- **얼리다-보다** 「001」 「동사」 「방언」 '올려다보다'의 방언(경남).

오히려 표준어형에서 일치하지는 않지만 비슷하거나 유추가 가능한 정도의 의미를 확인할 수 있었다.

게다가 조금 뒤에는 제 집께를 할금할금 돌아보더니 행주치마의 속으로 꼈던 <u>바른손</u>을 뽑아서 나의 턱밑으로 불쑥 내미는 것이다.
― 김유정(1936), 「동백꽃」 일부

- **얼리다** 「001」 「동사」 【(…과)】 (('…과'가 나타나지 않을 때는 여럿임을 뜻하는 말이 주어로 온다)) '어울리다'의 준말.

- **얼리다** 「002」 「동사」 【(…과)】【…에】 (('…과'가 나타나지 않을 때는 여럿임을 뜻하는 말이 주어로 온다))하늘에 떠 있는 연이 서로 얽히게 되다.

- **얼리다** 「003」 「동사」 【…을 (…과)】【…을 …에】 (('…과'가 나타나지 않을 때는 여럿임을 뜻하는 말이 목적어로 온다))어울리게 하다.

앞서 영서 방언과 영동 방언을 구분하는 대표적인 예로 확인했던 '바른손'이 동백꽃에도 등장했다. '바른손'은 우리말샘에 방언형으로 등재되어 있지는 않지만 다음과 같이 '바른손잽이'는 강원 방언형으로 등재되어 있다.

• 바른손-잽이 「001」 「명사」 「방언」 '바른손잡이'의 방언(강원).

거지반 집에 다 내려와서 나는 호드기 소리를 듣고 발이 딱 멈추었다. 산기슭에 널려 있는 굵은 바윗돌 틈에 <u>노란 동백꽃이 소보록하니 깔리었다.</u>

그리고 뭣에떠다 밀렸는지 나의 어깨를 짚은 채 그대로 퍽 쓰러진다. 그 바람에 나의 몸뚱이도 겹쳐서 쓰러지며, <u>한창 피어 퍼드러진 노란 동백꽃</u> 속으로 폭 파묻혀 버렸다. <u>알싸한, 그리고 향긋한 그 냄새</u>에 나는 땅이 꺼지는 듯이 온 정신이 고만 아찔하였다.

— 김유정(1936), 「동백꽃」 일부

문학 작품 속 방언형에 대해 논의할 때 가장 대표적으로 언급되는 예가 바로 '동백꽃'일 것이다. 표준어형에 해당하는 '동백꽃'은 붉은 색을 띠는데, 김유정 소설 속 '동백꽃'은 노랗고, 소보록하고, 알싸하며 향긋한 냄새가 난다. 이는 강원지역 방언으로, 표준어형 '생강나무꽃'에 해당하는 꽃을 '동백꽃'이라 불렀기 때문이다.

[그림 9] 생강나무꽃(좌)과 동백꽃(우)

생강나무꽃은 위와 같이 노란색이며 생강나무는 실제로 생강 냄새가 나서 붙여진 이름으로, '알싸하며 향긋하다'라는 표현이 잘 어울린다.

## 5. 강원 방언의 현재와 미래

### 5.1. 연구 분야

본 절에서는 방언 연구의 현황 및 강원 방언 연구 현황을 확인하고 앞으로의 연구 과제를 제시해 보기로 한다. 방언 연구 현황을 확인하기 위해 KCI에서 '방언'을 제목에 포함한 연구 논문들의 리스트를 내려 받아 이들의 제목을 바탕으로 어휘 관계 네트워크를 시각화하면 다음과 같다.

제목에 나타난 지역 정보를 기준으로 각 지역에 대한 연구 비율을 분석한 결과, 제주(13.44%), 경남(7.19%), 경북(5.77%), 전남(5.65%) 순으로 나타났다. 강원 지역은 전체 연구 중 4.73%로 6위에 위치해 있으며, 연구 비중이 상대적으로 적은 편이다. 특히 '전라', '경상과 같이 연구가 많이 진행된 상위 지역과 비교했을 때, '전북', '충남' 등의 하위 지역과 상위 지역이 함께 묶일 수 있음을 고려하면, 강원 지역의 방언 연구는 여전히 타 지역에 비해 활발하지 않은 상황임을 확인할 수 있다.

전체 연구 주제 분석 결과, '성조'(1.22%), '변화'(1.10%), '어휘'(0.96%) 등의 주제가 주목받고 있다. 이들 연구 주제는 방언 연구에서 다루어지는 핵심 주제들로, 방언의 음운적, 형태적 변화와 그 언어적 특성을 다루는 연구가 주를 이루고 있음을 보여준다. 반면, 강원 지역 연구에서는 '성조'(6.36%), '변화'(2.12%), '음운론'(1.27%)이 주요 주제로 나타나, 강원 방언의 음운적 특징과 변화를 중심으로 한 연구가 특히 집중되고 있음을 확인할 수 있다. 이는 강원 방언의 특수한 음운적 특징을 연구하는 경향이 강하게 나타나는 것을 의미한다.

그러나 강원 지역 방언 연구는 아직 특정 주제에 집중된 경향을 보이고 있으며, '어휘', '구문', '의미' 등과 같은 다양한 방언적 요소에 대한 연구는 상대적으로 부족한 상황이다. 따라서 이러한 부족한 연구 주제에 대해 추가적인 연구가 이루어질 필요가 있다. 방언의 어휘적 특성, 구문 구조, 의미 변화를 다루는 연구가 보강된다면, 강원 방언에 대한 더욱 포괄적이고 깊이 있는 이해를 도모할 수 있을 것이다. 이는 강원 지역의 방언 연구가 다양한 주제를 포함하며 더욱 발전할 수 있는 중요한 계기가 될 것이다.

다음으로는 '방언'을 포함한 연구 가운데 문학 영역 연구들의 어휘

관계 네트워크를 살펴보기로 한다. 이를 시각화한 자료는 다음과 같다. 붉은색은 지역, 푸른색은 연구 주제, 노란색은 작가에 해당하는 어휘들이다.

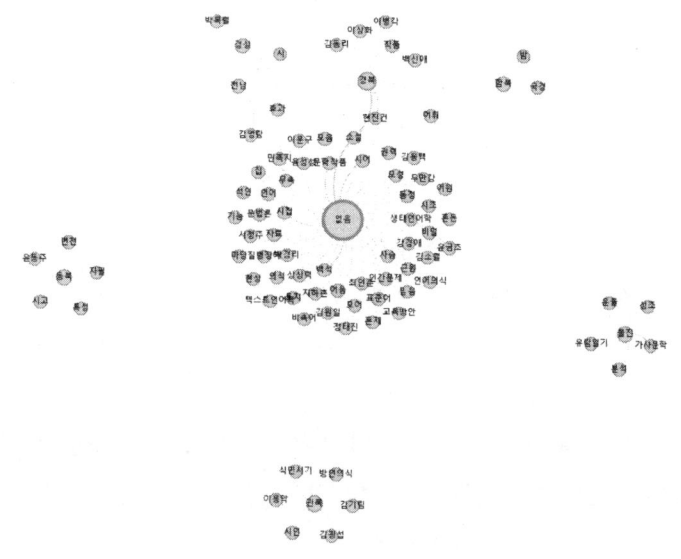

문학 방언 연구에서 제목에 나타난 지역 정보를 기준으로 각 지역에 대한 연구 비율을 분석한 결과, 경북이 가장 많은 비율을 차지하였고, 경상(7.19%)과 관북(5.77%), 동북(5.65%) 순으로 나타났다. 연구의 비중이 특정 지역에 집중되어 있는 가운데, 지역이 제목에 명시되지 않은 경우도 많은데, 이는 작가의 출생지나 성장 배경을 통해 해당 지역과 연결될 수 있음을 시사한다. 즉, 문학 연구에서는 작가의 생애와 작품이 주로 해당 작가가 속한 지역적 배경과 긴밀히 연관되어 있기에, 지역 정보가 누락된 경우에도 작가의 출생지나 성장 배경을 바탕으로 하여 방언을 주제로 한 연구가 진행될 수 있다.

한편, 연구 비율로 보아도, 방언을 세부 주제로 한 문학 연구는 많지 않으며, 분석 결과 문학 작품에서 방언을 다룬 연구 주제는 매우 제한적임을 확인할 수 있다. 연구된 작가들로는 경북 지역을 중심으로 '현진건', '김동리', '이상화', '백신애', '이병각' 등이 있으며, 그 외에도 경상 지역의 '박목월', 관북 지역의 '김기림', '김광섭', '이용악, 동북 지역의 '윤동주' 등이 연구 대상으로 나타났다.

문학 작품의 방언 연구 주제로는 '소설', '시', '어휘', '작품', '시어', '방언의식', '언어', '표준어', '문법론' 등이 주요하게 다루어졌으며, 방언의 음운적 특성과 문법적 요소를 중심으로 연구가 이루어졌다. 그러나 문학 작품에서 방언이 어떻게 활용되고 있는지에 대한 연구는 여전히 부족한 상태이며, 이는 연구의 폭이 좁고 양적으로도 적음을 나타낸다.

특히, 현대 중견 작가나 그들의 작품에서 방언을 연구한 사례는 거의 전무하다고 볼 수 있으며, 이는 향후 연구에서 해결해야 할 중요한 과제이다. 문학 작품에서 방언을 활용한 다양한 연구가 이루어진다면, 방언 연구의 범위가 확장되고 문학적 가치 또한 재발견될 수 있을 것이다.

### 5.2. 문학 분야

현대 문학 작품에서 방언, 특히 강원 방언을 충분히 살린 작품이 나타나지 않고 있는 현실은 문학적, 문화적 다양성의 축소를 초래하고 있다. 이는 단순히 방언을 사용하는 인구가 줄어드는 문제를 넘어, 해당 지역의 고유한 문화적 정서를 담아내는 중요한 도구인 방언이 문학에서 활용되지 않는다는 점에서 더욱 심각하다. 강원 방언을 기반으로

한 작품은 과거에 비해 현저히 줄어들었으며, 특히 젊은 작가들 사이에서 강원 방언을 다룬 현대 문학 작품을 찾아보기 어렵다는 것은 문학적 자산이 충분히 활용되지 못하고 있다는 사실을 시사한다.

강원도 방언을 문학 작품에 깊이 녹여낸 대표적인 작가로는 이순원과 김유정을 들 수 있다. 이순원 작가는 영동 방언을 사용하여 강원도의 동해안 지역을 배경으로 한 다양한 작품을 발표했다. 특히 그의 소설에서는 영동 방언 특유의 강한 말맛을 가진 표현이 지역적 특수성으로서 생동감 있게 드러난다. 이순원은 그의 작품을 통해 영동 지역의 역사적 배경과 인물들의 삶을 사실적으로 그려내며, 방언을 통해 그들의 내면적 정서를 더욱 깊이 있게 표현해 왔다. 영동 방언은 그의 작품 속에서 단순한 대화의 수단이 아니라, 등장인물의 성격과 지역 문화를 구체적으로 반영하는 중요한 요소로 작용한다. 영서 방언을 많이 활용한 작가로는 앞서 살펴 본 김유정을 꼽을 수 있다. 김유정은 춘천을 중심으로 한 영서 지방의 방언을 통해 그의 소설 속 인물들이 처한 상황과 그들이 속한 지역사회를 보다 생생하게 그려냈다. 김유정의 작품 속 방언은 인물 간의 관계를 더욱 사실적으로 묘사하는 역할을 하며, 지역적 배경과 더불어 등장인물의 성격을 구체화하는 데 중요한 역할을 한다. 그의 대표작들에서 나타나는 영서 방언은 그 시대의 사회적, 경제적 상황을 반영하며, 독자에게 해당 지역의 문화를 더욱 밀도 있게 전달한다.

이들 작가의 작품이 문학사적으로 중요한 이유는 방언을 단순한 언어적 차원에서 넘어서, 지역 문화와 정서를 담아내는 도구로 활용했다는 점에 있다. 방언을 효과적으로 사용함으로써 해당 지역의 특수성을 살리고, 이를 통해 작품의 질적 수준을 높일 수 있었다. 문학 작품에서 방언이 갖는 힘은 단순한 언어적 차이를 넘어선다. 방언을 사용함으로써 인물들이 가진 지역적 특성, 그들이 속한 사회적, 문화적 맥락을 더욱 구체적으로 드러낼 수 있다. 특히 소설의 경우, 방언을 통해 인물의 성격이나 지역 정보를 전달하는 데 매우 효과적이다. 대화를 통해 방언이 사용되면 인물 간의 관계나 감정이 더 사실적이고 직접적으로 독자에게 전달되며, 배경 묘사에서도 지역적 특성을 자연스럽게 드러낼 수 있다.

강원 방언 중에서도 영서 방언은 영동 방언에 비해 독특한 형태나 억양이 상대적으로 적고, 텍스트로는 음운적 특징을 충분히 전달하기 어려운 한계가 있다. 영동 방언은 형태적, 통사적으로 특징적인 방언형이 상당하므로 이를 텍스트에서 효과적으로 살리기 용이한 반면, 상대적으로 영서 방언은 음운적 특징이 약하고 표준어와 큰 차이가 없다고 여겨지기 때문에 문학 작품에서 그 특수성을 드러내는 데 어려움이 있을 수 있다. 그러나 이러한 한계는 극복 가능한 부분이다. 예를 들어, 방언의 어휘적 차이를 부각시키거나 대화 속에서 방언적 표현을 적절히 활용하는 방법 등을 통해 그 지역만의 특색을 충분히 살릴 수 있을 것이다. 이는 단순히 텍스트에 담기는 방언적 표현을 넘어서, 작품 속에서 캐릭터와 지역의 고유한 색채를 강화하는 도구로 사용될 수 있다.

앞으로 방언을 적극적으로 활용한 다양한 문학 작품들이 등장하기를 기대한다. 방언은 그 지역만의 문화적 정체성을 표현하는 중요한 언어적 자산으로서, 이를 활용한 문학 작품은 독자에게 지역의 독특한 정서를 전하는 동시에 문학적 깊이를 더할 수 있다. 또한 방언을 사용한 작품들이 많아질수록 방언에 대한 사회적 관심이 높아지고, 이를 통해 방언의 가치를 재발견하는 계기가 될 수 있을 것이다. 문학과 방언이 상호 보완하며 발전할 수 있는 이러한 노력은 방언의 보존과 문학적 다양성 증대라는 두 가지 목표를 동시에 달성하는 중요한 출발

점이 될 것이다.

### 5.3. 교육 분야

방언은 오랫동안 '표준어가 아닌 말'이라는 인식 속에서 교육의 영역에서 소외되어 왔다. 방언이 비표준적 언어라는 이유로 교육 과정에서 배제되거나 다루어지지 않는 경향이 있었으며, 그 결과 방언을 사용하는 사람들조차 자신들의 말을 하찮게 여기는 상황이 이어졌다. 특히 최근에는 이 같은 소외가 더욱 심화되고 있는 듯하다. 교육 현장에서 방언은 점점 더 자리를 잃어가고 있으며, 상대적으로 표준어, 표준 발음, 맞춤법 등에 대한 교육은 활발히 이루어지고 있는데, 이러한 편향적 교육은 방언을 단순히 '잘못된 언어'로 인식하게 만드는 부정적인 영향을 미친다. 이러한 인식의 결과로 방언의 가치를 제대로 이해하지 못하고, 방언을 사용하는 것을 꺼리게 되는 현상이 나타난다.

그러나 방언은 단순히 '지역에서만 사용되는 말'이나 '비표준어'가 아니라, 그 지역의 고유한 문화와 역사를 담고 있는 중요한 언어적 자산이며 소중한 우리말이다. 그렇기 때문에 방언은 교육의 영역에서도 반드시 다루어져야 하며, 특히 어린 학생들에게 방언의 가치를 새롭게 인식시킬 수 있는 기본적인 교육이 필요하다. 교육을 통해 학생들이 방언을 지역 문화의 중요한 부분으로 받아들이고, 방언에 대한 긍정적인 태도를 형성할 수 있도록 해야 한다. 이러한 교육이 방언에 대한 관심을 높이고, 더 나아가 지역 문화와 전통을 존중하는 마음을 기르는 데 기여할 수 있을 것이다.

특히 교육 현장에서는 해당 지역의 방언에 대한 이해를 바탕으로, 다른 지역의 방언에 대한 학습을 병행할 필요가 있다. 각 지역의 방언은 그 지역의 문화와 삶의 방식을 반영하고 있기 때문에, 학생들이 자신의 지역 방언뿐만 아니라 다른 지역의 방언을 배우게 되면 서로 다른 지역의 문화적 특성을 존중하고 이해하는 데 도움이 될 것이다. 방언은 단순히 다른 언어 변형이 아니라, 해당 지역의 정체성과 자긍심을 상징하는 중요한 문화적 자산임을 학생들에게 교육해야 한다.

방언은 지역 문화의 보고이자 우리말의 아름다움을 담고 있는 중요한 언어적 자산이다. 따라서 방언을 보존하고 가꾸어 나가는 것은 매우 중요한 과제이며, 이를 위해서는 일상에서 방언 사용을 적극적으로 권장하는 것이 필요하다. 물론 공식적인 자리에서는 표준어 사용이 필요할 수 있지만, 이를 방언과 대립적으로 가르치는 방식은 피해야 한다. 방언과 표준어는 상호 배타적인 관계가 아니라 상호 보완적인 관계로 이해되어야 하며, 교육도 이와 같은 방향으로 이루어져야 한다. 표준어를 우선시하고 일상에서도 표준어를 구사하는 것이 바람직하다는 식의 접근은 방언의 소멸을 가속화시킬 뿐 아니라, 방언에 대한 부정적인 인식을 심어줄 위험이 있다.

방언에 대한 관심은 곧 지역과 지역 문화에 대한 관심으로 이어질 수 있다. 방언은 특정 지역의 삶과 문화를 반영하는 언어이기 때문에, 이를 통해 그 지역의 역사와 전통을 더 깊이 이해할 수 있다. 특히 최근 들어 지방 소멸과 지역 불균형 문제 등이 심각한 사회적 이슈로 대두되고 있는데, 이러한 문제의 해결을 위한 기초적이면서도 중요한 접근 방법 중 하나가 방언 교육이다. 방언을 교육 현장에서 체계적으로 다룬다면, 학생들은 자연스럽게 자신이 속한 지역에 대한 자부심을 느끼고, 지역 소멸 문제에 대한 관심도 높아질 것이다.

현재 대학에서 강원 방언과 관련된 교과목이 개설되어 있는 사례는 많지 않다. 강원도 내 대학에서 '지역학과 관련되어 개설된 교과목을 살펴보면 다음과 같다.

| 대학 | | 교과목명 |
|---|---|---|
| 강원대학교 | 춘천 | 춘천문화 그 현재와 미래<br>강원도와 DMZ<br>강원문화사<br>강원의 민속과 문학<br>강원지역사회와 기후변화 |
| | 삼척 | 삼척문화의 이해 |
| 강릉원주대학교 | | 강원지방의 역사와 민속<br>강원문화사<br>환동해 평화와 한반도 통일<br>군과 지역사회<br>축제와 지역사회 |
| 한림대학교 | | 디자인안경을 쓰고 춘천 읽기<br>알쓸신잡 춘천:춘천으로 인문학하기<br>강원의 역사와 문화<br>지역학의 이해 |

교양 과정이나 전공 과정에서 지역학을 다루는 과목이 일부 존재하긴 하지만, '방언'을 다루는 것은 아니며, 그조차도 매우 한정적인 소수의 학생들에게만 교육되고 있다. 이는 방언 교육이 너무 늦게, 그리고 극소수의 학생들에게만 제공되고 있음을 보여주는 단적인 예라 할 수 있다.

방언 교육은 보다 이른 시기에, 보다 체계적인 방식으로 이루어져야 한다. 초등학교와 중학교 단계부터 학생들이 방언의 가치를 이해하고, 방언을 활용한 문학이나 지역 역사 교육이 이루어질 필요가 있다. 방언에 대한 이해는 단순히 언어 교육을 넘어, 지역 정체성과 문화적 다양성을 존중하는 태도를 기르는 데 기여할 수 있다. 방언을 존중하는 교육이 이루어진다면, 학생들은 자신의 뿌리를 소중히 여기고, 다른 지역의 방언과 문화를 이해하는 데도 열린 마음을 가질 수 있을 것이다.

## 6. 맺음말

강원 방언은 그 지역의 역사와 문화적 특수성을 담고 있는 중요한 언어적 자산이다. 본고에서는 강원 방언이 단순한 지역어가 아니라, 지역민의 생활과 정서를 담아내는 하나의 문화적 표상임을 살펴보았다. 그러나 강원 방언은 현재 여러 요인으로 인해 소멸 위기에 처해 있으며, 특히 교육과 문학적 차원에서 그 가치를 충분히 인정받지 못하고 있는 현실이다.

문학적 차원에서는 방언을 활용한 작품들이 줄어들고, 방언이 그저 비표준적인 언어로 취급되는 현상이 강해지고 있다. 그러나 방언은 문학 작품에서 지역적 특수성을 살릴 수 있는 강력한 도구이다. 영동 방언을 많이 활용한 이순원 작가, 영서 방언을 효과적으로 사용한 김유정 작가의 작품들은 방언을 통해 문학적 질을 높이고, 지역의 문화적 특색을 더욱 생동감 있게 표현한 대표적인 사례들이다. 방언이 작품 속에서 살아 움직일 때, 그것은 곧 그 지역의 문화와 전통이 살아 숨 쉬는 것이며, 이를 통해 작품의 질적 향상과 더불어 지역 문화의 보존에도 기여할 수 있다. 앞으로 더 많은 문학 작품에서 방언을 적극적으로 활용함으로써, 지역 문화의 아름다움과 독창성을 드러낼 필요가 있다.

교육적 차원에서는 방언이 여전히 소외된 채로 남아 있는 현실이 더욱 심각하다. 방언이 표준어가 아닌 잘못된 말이라는 인식이 여전히 팽배하며, 이에 따라 방언을 교육 현장에서 다루는 경우가 드물다. 하지만 방언은 그 자체로 지역 문화를 담고 있는 중요한 언어적 유산이다. 따라서 방언을 체계적으로 교육하는 것은 지역 문화에 대한 이해를 높이고, 나아가 지역 정체성을 강화하는 데 기여할 수 있다. 또한, 방언 교육을 통해 학생들이 자신의 언어적 뿌리를 인식하고, 더 나아가 다른 지역의 방언에 대한 이해와 존중을 배울 수 있다. 이는 지역 간의 문화적 차이를 이해하고 수용하는 데도 중요한 역할을 할 것이다.

강원 방언, 더 나아가 한국의 다양한 방언들은 지역 문화를 반영하는 보고이자 우리의 고유한 언어 자산이다. 그럼에도 불구하고 방언은 오랜 시간 동안 표준어 중심의 사회에서 소외되어 왔고, 그 결과 방언의 소멸이라는 위기에 직면해 있다. 이러한 상황에서 방언을 보존하고 가꾸는 일은 단순한 언어적 작업을 넘어, 지역 문화를 지키고 발전시키는 중요한 과제이다.

앞으로 방언이 단순히 과거의 유산이 아니라, 현대 문학과 교육에서 중요한 역할을 할 수 있는 요소로 자리 잡기를 기대한다. 방언을 통해 문학과 교육이 풍부해지고, 지역 문화에 대한 자긍심이 더욱 강화될 수 있을 것이다. 이는 곧 문학과 교육이 함께 발전하는 길이며, 지역적 특수성을 바탕으로 한 새로운 문화적 가치를 창출하는 데 기여할 것이다.

# 한시를 통해 본 강원도의 심상지리

김정은

## 1. 자연지리와 인문지리 그리고 심상지리

군인들 사이에 "인제 가면 언제 오나, 원통해서 못 살겠네!"라는 말이 있다. '인제'는 강원도 인제군, '원통'은 강원도 양구군의 '원통면'을 말한다. 인제나 양구에 배치 받으면 오지 중의 오지라는 푸념 섞인 말이다. 예나 지금이나 강원도 하면 산으로 둘러싸인 오지라는 이미지가 강하다. 실제로 강릉·원주·춘천 정도를 제외하면 도시라고 할 만한 곳이 거의 없다. 다른 도에 비하면 인구 밀도가 낮고 산업적으로도 낙후되었다.

조선시대에도 지금과 크게 다르지 않았다. 송강(松江) 정철(鄭澈, 1536-1593)은 1580년(선조 13) 강원도 관찰사로 재직하고 있을 때 강원도에 대해 다음과 같이 말했다.

> 강원도는 동쪽으로 큰 바다와 접해 있고 서쪽으로 무수한 산을 끼고 있습니다. 그래서 넓은 들이 없는데다 땅에는 모래나 돌이 많습니다. 봄이 와도 여전히 눈이 내리고 가을이 되기 전에 서리가 내려서 곡식은

여문 것이 적고 수확량이 적습니다. …… 산골짝에 간혹 백성들이 살기는 하지만 대개 한두 가구밖에 되지 않아 마을을 이루지 못합니다. …… 강원도는 토지나 인구가 적으니 참으로 영남과 호남에 있는 큰 고을 하나에도 미치지 못합니다.
― 정철, 「강원 관찰사 때 폐단을 아뢴 상소문[江原監司時陳一道弊瘼疏]」, 『송강속집』 권2

강원도는 산이 많고 들이 적다. 봄에 눈이 내릴 정도로 겨울도 길다. 그래서 농사도 잘 안되고 수확량도 적다. 산골에 한두 가구가 있을 뿐이니 사실 촌락이라고 할 것도 없다. 정철은 인구나 농업 규모로 볼 때, 강원도는 영남과 호남에 있는 큰 고을 하나에도 미치지 못하는 수준이라 한탄하였다.

그런데 정철은 강원도 관찰사로 있을 때 「관동별곡」을 지어서 강원도의 아름다운 경치를 찬미하였다. 산 좋고 물 좋고, 더구나 명승지가 많아 유람하기 좋았기 때문이다. 강원도는 예부터 '관동팔경(關東八景)'이라 하여 명승지가 많았다.

강원도는 누대와 정자 등 멋진 경치가 많다. 흡곡의 시중대(侍中臺), 통천의 총석정(叢石亭), 고성의 삼일포(三日浦), 간성의 청간정(淸澗亭), 양양의 청초호(靑草湖), 강릉의 경포대(鏡浦臺), 삼척의 죽서루(竹西樓), 울진의 망양정(望洋亭)을 사람들이 '관동팔경(關東八景)'이라 부른다. 동해안 아홉 고을에는 서쪽으로 금강산·설악산·두타산·태백산 등이 있는데, 산과 바다 사이의 훌륭한 경치가 많다. 골짜기가 그윽하고 물과 돌이 맑으니 간혹 선인(仙人)의 신기한 유적이 전하기도 한다.
― 이중환, 「팔도총론-강원도」, 『택리지』

관동팔경은 강릉 경포대, 삼척 죽서루 등, 주로 강원도 동해안 일대에 있는 누대와 정자를 말한다. 이중환(李重煥, 1690-1752)은 우리나라에서 산수가 가장 좋은 곳으로 단연 강원도의 영동지방을 꼽았다. 강원도에는 관동팔경은 물론 금강산·설악산·태백산 등 명산도 많다. 그래서인지 강원도의 명승지에는 속세를 떠난 선인(仙人)들이 머물렀다는 전설이 전하기도 하였다.

조선시대 사람들에게 강원도는 험준한 산악 지형에 농경지가 적어 살기는 어렵다. 그러나 명승지가 많아 유람하기에 좋고, 더욱이 속세를 벗어나고 싶은 사람들에게는 딱 맞는 곳이었다. 조선시대에 정치나 사회에 환멸을 느껴 강원도에 은거한 문인들도 적지 않았다. 그중에 한 사람이 조선 후기의 학자이자 시인 김창흡(金昌翕, 1653-1722)이다. 김창흡은 숙종 연간 격해지는 당쟁에 환멸을 느껴 강원도 인제·강릉·화천 등에서 10년 가까이 은거 생활을 하였다.

| | |
|---|---|
| 용산은 인제 협곡 정상에 있어 | 龍山麟峽頂 |
| 백성들 깊은 구름 속에서 사네 | 民物與雲深 |
| 지세 높아 시원한 맛이 절로 있고 | 自有高寒樂 |
| 순박한 마음 아직 간직하고 있네 | 仍存淳朴心 |
| 은하수는 판잣집에 드리우고 | 星河垂板屋 |
| 절구 소리는 솔숲에 은은하네 | 杵碓隱杉林 |
| 긴긴 밤 시냇가 자리에 누우니 | 永夜溪邊枕 |
| 마치 태고의 소리를 듣는 듯하네 | 如聆太古音 |

― 김창흡, 「용산(龍山)」, 『삼연집』 권9

김창흡이 인제의 용산(龍山)에서 지은 시이다. 구름과 은하수에 맞닿을 듯 높은 곳에 산골 마을이 있다. 이 마을은 속세와 단절되어 있다. 그래서인지 여기에 사는 사람들은 마치 태고 시절처럼 순박한 마음을 간직하고 있다. 김창흡은 인제에서 명예나 이익 따위에 때 묻지 않은 인간의 원형을 본 것이다.[1]

심상지리는 특정한 지리적 공간이 사람들의 마음속에 인식되고 표상되는 이미지라고 할 수 있다. 강원도의 경우 빼어난 경치로 인해 다른 도에 비해 자연지리의 영향이 크다. 심상지리 형성에 자연지리 못지않게 강원도 사람들의 인심과 풍속, 이른바 인문지리도 중요하게 작용하였다. 이처럼 강원도에 대한 심상지리는 자연지리와 인문지리가 복합적으로 반영되어 형성되는 것이다.

## 2. 강원도 명승에 관한 시문의 창작과 심상지리의 형성

자연 상태로 존재하는 특정한 장소는 인간의 발길과 기록을 통해 하나의 명승지로 자리 잡는다. 일례로 강원도 강릉의 경포대와 한송정, 통천의 총석정 등은 신라 시대 영랑(永郞), 술랑(述郞), 남석랑(南石郞), 안상랑(安祥郞) 등 네 명의 화랑이 다녀간 뒤에 명승지로서의 지위를 획득하기 시작하였다. 후대인들은 이들을 '사선(四仙)'이라 부르며 그들의 이야기를 전하고 신선이 다녀간 특별한 장소로 인식하였던 것이다.[2]

또한 춘천의 청평산은 고려 전기의 귀족 이자현(李資玄,

---

1) 이경수, 「삼연 김창흡의 설악산 은둔과 한시표현」, 『강원문화연구』 26, 강원대 강원문화연구소, 2007.
2) 김풍기, 「명승 구성의 방식과 유형화의 길 : 경포대 소재 시문을 중심으로」, 『한국언어문학』 104, 한국언어문학회, 2018.

1061-1125)에 의해 재발견되고 사람들에게 의미 있는 공간이 되었다.3)

> 춘천의 청평산(淸平山)은 옛날에 경운산(慶雲山)이라 하였다. ……
> 희이자(希夷子) 이자현(李資玄)이 벼슬을 버리고 이곳에 은거하면서부터 도둑도 없어지고 호랑이도 종적을 감추었다. 마침내 산 이름을 '청평산(淸平山)'이라 고쳤다.
> — 김부철, 「청평산 문수원기(淸平山文殊院記)」, 『동문선』 권64

이자현은 고려 전기 문벌 가문의 자제였다. 마음만 먹으면 고위직에 올라 평생 부귀영화를 누릴 수 있었다. 그러나 그는 이 모든 것을 버리고 고려의 수도 개성을 떠나 강원도 산골 청평산으로 들어와 살았다. 이자현이 들어오기 전까지만 해도 산 이름은 '경운산'이었다. 그런데 이자현이 온 후로 도적과 호환(虎患)이 없어져서 산 이름이 '맑고 평안하다'라는 의미의 '청평(淸平)'으로 바뀌었다고 한다. 변함없이 그 자리에 있었던 똑같은 산이지만, 이자현의 은거 이후 사람들에게는 전혀 다른 산으로 인식되고 표상되었던 것이다.

전근대 시기에는 주로 문인들이 지은 시문을 통해 강원도에 대한 심상지리가 형성되고 재구성되었다. 삼척의 죽서루에 올라 읊은 한시는 현재 1천 편도 넘게 남아 있다. 강원도 금강산과 관동팔경을 유람하고 지은 기행문은 고려 후기부터 조선시대 내내 창작되었다. 강원도의 대표적인 명승지인 금강산과 관동팔경은 고려 후기 문인들의 시문 창작을 통해 명승지로서의 위상이 확고하게 형성되었다.4) 안축(安

---
3) 신성환, 「이자현에 대한 기억과 청평사의 인문지리적 특성」, 『동양고전연구』 75, 동양고전학회, 2019.
4) 안세현, 「조선시대 강원도의 문화적 정체성과 현재적 의미」, 『한문고전연구』

軸, 1282-1348)은 1330년(충숙왕 17)에 강원도 순무사(巡撫使)가 되어 강원도의 민정을 살피는 한편, 시를 지어서 『관동와주(關東瓦注)』라는 시집을 엮었다. 또 이곡(李穀, 1298-1351)은 1349년(충정왕 1)에 금강산과 관동팔경 일대를 유람하고 「동유기(東遊記)」라는 기행문을 남겼다.

  나는 예전부터 조물주의 오묘한 솜씨가 헤아릴 수 없을 정도로 많다고 생각했었다. 이번에 국도(國島)와 동굴을 보고 진정 확인할 수 있었다. 그런데 이처럼 멋진 경치는 자연스럽게 이루어진 것인가, 아니면 처음부터 일부러 그렇게 만든 것인가? 자연스럽게 이루어진 것이라면, 어떻게 이렇게까지 오묘할 수가 있단 말인가. 반대로 일부러 그렇게 만든 것이라면, 천년만년 귀신이 공력을 쏟는다고 하더라도 어떻게 이렇게까지 최고의 작품을 만들어 낼 수가 있겠는가.
                                      - 이곡, 「동유기」, 『가정집』 권5

 윗글은 이곡이 「동유기」에서 강원도 통천의 국도(國島)를 유람하고 기록한 것이다. 이곡은 국도의 경관을 보고 조물주가 만들어 낸 '최고의 작품'이라고 경탄해 마지않았다.
 안축과 이곡이 지은 시문은 이후 조선시대 내내 강원도 유람의 지침서가 되었으며 강원도 명승에 관한 시문의 창작을 추동하였다. 일례로 조선전기의 뛰어난 문인 서거정(徐居正, 1420-1488)과 성현(成俔, 1439-1504) 등은 안축이 지은 「삼척 죽서루 팔영」을 따라서 죽서루 팔경시(八景詩)를 창작하였다. 또 홍인우(洪仁祐, 1515-1554) 같은 문인은 이곡의 「동유기」를 보고 금강산과 관동팔경을 유람한 뒤에 『

---

34, 한국한문고전학회, 2017.

관동일록(關東日錄)』이라는 기행문을 짓기도 하였다.

특히 안축과 이곡의 시문은 강원도의 명승에 대한 이미지를 형성하는 데에 큰 영향을 미쳤다. 다음의 시는 서거정이 강원도 도사로 나가는 지인에게 준 시의 일부이다.

> 그대는 보지 못했는가, 가정 이선생의 「동유기」를
> 君不見稼亭李先生東遊記
> 또 보지 못했는가, 근재 안대부의 『와주편』을
> 又不見謹齋安大夫瓦注編
> 관동지방의 형승은 천하에 드물어서
> 關東形勝天下少
> 풍류 즐긴 사람은 왕왕 모두 유선(儒仙)이었지
> 風流往往皆儒仙
> ― 서거정, 「관동행(關東行)」, 『사가시집』 권46

서거정은 시의 첫머리에서 이곡의 「동유기」와 안축의 『관동와주』를 언급하였다. 그리고 강원도의 경치가 세상에 보기 드문 뛰어난 명승이라고 하며, 이곳을 유람하는 사람은 '유선(儒仙)'이라고 하였다. '유선'은 '유학자'이면서 '신선'이라는 의미이다. 유학자가 강원도의 명승을 유람하면 신선이 된다는 의미이다. 서거정과 같은 조선 전기 문인들은 이곡과 안축의 시문을 통해 강원도의 경치를 명승으로 인식하고 강원도를 '탈속의 공간', '풍류를 즐기는 공간'이라는 이미지를 형성하게 된 것이다.

강원도에 대한 이러한 인식은 조선 전기 성종 때 국가에서 편찬한 『동국여지승람(東國輿地勝覽)』을 통해 공인되었다. 이 책은 인문 지리서로 한 지역의 역사, 군사, 교육, 문화, 인물, 자연경관 등이 망라되어 있다. 특히 '형승, 산천, 누정' 등 명승지와 관련된 항목에는 신라시대부터 조선 전기까지 창작된 관련 시문을 거의 모두 수록해 두었다. 이들 시문을 통해 각 지역에 대한 심상지리가 형성되고 공인된 셈이다. 다음은 강원도 강릉의 '형승, 산천, 누정'조의 일부를 가져온 것이다.

- 【형승】 산수가 천하에서 으뜸이다. 김구용(金九容)의 시에 "강릉의 산수 경치가 천하에 첫째이다."라고 하였다.
- 【산천】 대관령은 강릉대도부 서쪽 45리에 있으며 강릉의 진산이다. …… 김극기(金克己)가 권적(權迪)의 시를 차운한 시에, "대관산(大關山)이 푸른 바다 동쪽에 높은데, 만 골짜기 물이 흘러나와 물이 천 봉우리를 둘렀네. ……"
- 【누정】 경포대(鏡浦臺)는 강릉대도부 동북쪽 15리에 있다. 경포의 둘레가 20리이고 물이 깨끗하여 거울 같다. …… 유사눌(柳思訥)의 시에 "경치 멋지다는 이야기 듣고 말을 타고 동쪽으로 갔더니, 당년에 즐기던 놀이는 그야말로 그림 속일세. ……"
  - 『신증동국여지승람』 권44, 강원도, 강릉대호부

김구용이 지은 시를 근거로 강릉의 형승이 천하의 으뜸이고, 유사눌의 시를 통해 경포대의 경치가 멋지다는 이미지가 형성되고 공식적으로 인정되었던 것이다.

조선시대 각 지역의 명승이라고 하면, 『동국여지승람』에 수록된 명승이 하나의 표준이 되었다. 『동국여지승람』은 성종 때 편찬된 이후 계속 증보를 거쳤으며, 지방의 읍지에 나오는 명승지 역시 거의 『동국여지승람』을 따랐다. 유람하는 사람들은 『동국여지승람』의 기록을 따라 주요 명승지를 찾아다녔다.

　　마지막에 구담(龜潭)을 구경하고 난 뒤에야 비로소 이전에 보았던 것은 기이한 곳이 못 되고『동국여지승람』과 선인들의 기록에도 완벽하지 못한 게 있음을 알았다. 이에 내가 유람한 곳을 차례대로 말해보겠다.
　　- 이황,「단양 산수 기행기 속편[丹陽山水可遊者續記]」,『퇴계집』권42

　　퇴계 이황(李滉, 1501-1570)이 충북 단양 일대를 유람하고 지은 기행문의 일부이다.5) 이황 또한 명승지를 유람할 때『동국여지승람』의 기록을 기본적으로 참고하였다. 그러는 한편 앞서 다녀간 선인들의 시문도 검토하였다. 그런데 이황이 직접 다녀보니『동국여지승람』이나 선인들의 시문에 기록되지 않은 명승지가 있었다. 이 때문에 이황은 자신이 직접 기행문을 지어서 새로운 명소를 알리고자 하였다. 곧『동국여지승람』과 선인들의 시문으로 굳어진 이미지가 이황의 발길과 기행문을 통해 새로운 명승이 발견되고 재인식된 것이다. 강원도에 대한 심상지리 역시 결코 고정된 것이 아니며, 문인의 시문과 시대에 따라 변화되고 재구성되었다.

## 3. 한시에 나타난 강원도 명승에 대한 심상지리

　　전근대 시기에 창작된 한시를 중심으로 강원도 명승에 대한 심상지

---

5) 심경호,「구도자의 산수 유람-퇴계 이황의 산수유기」,『한문산문의 내면풍경』, 소명출판, 2002.

리를 간략하게 검토해 보고자 한다. 강원도 명승지를 모두 논의할 수 없으므로 몇 군데로 한정할 필요가 있다. 강원도는 대관령을 기준으로 서쪽을 영서, 동쪽을 영동으로 구분한다. 같은 강원도이지만 자연환경과 문화적 토대에서 영서와 영동은 많은 차이가 있다. 명승지만 보더라도 영동지방은 금강산을 비롯하여 관동팔경으로 대표되는 명승지가 많다. 이에 비해 영서지방에서 유서 깊은 명승지로는 춘천의 소양정 정도가 있을 뿐이다.

전근대는 물론 오늘날에도 강원도를 대표하는 곳을 선정할 필요가 있다. 또한 문인들이 많이 유람하고 한시를 남긴 곳이어야 한다. 영동지방의 금강산은 당연히 포함해야 하고 영서지방의 산으로는 춘천의 청평산을 뽑는다. 청평산은 고려 전기 이자현이 은거한 이래로 조선시대 김시습, 이황, 김상헌, 김창흡, 정약용 등 뛰어난 문인들이 찾아와 많은 시문을 남겼다. 누정 중에는 영동지방의 경포대와 죽서루를, 영서지방의 소양정을 뽑았다. 조선 후기의 문인 성해응(成海應, 1760~1839)은 「소양정기(昭陽亭記)」에서 강원도의 누정 중에서 강릉의 경포대와 춘천의 소양정을 백중으로 꼽았다. 또한 삼척의 죽서루는 2023년에 강원도의 누정 중에 최초로 국보로 선정되었다.

강원도 명승을 노래한 한시 중에서 기존에 알려지지 않은 명승을 발견하거나 새로운 이미지를 보여주는 작품을 주로 꼽았다.

1 금강산은 옛날부터 중국 문인들도 평생에 한번만이라도 가보고 싶다고 할 정도로 우리나라를 대표하는 명산이다. 수많은 우리나라 문인이 금강산을 다녀왔으며 헤아릴 수 없을 정도로 많은 작품을 남겼다. 여기서는 조선 중기 송광연(宋光淵, 1638-1695)이 지은 금강산 시를 살펴보겠다.6) 금강산 내에는 만물상·만폭동·구룡연 등 명소가 많

은데, 송광연은 기존에 주목받지 못했던 '운수동(雲水洞)'에 주목하였다. 다음의 ①은 만폭동을, ②는 운수동을 읊은 시이다.

①
| 물외는 인간 세상과 구분되어 있는데 | 物外人間世界分 |
| '봉래원화' 글씨도 풍파 겪어 변했네 | 蓬萊元化劫灰翻 |
| 천 개 봉우리 늘어서 삼악을 바라보고 | 千峰並列瞻三岳 |
| 만폭동 물은 함께 흘러 일문을 이루네 | 萬瀑同流有一門 |
| 옥동은 중간 확 열려 눈이 쏟아지는 듯 | 玉洞中開疑雪拆 |
| 은하수가 거꾸로 걸려 우레 소리 울리네 | 銀河倒挽聽雷喧 |
| 신선은 놀다 가면 마땅히 자취가 없으니 | 僊遊已返宜無跡 |
| 바위에 이름 새겨 흔적 남기고 싶지 않네 | 名姓嫌留石上痕 |

― 송광연, 「만폭동(萬瀑洞)」, 『범허정집』 권1

②
| 어제는 만폭동을 보고 | 昨觀萬瀑流 |
| 오늘은 운수동을 찾았네 | 今尋雲水洞 |
| '봉래'라는 글자가 없을 뿐 | 獨無蓬萊書 |
| 산수는 만폭동과 백중이로다 | 溪山是伯仲 |

― 송광연, 「운수동(雲水洞)」, 『범허정집』 권1

만폭동은 금강산 내에서도 풍경이 최고로 꼽히는 곳이다. 온갖 골짝에서 쏟아져 나온 물줄기가 만폭동에서 폭포를 이루며 우레 같은 굉음을 낸다. 특히 만폭동 바위 위에는 조선 중기의 명필 봉래(蓬萊) 양사

---

6) 김정은, 「범허정 송광연의 강원도 명승 인식의 양상과 특징」, 『인문과학연구』 79, 강원대인문과학연구소, 2023.

언(楊士彦, 1517-1584)이 쓴 '봉래풍악(蓬萊楓岳) 원화동천(元化洞天)'이란 8자가 새겨져 있다. 만폭동은 자연이 빚어낸 풍경 자체가 경이로울 뿐만 아니라 양사언의 글씨가 더해지면서 명승으로 더욱 이름을 드날렸다. 시에서 '삼신산[三岳]'과 '신선의 유람[僊遊]'을 이야기하였듯이, 만폭동의 풍광은 신선 세계와 다름이 없다.

그런데 송광연은 만폭동 너럭바위에 글씨를 새긴 것을 좋게 보지 않았다. 신선이 유람하는 곳에 인간이 이름 따위를 남겨 두는 것은 결코 어울리지 않기 때문이다. 송광연은 오히려 만폭동보다 운수동을 더 좋게 보았다. 운수동의 경관은 만폭동에 비해 손색이 없으면서도 인간의 흔적이 전혀 없었기 때문이다.

송광연은 만폭동을 본 이후에 운수동을 찾았다. 기존의 명성으로 보면 당연히 만폭동이 제일이다. 그러나 송광연은 자신이 직접 눈으로 보고 느껴보니 그렇지 않았다. 운수동이 오히려 금강산이 지닌 신선 세계의 이미지에 어울렸던 것이다. 송광연의 「만폭동」과 「운수동」 시는 만폭동에 대한 기존의 인식을 반성하고 운수동이 지닌 명승 가치를 발견했다는 점에서 의미가 있다.

② 강원도 영동지방에 금강산이 있다면 영서지방에는 춘천의 청평산이 있다. 물론 경관이나 명성으로 볼 때 청평산이 금강산에 비해 한참 떨어진다. 그러나 청평산은 고려 전기 이자현이 은거한 이후로 은자들의 안식처와 같은 곳이었다. 퇴계 이황은 「청평산을 지나며[過淸平山有感]」란 시에서 이자현을 두고 진정한 은자라고 칭송하였다. 또한 조선 전기 방외인으로 유명한 매월당 김시습도 청평산에 머물러 지낸 적이 있었다. 금강산이 멋있는 경관에 압도되는 곳이라면, 청평산은 세속에서 상처를 받은 이들의 안식처와 같은 곳이었다.[7]

조선 중기의 문인 청음(淸陰) 김상헌(金尙憲, 1570-1652)도 조정에서 일이 뜻대로 되지 않자, 벼슬을 사직한 뒤에 춘천의 청평사를 찾았다. 때는 1635년(인조 13) 음력 3월 봄이었다. 김상헌은 소양정과 청평산 등 춘천의 명소를 유람하고「청평록(淸平錄)」이라는 기행문을 지었다.「청평록」에는 그날그날의 여정, 에피소드 등과 함께 시 작품도 수록되어 있다.

| | |
|---|---|
| 삼일 동안 청평산을 유람하였는데 | 淸平山中遊三日 |
| 서천의 물과 바위가 가장 깨끗하네 | 西川水石最淸絶 |
| 물은 바위 위로 구불구불 흐르고 | 水從石上來蜿蜒 |
| 중간에 확 넓어져서 동천이 열렸네 | 中間豁然開洞天 |
| 은하수는 옥우와 통해 빛나며 돌고 | 銀漢昭回通玉宇 |
| 경전은 현포를 옮겨 놓은 것 같구나 | 瓊田彷彿移玄圃 |
| 솔 아래 옛날 단에는 푸른 이끼 끼었고 | 松下古壇凝碧苔 |
| 산바람은 아득히 불어와 산꽃이 피었네 | 山風漠漠山花開 |
| 함께 온 사람이 또한 두세 명 있으니 | 同來亦有二三子 |
| 물소리 들으며 술 마시고 시 읊조리네 | 把酒高吟水聲裡 |
| 청평산 유람은 비할 데 없이 즐거우니 | 淸平之遊樂無伍 |
| 어찌하면 집 떠나 예서 살 수 있으려나 | 安得辭家此中住 |

― 김상헌,「청평록(淸平錄)-서천(西川)」,『청음집』권10

이 시는 청평산의 서천(西川)을 읊은 것이다. 청평산은 앞서 언급했듯이 이자현이 은거한 뒤에 산 이름을 '경운산'에서 '청평산'으로 바꾸었다. 뿐만 아니라 청평산에는 구송대(九松臺)·영지(影池)·서천(西川)·

---

7) 이경수,「은둔의 전통과 청평사 한시」,『한국한시연구』4, 한국한시학회, 1996.

선동(仙洞) 등과 같이 이자현과 관련된 명소가 많이 남아 있다. 서천 역시 이자현의 발자취가 깃들어 있던 곳이다.

'청평(淸平)'이라는 산 이름은 글자 그대로 풀이하면 '맑고 평안하다'는 뜻이다. 경치가 맑고 이곳에 은거한 이들의 삶과 정신이 맑았다. 명예와 이익을 다투는 혼탁한 세속과는 격절된 공간이었다. 청평산 내에서도 서천은 더욱 그러하였다. 그래서 김상헌은 서천을 두고 신선이 산다고 하는 '동천(洞天), 옥우(玉宇), 현포(玄圃)' 등으로 표현하였다. 김상헌에게 청평산은 정치적 갈등에서 오는 세상사의 시름을 잊고 편안하게 풍류를 즐길 수 있는 공간이었다.

3 강릉의 경포대는 경포호(鏡浦湖) 언덕 위에 위치해 있다. 경포호는 '경호(鏡湖)'라고도 하며 거울처럼 물이 맑아서 이렇게 이름 붙인 것이다. 누대와 정자는 경치를 조망하기에 가장 좋은 위치에 세웠다. 경포대에 오르면 거울처럼 맑은 경포호는 물론 경포호 주변 백사장의 솔숲, 그리고 솔숲 너머의 드넓은 동해바다를 모두 조망할 수 있다.

다음은 조선 전기의 문인 창계(滄溪) 문경동(文敬仝, 1457-1521)이 경포호를 읊은 시이다.[8]

| 바람은 경포를 따라 불어오고 | 風從鏡浦到 |
| 상쾌함은 서늘한 솔숲에서 나오네 | 爽自寒松來 |
| 조물주가 시샘이 많아 | 造物多猜意 |
| 먹구름 일부러 열어주지 않는구나 | 陰雲故不開 |

— 문경동, 「경포를 바라보며[觀鏡浦]」, 『창계집』 권2

---

[8] 김정은, 「창계 문경동 한시 연구 : 조선전기 한시에 나타난 강원도 형상의 일양상」, 『온지논총』 75, 온지학회, 2023.

문경동은 유명한 경포대에 올라 멋진 풍경을 볼 수 있겠노라 기대가 컸을 것이다. 그런데 막상 경포대에 오니 짙은 구름이 깔려서 딱히 감상할만한 경치를 볼 수 없었다. 한껏 설레는 마음을 가지고 왔는데 아쉬움이 남았다. 날씨가 좋지 못하여 제대로 구경을 못해 아쉬워하는 일은, 여행을 다녀본 사람이라면 누구나 경험해 보았을 것이다. 그나마 경포호와 솔숲에서 불어오는 바람이 있어서 기분은 상쾌하였다. 멋진 경치를 눈으로 볼 수 없어 못내 아쉬웠지만 마음만은 상쾌했던 것이다. 그래서 문경동은 '조물주의 시샘' 때문이라고 재치 있게 넘기며 아쉬움을 달랬다.

대개 경포대를 비롯하여 관동팔경을 노래한 시를 보면, 탈속의 공간으로 이미지화하는 경우가 많다. 경포대는 신라시대의 사선(四仙)이 들렀던 유적지라 더욱 그러하였다. 다만 문경동은 명승지를 찾은 보통 여행자의 입장에서 날씨가 허락하지 않아 멋진 경포호를 보지 못한 아쉬움을 솔직하게 토로하였다. 짧고 간결한 절구로 표현하여 더욱 진솔하게 느껴진다.

한편 성리학자들은 산수 유람을 마음을 수양하고 학문을 도야하는 방법의 하나로 생각하였다. 가만히 자기 자리를 지키고 있는 우뚝한 산을 보면 인(仁)을 배우고, 막힘없이 흘러가는 강물을 보면 지혜[智]를 배운다. 이른바 공자가 말한 '요산요수(樂山樂水)'의 태도를 지녀야 한다는 것이다. 경포대에 올라 읊은 시 중에도 이러한 태도를 보이는 작품이 있다.

| 경포는 거울처럼 평평하고 수심 깊은데 | 鏡面磨平水府深 |
| 형체만 비춰볼 뿐 마음은 비춰보지 않네 | 只鑑形影未鑑心 |

마음속을 훤히 비춰볼 수 있게 한다면　　　若敎肝膽俱明照
경포대 올라 호수 바라보는 이 드물리라　　臺上應知客罕臨
　　　― 박수량, 「경포대에 올라[登鏡浦臺]」, 『임하필기』 권37

　이 시는 조선 전기의 문인 박수량(朴遂良, 1475-1546)이 경포대에 올라 읊은 것이다.9) 박수량은 경포대가 있는 강릉 출신이라 자주 경포대에 올랐을 것이다. 경포대에서 바라본 풍경 중에서 최고는 역시 경포호이다. 경포호는 이름에 '거울 경(鏡)'자가 들어가 있듯이, 거울처럼 평평하고 깨끗하다. 경포호라는 거울은 너무나 맑고 깨끗해서 사람의 겉모습뿐만 아니라 마음까지 비출 것 같다.
　그러나 경포호에 비춰본 마음은 물처럼 맑고 고요하지 못하다. 사람의 마음은 세상일로 혼란스럽고 또 명예와 이익을 탐하는 욕심으로 가득하기 때문이다. 이런 마음을 거울 같은 경포호에 비춰본다면 부끄러워질 수밖에 없다. 그래서 박수량은 경포대에 올라 호수를 바라보는 이가 거의 없을 것이라 하였다. 박수량의 시를 통해 경포대는 그저 멋진 풍경만 감상할 공간이 아니라 자신의 삶을 반성해 보는 성찰의 공간이 된 것이다.

　④ 삼척의 죽서루에는 '관동제일루(關東第一樓)'라는 현판이 걸려 있다. 죽서루는 풍경이 멋진 것은 물론 역사도 오래되었고 자연석을 초석으로 사용한 건축 양식도 특이하다. 강원도 동해안 일대에 있는 유명한 누정 중에서도 죽서루가 단연 으뜸이라 할만하다. 그래서인지 고려 후기부터 뛰어난 문인들에 의해 죽서루 팔경시(八景詩)가 많이 창작되었다.10) 죽서루 팔경시는 고려 후기의 안축·이곡·이달충

---

9) 김풍기 외, 『강원의 누정 문화』, 강원도, 2021.

등으로부터 조선 시대의 서거정·성현·신광한 등에 이르기까지 많은 시인이 창작하였다. 작품 수도 많을 뿐만 아니라 시인들 역시 뛰어난 이들이다.

팔경시는 '여덟 가지 경치를 읊은 시'라는 뜻인데, 중국 송나라의 화가 송적(宋迪)이 「소상팔경도(瀟湘八景圖)」를 그리고, 여기에 시를 붙인 「소상팔경시」가 여러 문인에 의해 창작되면서 유행하였다. 소상팔경은 중국의 소수(瀟水)와 상수(湘水) 주변 여덟 곳의 아름다운 경관을 가리킨다. 죽서루 팔경시 역시 소상팔경시의 전통을 따라 지은 것인데, 소상팔경시와는 다른 독특한 성격을 가지고 있다. 소상팔경시는 여덟 수가 모두 자연 경관을 묘사한 것인데, 죽서루 팔경시는 아름다운 경치와 죽서루 주변에서 살아가는 사람들의 삶을 노래하였다. 다음은 안축의 「삼척 서루 팔영」 중에서 두 번째와 여섯 번째 수이다.

| | |
|---|---|
| 바위가 끌어당긴 맑은 못 | 巖控淸潭 |
| 시내는 육지 되고 육지는 시내 되었거늘 | 流川爲陸陸爲川 |
| 어찌하여 맑은 못만 변하지 않고 그대론가 | 有底淸潭獨不然 |
| 내달리던 여울이 잔잔하게 고인 못을 보니 | 看取奔灘停潴處 |
| 깎아지른 기암은 무거워 옮기기 어려워라 | 奇巖削立重難遷 |
| | |
| 밭두둑으로 들밥 내는 아낙 | 壟頭餽婦 |
| 아낙은 들밥 준비하느라 끼니도 거른 채 | 婦具農飱自廢飱 |
| 새벽부터 마음은 한여름 들판에 가 있네 | 曉來心在夏畦間 |
| 한낮에 밭두둑으로 발길 재촉하더니 | 壟頭日午催行邁 |
| 지아비를 먹이고 느긋하게 돌아가네 | 餉了田夫信步還 |

---

10) 안세현, 「여말선초 팔경시의 창작 양상과 삼척 죽서루 팔영」, 『강원문화연구』 34, 강원대 강원문화연구소, 2015.

- 안축,「삼척 서루 팔영(三陟西樓八詠)」,『근재집』권1

'바위가 끌어당긴 맑은 못'은 죽서루가 위치한 깎아지른 기암절벽과 그 아래에서 못을 이룬 오십천(五十川)을 묘사한 것이다. 죽서루는 오십천이 내려다보이는 웅장한 절벽 위에 세워져 있는데 하늘로 날아갈 듯한 모습이다. 달 밝은 밤에 오십천 아래에 배를 띄워놓고 바라보는 죽서루의 풍경은 백미 중의 백미였다.
'밭두둑으로 들밥 내는 아낙'은 죽서루 주변에서 살아가는 농부의 삶을 그린 것이다. 남편은 한여름 새벽부터 밭에 나가 열심히 일한다. 아낙은 끼니도 거른 채 남편을 위해 바쁘게 들밥을 준비한다. 들밥을 내갈 때 재촉하던 발걸음과 집으로 돌아올 때 여유로운 발걸음 속에서 남편을 생각하는 시골 아낙의 마음씨를 느낄 수 있다.
안축의 이 시는『관동와주』라는 시집에 수록되어 있다. 이제현(李齊賢, 1287-1367)은 이 시집의 서문에서 "자연을 노래하고 경치를 묘사한 것은 참으로 옛사람에게 뒤지지 않는다. 마음속 깊이 느껴 지은 작품은 대부분 풍속의 득실과 백성의 고락(苦樂)에 관계된 것이어서 읽는 사람의 마음을 아프게 한다."라고 하였다. 죽서루 팔경시를 통해, 죽서루의 이미지 형성에 자연경관 못지않게 그곳에서 살아가는 사람들도 중요하게 작용하였음을 알 수 있다.

⑤ 춘천의 소양정은 생육신의 한 사람인 매월당(梅月堂) 김시습(金時習, 1435~1493)과 인연이 있다.[11] 김시습은 5세 때 지은 시로 세종대왕에게 크게 칭찬을 들었다. 그야말로 천재중의 천재였으며 장래가 촉망되는 젊은이였다. 그런데 1455년(세조 1) 21세 때 수양대군이

---

11) 심경호,『김시습 평전』, 돌베개, 2003.

조카인 단종을 쫓아내고 왕위를 빼앗았다는 소식을 듣고 큰 충격에 빠졌다. 3일간 통곡하였으며 자신이 공부하던 책을 모두 불태워 버렸다. 자신이 공부하고 믿었던 유학의 신념으로는 도저히 용납되지 않았던 것이다. 이후 머리를 깎고 중이 되어 세상을 등지고 전국의 산사를 떠돌아다니며 살았다. 춘천의 청평사에서도 머물러 지냈으며, 이때 소양정에 올라 여러 편의 시를 짓기도 하였다. 다음은 김시습이 소양정에 올라 지은 시 중의 하나이다.

| 새가 나는 저쪽에 하늘은 끝나건만 | 鳥外天將盡 |
| 근심 속에 한스러움은 그치질 않네 | 愁邊恨不休 |
| 산은 대부분 북쪽에서 굽어 오고 | 山多從北轉 |
| 강은 절로 서쪽을 향해 흘러가네 | 江自向西流 |
| 기러기는 아스라한 모래톱에 내려앉고 | 雁下沙汀遠 |
| 배는 그윽한 옛 언덕으로 돌아오네 | 舟回古岸幽 |
| 언제면 세상 그물을 던져 버리고 | 何時抛世網 |
| 흥에 겨워 다시 여기 와서 놀거나 | 乘興此重遊 |

― 김시습, 「소양정에 올라[登昭陽亭]」, 『매월당시집』 권13

소양정 뒤로는 봉의산이 있고 앞으로는 소양강이 흐른다. 강 너머에는 우두 벌판이 펼쳐져 있으며 그 북쪽으로 산봉우리가 둘러싸고 있다. 김시습은 저 멀리 하늘에서부터 강가에 정박해 있는 배까지 풍경을 둘러보았다. 산도 멋지고 강도 좋다. 보통 때라면 멋진 풍경을 감상하며 지인들과 함께 술과 시를 나누며 한바탕 풍류를 즐길 법하다.

그런데 김시습은 흥이 나지 않는다. 세상이라는 그물에 걸려 있기 때문이다. 당시 김시습이 지은 시를 보면 '나는 세상과 서로 맞지 않는다', '나와 세상은 심하게 어긋난다'라고 하였다. 세속을 떠나 중이 되었지만 세상사를 완전히 떨쳐 버릴 수가 없었다. 불의가 자행되는 세상에 여전히 화가 나고 이를 바로잡지 않는 인간들이 너무나 싫었다. 그리하여 김시습은 마음속 번뇌를 모두 벗어버리고 소양정에 다시 올라 산수를 감상하며 풍류를 즐길 수 있는 날을 희구해 본 것이다.

허균(許筠, 1569-1618)은 『성수시화(惺叟詩話)』에서 김시습의 이 시를 두고 "세속의 기질을 모두 떨쳐버려서 화평하고 담아하다. 자잘하게 시구나 다듬는 자들은 당연히 김시습에게 앞자리를 양보해야 할 것이다."라고 평가하였다. 허균은 조선 시대에 가장 뛰어난 시 비평가 중의 한 사람인데, 소양정을 노래한 시 중에서 김시습의 시를 최고의 작품으로 꼽은 것이다. 누정에 올라 지은 시들은 대개 세속적인 풍류를 즐긴다거나 반대로 탈속적인 면모를 과장하는 경우가 많다. 김시습 시에는 세속적 풍류도 과장된 탈속도 보이지 않으며, 그저 평온하고 담박하게 인생의 우수를 노래하였다. 허균은 이점을 바로 높게 평가한 것이다.

조선 후기의 시인 김창흡도 허균처럼 소양정을 읊은 시 중에 김시습의 작품이 단연 최고라고 평가하였다. 1713년(숙종 39) 김창흡은 춘천방어사(春川防禦使) 신심(申鐔, 1662-1715)의 부탁을 받고 김시습의 소양정 시를 정서(淨書)해 주었으며, 신심은 이를 소양정의 가장 좋은 자리에 걸어두었다고 한다. 이후 홍수로 소양정이 떠내려가면서 김창흡이 쓴 김시습의 소양정 시판(詩板)도 함께 사라졌다. 그러나 김시습의 시를 통해 소양정은 단순히 경치를 감상하고 풍류를 즐기는 공간이 아니라, 상처받은 이들의 우수와 번뇌를 치유하는 공간이 되었던 것이다.

## 4. 전통의 계승과 심상지리의 재구성

　전근대 한시에 나타난 강원도의 심상지리는 아름다운 자연 경관, 신선 세계와 같은 탈속의 공간, 유람할 곳이 많은 명승의 보고, 태초와 같은 순박한 인심, 세상사의 상처를 치유하는 안식처 등이다. 강원도의 이러한 이미지는 오늘날에도 이어지고 있는 것 같다. 2013년에 실시한 한 조사에서 강원도민은 스스로 강원도를 상징하는 이미지로 '소박함, 환경 친화성, 농촌성, 전통' 등을 꼽았다. 다른 지역 사람들 역시 '순박하다', '인정이 많다' 등을 강원도에 대한 긍정적인 이미지로 꼽았으며, '휴가'가 강원도를 방문하게 된 주된 이유였다.12)

　한편 조선시대 한시의 맥을 이으면서도 새로운 인식을 보여주는 사례가 있다. 2021년에 문화기획사 '뮤즈펙트'가 소양정을 주제로 현대시 창작은 물론 음원 및 영상을 제작한 프로젝트이다.13) 김시습의 한시 「소양정에 올라」와 똑같은 제목으로 현대시를 짓고 곡을 붙여 노래로 만들고 공연까지 하였다.

　　물이 좋아 산이 좋아
　　그리워 찾아오는 춘천.詩
　　흰 구름 봉의산 머리에 이고
　　물빛에 오색 꿈 담아
　　게으른 낮잠에 빠지면

---

12) 김원동·이태원, 『강원인, 당신은 누구십니까』, 강원일보사·하이원리조트, 2013.
13) <'봄.내.연.가의 「소양정에 올라」 안다면 신세대?">, 《MS투데이》 (2021.12.11.)(https://www.mstoday.co.kr/news/articleView.html?idxno=76789).

뻐꾸기 울던 옛 생각
아련한 추억 따라 불러보는 노래

물이 좋아 산이 좋아
초저녁 별빛 닿은 소양.情
우두동 골목마다 저녁연기 피고
시절은 돌아오지 않아
여름에 헤엄치던 기억
겨울에 썰매 타던 기억
하 많은 추억 따라 싸락싸락 눈 내린다

아련한 추억 따라 불러보는 노래
소양정

― 선우미애, 「소양정에 올라」

물 좋고 산 좋은 춘천의 아름답고 평화로운 정경을 시에 잘 담아내었다. 게으른 낮잠부터 초저녁 별빛까지, 하루 종일 편안하고 맑은 분위기의 시상이 전개된다. 아련한 추억의 시간은 비록 돌아오지 않더라도, 여름에 헤엄치고 겨울에 썰매 타던 즐거운 기억을 노래한다. 소박한 추억과 담담히 이어지는 시상 전개 속에서 정겹고 따스한 소양정의 이미지가 느껴진다. 이 시는 노래로도 만들어져 유튜브를 통해 국악 연주와 춘천의 아름다운 풍경을 영상으로 함께 즐길 수 있다.[14]

이 프로젝트는 전근대 시기 문인들이 누정제영(樓亭題詠)을 짓던 방식과 비슷하다. 누정에 걸려 있는 선인들의 시를 보고 후인들은 그

---

14) <시와 음악이 흐르는 춘천산책 <봄.내.연.가>>, 춘천문화재단 공식 블로그(2021.12.2.)(https://m.blog.naver.com/cccf2016/222584768258).

시를 본떠 계속해서 시를 남기곤 하였다. 이 프로젝트는 누정제영의 전통을 계승하면서도 김시습의 시와는 달리 소양정을 춘천 시민의 따스한 추억의 공간으로 새롭게 변모시켰다. 또한 노래와 영상으로도 제작하여 시각·청각적 요소가 결합됨으로써 춘천 소양정에 대한 현대적 심상지리가 형성되었다. 이처럼 전통을 계승하면서도 현대적으로 심상지리를 재구성하는 시도가 강원도의 다른 명승에서도 이어지기를 바란다.

# 강원권 아동문학의 공간과 장소

권석순

## 1. 강원아동문학의 자리

이 글은 강원특별자치도 아동문학의 공간과 장소성을 고찰하고, 더불어 지역문학적 위상을 살펴보는 데에 목적을 둔다. 이를 위해 1972년 동심을 표방하며 창립한 '강원아동문학회'의 동인지 『강원아동문학』을 대상으로 한다. 이 단체는 2024년 현재까지 제49집의 동인지를 발간하였고, 107명의 회원이 활동하고 있다. 창립회원 11명으로 출발한 『강원아동문학』 창간호의 발간사에서는 "중앙 문단의 소외감에서 또, 중앙 의존의 나약함에서 개념을 깨고 향토문학의 초토를 다지는 이 장한 작업에 우리는 기꺼이 땀 흘려 온 보람이 있어 여기 『강원아동문학』을 창간하는 것이다."[1]라고 밝히면서 지역문학의 중요성을 강조하고 있다.

『강원아동문학』에서 지역·장소를 주제로 창작한 작품은 대다수가 임야의 지명을 많이 수용하고 있다. 이는 강원특별자치도의 총 면적

---

[1] 임교순,「고향 땅에 문학의 씨를 뿌리자」,『강원아동문학』창간호, 1973, 6쪽.(이하 각주에서『강원아동문학』은 생략하기로 한다.)

중 81.4%(13,735.9k㎡)가 임야라는 것과 무관하지 않다. 특히 자연 친화와 관련된 주제의 작품들이 창간호에서부터 48집까지 일관되게 관통하고 있는데, 이들은 문학적 소회 속에서 장소적 배경으로서의 자연을 변주하는 양상을 보인다. 그리고 강원권의 장소는 아동들에게 자아성장의 지향점으로 자리매김을 하고 있으며, 역사와 문화를 체현하는 객관적 상관물로서 현재적 삶의 구체성을 담은 장소로 맥을 잇고 있다. 1990년대부터 주목받기 시작한 생태문학도 『강원아동문학』에서는 2000년대에 들어서서 환경과 생태 위기를 자각하고 있는데, 대다수가 동시보다는 동화에서 나타난다.

장소는 인간의 개입을 통해 의미를 부여받았기에, 주관적이고 개성적이며 특수한 속성을 지닌다.2) 즉, 장소는 사람의 활동에 의해 의미가 부여된 공간이다. 장소의 의미는 인간의 활동과 체험을 통해 구축되기 때문에 공간이 장소가 되기 위해서는 인간의 존재가 필수적이다. 장소의 정체성이 곧 장소성이기 때문이다. 장소성은 장소에 대한 인간의 경험을 통해 끊임없는 상호작용을 거쳐 집단적 측면에서 형성된다고 할 수 있다. 그러므로 이 글에서는 『강원아동문학』에서 장소명이 제목이나 작품 내용 속에 명시되어 있는 동시와 동화작품을 대상으로 한다. 물론, 강원권의 장소를 노래하였다고 유추해 볼 수 있는 작품은 다수로 나타난다. 하지만, 여기에서는 제외하기로 한다. 장소 명칭이 구체적으로 명시되어 있지 않으면, 작품을 분석하는 데에 명확성을 떨

---

2) 장소(place)와 공간(space)은 일상적으로는 구분하여 사용하는 용어는 아니다. 일반적으로 공간은 인간의 활동이 발생하기 이전의 환경으로 인간이 부여한 의미가 없어 객관적이고 추상적인 곳으로 이해된다. 반면, 장소는 인간의 활동을 통해 얻게 된 의미와 관련되는데, 우리가 공간을 더 잘 이해하고 공간에 가치를 부여함에 따라 공간은 비로소 장소가 된다.(이푸 투안, 구동회·심승희 역, 『공간과 장소』, 대윤, 1995, 6-7쪽 참조.)

어뜨릴 수 있는 소지가 다분하기 때문이다.

따라서 『강원아동문학』에서 강원특별자치도의 지역명뿐만 아니라 산과 바다, 그리고 강과 명소 등이 나타나는 장소에 주목한다. 이에 '동심이 가꾸는 성장의 지향점', '동심이 그리는 풍경화의 변주', '역사적 현재를 수용하는 동심', '환경과 생태 위기를 자각하는 동심'을 범주로 장소의 정체성을 밝히려고 한다. 더불어 이 글이 『강원아동문학』의 장소성을 살펴보는 성과뿐만 아니라, 아동문학이 지역의 문학 성장에도 두터운 토대를 마련해 주는 계기가 되리라 본다.

## 2. 동심이 가꾸는 성장의 지향점

아동문학은 아동의 성장에 중요한 역할을 하는 문학 분야로서 교육적 기능을 중시한다. 『강원아동문학』도 아동들의 꿈과 희망을 키우는 역할을 하고 있음을 발간사에서 찾아볼 수 있다. 예컨대 제8집의 발간사[3]에서 "참 좋은 글, 그 좋은 글은 무엇인가. 예술가로서의 좋은 글이

---

3) 조규영, 「아동문학가의 사명감」, 제20집, 1995, 10쪽.
　이외에 교육적 기능을 중시한 발간사를 소개하면 아래와 같다.
　"순수한 童心들 속에서 나무와 바위와 그 속에서 흐르는 샘물과 바다의 합창 속에서 글을 쓰며 어린이들의 꿈을 키우는데 더 크낙한 보람을 느끼면서 올해도 『강원아동문학』 8집을 꾸며 세상에 내놓는다."(심우천, 「太白山河의 文學」, 제8집, 1983.)
　"우리 아동문학인들의 좋은 작품으로 어린이들의 가슴에서 소망이 싹트고 아름답게 자랄 수 있게 해주고"(이화주, 「아동문학인의 책임과 소명」, 제28집, 2003.)
　"읽을수록 맛이 나고 멋이 묻어나는 이 책 속의 글 읽으시고 어린이는 마음과 정신을 가꾸며"(용호군, 「읽을수록 맛이 나는 책」, 제33집, 2008.)
　"자라나는 아이들에게 따뜻하고 남을 배려하는 마음을 길러 주어야 한다."(이

라는 평가를 받기 이전에 우리 어린이들이 가장 가깝게 그리고 감명 깊게 읽을 꿈과 희망을 주는 친숙한 작품이어야 한다."고 천명한 부분이다. 특히 『강원아동문학』의 작품 속에서는 강원권의 장소에 담긴 자연이 아동들의 성장에 지대한 교훈을 준다. 자연이 아동들과도 끊임없이 상호작용을 하며, 이로써 자연과 인간이 상호의존적 관계에 대한 인식을 증진시키는 데 있음을 보여준다. 무엇보다도 자연이 인간에게 주는 영향뿐만 아니라 인간이 자연에 주는 이로움을 체험하여 자신이 자연의 일부임을 깨닫도록 도와주는 데 초점을 두고 있다. 이를테면, 동식물의 생존에 필요한 요소들을 이해하고 존중하며 적절하게 교류하는 방법을 배우면서 자아 성장의 계기를 마련하는 것이다.

서두르지 않아요
낙엽송이 이제서야
파릇파릇 연둣빛을 띄우며
기지개를 켜네요.

진달래도 이제서야 피어서
머리 가득 햇볕을 이고
낮잠까지 자네요.

---

갑창, 「아동문학인들의 역할 중요」, 제34집.)
"이제 우리 강원아동문학이 할 일은 무엇일까? 내일의 주인공인 대한 학생들에게 절실한 대한민국 정체성과 나라사랑도 바르게 가르쳐 줘야겠다."(김종영, 「세상을 닦는 작은 땀방울」, 제44집, 2019.)
 "이 작품집이 세상에 나가…어린이들의 마음을 환하게 밝혀줄…끊이없이 변화하는 새로운 세계를 받아들이고 이 시대의 어린이들에게 알맞은 작품을 창작하고 있는지"(유금옥, 「강원아동문학 100년을 향해, 새로운 깃발을」, 제48집, 2023.)

산은 그 넉넉함으로 아랫마을 곳곳에
색색으로 봄옷 곱게
입혀 주고서
5월이 되어서야 저도
봄옷으로 갈아입었어요.

등산길의 우리들도
여기 오대산에서는
서두르지 않아요.
— 배정순, 「오월 오대산」4) 전문

달빛과 마당을 서성이는 해바라기
달빛 받으며 커다란 얼굴 가득 미소로
나를 기다리고 있구나

아침에는 해님 따라 노란 웃음꽃으로
밤에는 달님 따라 더 노랗게 웃으며
빈 가슴 채워주는 너

외출하고 돌아오는 길
달빛과 마주 서서
어두운 돌길 화안히 밝혀주고 있구나
— 유지숙, 「왕산골의 왕꽃」5) 전문

---

4) 배정순, 제26집, 2001, 84쪽.
5) 유지숙, 제42집, 2017, 144쪽.

소양강 푸른 물결
울 엄마 마음

언제나 일 년 내내
깊고 넓은 마음으로
봄내 펼 춘천을 보듬어 준다

대룡산, 삼악산, 봉의산

푸른 꿈 무지갯빛
영롱한 우리들 세상
어화 둥둥 신이나네
봄내라 춘천

— 심우천, 「춘천」6) 전문

위의 동시 「오월 오대산」에서는 오대산이라는 장소의 정체성이 '서두르지 않음'에 있다고 일갈한다. 여기에 "파릇파릇 연둣빛을 띠우는" 낙엽송, "머리 가득 햇볕을 이고／ 낮잠"을 즐기는 진달래의 모습을 들고 있는데, 이는 자연을 에둘러 발달이 늦은 아동들에게 위로를 전하는 양상을 보여주고 있다. 산과 평지는 기온의 차가 있기 마련이다. 그러다 보니 봄이 늦게 오는 자연의 이치를 느림의 미학으로 보여주고 있다. 따라서 오대산이 품은 넉넉함이 "곳곳에／ 색색으로 봄옷"을 입히고, 이에 산을 오르는 동심은 '서두르지 않음'을 배워간다는, 교육적

---

6) 심우천, 제48집, 2023, 149쪽.

기능을 설파하고 있다.

「왕산골의 왕꽃」에서 '왕산골'은 강릉시 산간지대에 위치하고 있으며, 고려시대 우왕의 유배지로서 지역명이 붙여진 장소이다. 시적 자아는 인적이 뜸한 산골에도 밤길을 비추는 가로등처럼 환하게 동심을 반기는 '왕꽃'이 있음을, "해바라기"로 비유하고 있다. 동심의 눈에 비친 해바라기는 "마당을 서성이"다가 "커다란 얼굴 가득 미소로" 기다려 주는 고마운 대상이다. 더욱이 "아침에는 해님 따라", "밤에는 달님 따라" 밤낮을 가리지 않고 "빈 가슴 채워주는" 존재로 자리하고 있다. 이 또한 아동들이 "어두운 돌길 환안히 밝혀" 주는 해바라기와 같은 존재로 자라나기를 바라는 시적 화자의 의도가 다분히 녹아있다고 하겠다.

반면에 「춘천」은 춘천의 이름난 강과 산의 장소명을 직설적으로 언급하고 있다. 1연 1행의 "소양강 푸른 물결"에서는 고요한 물결과 맑은 하늘을 연상시키고 있다. '푸른' 색감이 주는 의미가 평화와 조화이기에 "깊고 넓은 마음으로", "춘천을 보듬어 준다"는 진술이 긍정적으로 와 닿는다. 특히 아동들이 푸른 색깔을 담은 하늘과 바다가 무한한 가능성의 공간으로 인지하고 있음을 비추어 볼 때, 소양강의 푸르름도 역시 동심에게 꿈을 줄 수 있는 장소로서의 역할을 담당하고 있다고 하겠다. 뿐만 아니라 시적 화자는 춘천의 "대룡산, 삼악산, 봉의산"을 거명하면서, 산들이 뿜어내는 춘천의 푸른 기운을 드러내고 있다. 결미에서 "봄내라 춘천"은 춘천(春川)의 한자, 봄 춘(春)에, 내 천(川)을 풀어내어 '봄내'라고 한다는 의미망을 주면서, 한편으로는 '힘내라 춘천'과 같은 중층적 의미를 담고 있음을 직감하게 한다. 이 또한 "춘천"은 아동들에게 "푸른 꿈 무지갯빛"의 장소로서 존재함을 드러내었다고 볼 수 있다.

뿐만 아니라 「새싹들의 희망」7)도 "춘천"을 노래하고 있다. "춘천의 품 안에서/ 자라나는 새싹들."에서 알 수 있듯이 아동을 전면에 내세운다. 그것은 춘천이 바로 "포근한 어머니의/ 품속 같은 호반"의 도시이기 때문이다. 아동들이 "작은 꽃"처럼 "예쁘게", "아름답게" 자라기를 바라는 시적 자아의 염원이 적극적으로 내포되어 있다. 「봉평에 뜬 별」8)은 평창군 봉평이 별을 볼 수 있는 장소임을 드러내고 있다. 도시의 야광에서는 볼 수 없는 별이 산골 봉평에 가면 "엄청난 크기로/ 엄청난 밝기로" 우리에게로 다가온다고 알린다. 봉평은 별을 보는 것만으로 끝나지 않고 별과 소통할 수 있는 장소로서 "덤으로 얻은 내 가슴 속/ 별 하나"로 꿈을 주는 장소라고 목소리를 높이는 양상이다. 그리고 「봄 봄 봄」9)은 춘천의 "소양강"을 거명하였다. 봄이 되어 "겨우내 웅크리던/ 물방울 잡고 끌며" 굴러가는 돌멩이의 모습을 "돌돌 돌"이라고 앙징스레 표현하여 동심도 함께 달리는 모습을 연상시킨다. 결미에서 "돌돌 돌/ 윤슬 빛 굴려/ 소양강을 달린다."에서 보여주듯 봄 강에 반짝이는 윤슬이 중첩되었는데, 이는 아동들의 빛나는 내일을 염원하는 시적 자아의 자세로 보인다. 이처럼 『강원아동문학』의 작품들에서는 강원권의 장소를 통하여 아동들의 꿈과 희망을 키우는 역할을 담당하고 있음을 알 수 있다.

## 3. 동심이 그리는 풍경화의 변주

『강원아동문학』에서는 한 폭의 풍경화를 보는 듯한 작품들이 다수

---

7) 최복형, 제48집, 2023, 202쪽.
8) 박봄심, 제30집, 2005, 88쪽.
9) 허대영, 제48집, 2023, 208쪽.

나타난다. 이 작품들은 모두 동시 속에 녹아져 있다. 동심의 시각에서 자연을 탐색하고 사유한 작품 속에서는 강원권의 장소와 함께 자연경관이 펼쳐지고 있다. 작품들은 자연 친화적인 태도를 형성하고 있는데, 이것이 자연과 인간의 합일을 보여주면서 '인간을 자연의 일부'로 간주한다. 이는 자연을 통해 인간의 정신적 가치를 추구하고 인간의 감흥을 노래한 동양의 시적 전통과 맥을 함께한다. 강원아동문학가들이 정감의 차원에서 자연을 바라보고 그것을 인간의 정신세계와 관련지어 문학 속에 포용하고 있는 것은 당연할지도 모른다. 이처럼 『강원아동문학』의 작품 속에서는 아동문학가들의 시각으로 포착한 자연을 풍경화로 변주해 나갔다.

구름이 내려와
그림을 그렸지요.
주황색
빨강색
연두색 물감으로
빨강 물감 모자라서
아직은
초록기가 많아요.

쏙쏙 칠해 놓았지만
장관을 이룬
산동네
병풍을 두른 듯한
산마을의
신비로움이

풍경화되어
눈동자 가득
가슴 가득
잠기어요.

― 박봄심, 「상원사의 가을」10) 전문

아침 바다를 보면
정동의 첫 햇살 받아
금빛 부챗살로 수놓고

한낮에는
푸르고 푸른 바다
바람 따라 눈부신 갈매기들 춤추고

밤에는
갈매기가 절벽 높은 집에 돌아가고

― 장병훈, 「강릉 솔밭 바닷가 풍경」11) 부분

겨울은
내리는 흰 눈이 그림을 그리고
봄에는
비처럼 날리는
꽃잎과 사진 찍어요

---

10) 박봄심, 제6집, 1981, 42쪽.
11) 장병훈, 제47집, 2022, 232쪽.

> 호수 속 고기
> 얼음 밑에 조용히 있다가
> 봄 되면 꽃눈 보고 싶어서
> 자꾸 뛰어오른다.
> 퐁당
> 다시
> 쏙
>
> — 이연희, 「경포호수 길은」12) 전문

 색감은 마음의 언어라고 한다. 색감은 마음을 나타낸다는 점에서 심리적이다. 그것은 인간의 마음을 반영하는 심리적인 현상을 드러내기 때문이다. 동시 「상원사의 가을」에서는 시적 화자가 "구름이 내려와/ 그림을 그렸지요."라고 토로하는 부분에서 신비감을 더하고 있다. 그러고 나서 시적 화자는 "주황", "빨강"으로 물든 오대산의 상원사 모습을 경이롭게 바라본다. 초록색으로 칠한 부분은 빨간 물감이 모자랐기 때문이라는 진술은 동심에게나 가능한 일이다. 2연에서는 산으로 빙 둘러쳐진 풍경 속에 자리 잡은 "산마을"의 고즈넉함이 평화로운 세계를 지향하고 있다. 이는 "눈동자 가득/ 가슴 가득/ 잠기어요."라는 고백에서 인간이 자연과의 합일을 꿈꾸는 양상을 보여주고 있다고 하겠다.
 「상원사의 가을」이 산을 그린 풍경화라면, 「강릉 솔밭 바닷가 풍경」은 바다를 그린 풍경화이다. "푸르고 푸른 바다"라는 언술이 푸른색으로 칠한 한 폭의 풍경화를 연상시키고 있다. "정동의 첫 햇살 받아/ 금빛 부챗살로 수놓은" 장소는 서울 광화문을 기준으로 정동쪽에 위치하고 있는 강릉 정동진(正東津) 바다이다. 이미 일출의 명소로도 알려

---

12) 이연희, 제47집, 2022, 218쪽.

져 있고, 근래에 와서 관광지로 개발된 '부채길'은 파도치는 바다를 코앞에서 즐기는 관광객들의 발길이 끊이지 않는 장소이다. 2연과 3연에서는, 낮에 푸른 바다 위에서 춤추며 놀던 갈매기도 밤에는 집으로 돌아간다고 강조하고 있는데, 이는 자연도 인간처럼 낮과 밤의 순리를 따른다는 점을 들어 자연과의 일치를 강조한 부분이라고 할 것이다.

「경포호수 길」에서는 겨울에 "흰 눈이 그림을" 그려 한 폭의 풍경화를 연출한 현장을 마주하고 있다. 겨울에서 봄으로 넘어오는 계절을 묘사하고 있는데, 봄에는 봄비에 날리는 "꽃잎과 사진"을 찍는다는 고백에서 평면적이며 정적인 분위기가 유지되고 있다. 하지만 "조용히" 있던 "호수 속 고기"도 "꽃눈 보고 싶어서/ 자꾸 뛰어오른다."는 언술에서는 한 폭의 풍경화 속에서 역동적인 장면이 돌출되고 있음을 감지할 수 있다. 물 밖으로 뛰어올랐다가 다시 물속으로 쏙 들어가 버리는 고기가 천진스러운 동심과 중첩되면서, 인간과 자연과의 일치를 지향하고 있음을 알 수 있다.

이외에도 박미선의 「경포 연꽃」13)은 시작부터 "호수의 표면에는 구름과 무지개 꽃"이라고 풍경화 한 폭을 그려내고 있다. 결미에서 "경포호 연꽃 군락에 일어서는 가시연"이라고 토로하고 있는데, 이는 가시연의 움직임을 통하여 동적인 분위기로 전이되고 있음을 보여준다. 그리고 「청평사」14)에서는 "하늘 가린/ 잎새 마다/ 노을빛이 배어들고"라고 노래하면서, 청평사가 품은 자연을 화폭에 담고 있다. "골안 가득 바람 소리/ 물도 따라/ 울고 갈 때"라고 이어진 진술에서, 바람 소리와 물소리만 들리는 청평사의 조용한 분위기가 더욱 고조되고 있다. 뿐만 아니라 「파로호」15)에서는 아침 안개가 피어오르는 파라호의 모습을

---

13) 박미선, 제46집, 2021, 198쪽.
14) 엄순영, 제34집, 2009, 91쪽.

그려내고 있다. 이는 "무럭무럭/ 피어오르는 연기……/ 부글부글 끓어오르는 김……"이라는 표현에서 드러나는데, "아침마다/ 파로호는/ 북적이는 잔칫집"이라는 표현은 동심이기에 가능하다. 이와 같이 『강원아동문학』에서는 자연물의 다양한 모습이 풍경화로 변주되는 양상으로 장소의 정체성을 드러내고 있다.

## 4. 역사적 현재를 수용하는 동심

역사는 현재를 살고 있는 사람과 시대의 특징적 가치의 영향을 받기도 한다. 『강원아동문학』의 작품 속에서도 이러한 양상이 장소와 맞닿아 역사적 가능성을 보여주고 있음을 읽어낼 수 있다. 작품들은 강원권의 장소의 표상이 과거의 시간에서 현재의 시간으로, 혹은 시간이 정지된 상태로 나타난다. 이 같은 시간의 초월이나 영속하는 순간을 무시간(no time)으로 규정해 볼 때, 강원권의 역사는 삶의 의미와 현실의 의지를 아울러 제시하는 비유의 공간으로 존재한다. 그리고 현실적인 모든 것을 포용할 뿐만 아니라 미래적 비전까지도 제시해 주는 장소로서의 특징을 지닌다.

담배 문
호랑이가
영마루에 앉아

산이 놀라게
호령하던

---
15) 이주영, 제47집, 2011, 18쪽.

그 자리엔

차들만
숨을 할딱거리며
넘는다.

아흔아홉 굽이마다
곶감 지고 넘던
할아버지 발자국 없지만

흰 구름은
지금도 쉬어 넘는다.

— 전세준, 「대관령」16) 전문

날씨가 참 맑다. 사람들이 절을 한다.

오늘도 대관령 서낭님은 기분이 좋다. 희멀건 돼지님이 떡허니 산신당 앞에 엎드리어 있다.

무당이 굿을 해댄다. 부정을 없애고 복을 받으려고 사람들이 자꾸 절을 한다.

돼지님은 괴로운 사람들 앞에 엎드리어 무슨 생각을 할까?
딩딩딩 징소리가 숲을 가득히 메운다.

---

16) 전세준, 제2집, 1974, 38쪽.

대관령 서낭님 징소리 따라 돼지를 안고 깊은 산속으로 들어가신다.
숲속에 아기돼지 수백 마리가 돌아다닌다.

서낭목의 잎이 점점 짙어지고 있다.
― 남진원, 「풍경」17) 전문

'찬물내기'의 말은 엄정하게 지켜졌다. 샘터에 가면 반드시 줄을 서야 했고 이를 어기면 함정에 들어가야 했다. 그리고 병사들은 마을을 지키고 사냥에 앞장서기 위하여 훈련을 열심히 하였다.
사람들은 샘터에서 줄을 서는 것이 큰 행복이었다. 이곳에만 오면 누구나 서로 존중된다는 것을 깊이 느낄 수 있었다. 사람들은 새 족장의 이름을 따서 이곳을 '찬물내기 샘터'라고 불렀다.
― 박종해, 「찬물내기」18) 부분

동시 「대관령」은 『강원아동문학』에서 최초로 장소를 제목으로 창작한 작품으로서의 가치를 지니며, '상상력'을 중심에 두는 신화문학론의 바탕에서 출발하고 있다. "호랑이가/ 영마루에 앉아// 산을 놀라게/ 호령하던" 대관령 역사의 성긴 그물망을 놓치지 않고 있다. 신화처럼 전해 내려오는 이야기를 재구성한다는 의지를 나타내면서, "아흔아홉 굽이마다/ 곶감 지고 넘던/ 할아버지 발자국 없지만" 현재는 "차들만/ 숨을 할딱거리며/ 넘는다."고 토로한다. 뿐만 아니라 대관령에서 "흰 구름은/ 지금도 쉬어 넘는다."고, 역사의 현재성을 긍정적으로 수용하고 있다.
「풍경」의 장소도 「대관령」이다. 강릉단오제'19) 서막을 알리는 행사

---
17) 남진원, 제32집, 2007, 48쪽.
18) 박종해, 제30집, 2005, 208-216쪽.

중의 하나인 '대관령 산신제'를 묘사한 것으로 추측해볼 수 있는 작품이다. "사람들이 절을 한다"라는 진술로 출발하면서, 그래서 "오늘도 대관령 서낭님은 기분이 좋다."고 일갈한다. "희멀건 돼지님이 떡허니 산신당 앞에 엎드리"고, "무당이 굿을" 해대는" 중에 "부정을 없애고 복을 받으려고 사람들이 자꾸 절을 한다."고 산신제를 지내는 모습을 재연하고 있다. "돼지님은 괴로운 사람들 앞에 엎드리어 무슨 생각을 할까?"라는 표현은 동심다운 발상이다. 산신당 앞에 바쳐진 동물을 애처로워하는 양상은, "대관령 서낭님 징소리 따라", "숲속에 아기돼지 수백 마리가 돌아다닌다."라는 언술에서도 찾아볼 수 있다.

작품「찬물내기」는 동해시의 도심에 자리 잡은 장소를 주제로 창작한 동화이다. '찬물내기'는 일명 '냉천'으로 불리며, 사시사철 찬물이 흘러나와 붙여진 이름이다. 이 작품은 "찬물내기 샘터"라고 불리게 된 이유를 설화적 상상력으로 창작하였다. "샘터에 가면 반드시 줄을 서야 했고", "사람들은 샘터에서 줄을 서는 것이 큰 행복이었다."고 고백하면서, 이는 "누구나 서로 존중된다는 것을 깊이 느낄 수 있었"기 때문이라고 덧붙인다. 무엇보다도 "'찬물내기'의 말은 엄정하게 지켜졌다."라고 강조한 부분에서 역사적 현재가 지켜지고 있음을 알 수 있다.

그리고「죽서루」[20]는 관동팔경의 하나인 삼척 죽서루의 변천 역사를 32행의 장시로 노래한 작품이다. "긴긴 세월 감고/ 눈 비바람 헐뜯어/ 하굿 하굿 주름 가도/ 묵묵히" 서 있던 죽서루가 "1970년엔" 새 단장을 하여 "천년은 젊어졌다."고 독자들에게 넌지시 일러 주는 양상이다. 반면에 시적 자아는 "오십천 굽이굽이/ 파아란 전설은", "불도

---

19) '강릉단오제'는 2005년에 한국에서 네 번째로 유네스코 인류무형문화유산으로 지정된 축제로서 국내 최대의 단오제이다.
20) 최도규, 제3집, 1975, 28-29쪽.

저"가 "남산" 허리를 잘라서 사라졌다고, 안타까워하기도 한다. 하지만 죽서루 아래의 오십천에서는 현재도 "수년을 버틴/ 강가 바위엔/ 강태공이 물려준/ 세월 낚는/ 낚시꾼들"이 붐비고 있음을 작품 속에서 읽어낼 수 있다. 또 동화「복비」21)에서 주인공은 아빠와 함께 철원 '도피안사'를 찾아가서 주지스님에게 "절의 내력에 대한 설명을" 청한다. 그 후에 "여름날 맑은 하늘에 유난히 머리 위에만 동그란 구름 한 점이 나타나 시원한 비를" 뿌려 주었는데, 스님은 그 비가 바로 "부처님의 응답인 복비"라고 설명한다. 동화「복비」에서 '도피안사'라는 장소의 역사가 현재까지도 이어지고 있는 양상은, 「치악산 꿩의 전설」22)에서도 나타난다. "꿩 세 마리가", "은혜를 갚기 위해", "머리로 종을 쳐서" 보은을 했다는 전설로, 머리가 깨어져 "죽은 꿩들을 묻어주고, 젊은이는 절을 고쳐 거기서 살았다"고 부연한다. 그리고 "그 절이 지금의 치악산 상원사(上院寺)요, 적악산(赤岳山)으로 부르던 산 이름을 꿩 치(雉)자를 넣어서 치악산(雉岳山)으로 바꿔 불렀다고 전해지고 있다."고 마무리한다. 이처럼『강원아동문학』에서는 역사적 장소보다 현재의 삶과 장소에 대한 관심이 더 열려 있다. 지역민의 삶과 관련된 지역, 개별 장소, 지역의 장소 표시들을 관찰하고 묘사하며 그 일상성 및 현재적 의미를 동심을 통해 드러냈다.

## 5. 환경과 생태 위기를 자각하는 동심

생태문학은 환경오염과 생태 위기에 대한 문제에서 출발한다.23) 70

---

21) 전상기, 제30집, 2005, 224-228쪽.
22) 임교순, 제33집, 2008, 158-161쪽.
23) 환경문학을 포괄하는 생태문학이 관심을 갖는 생태의 문제란 환경오염이나 자연파괴에서부터 물질문명, 산업사회, 가부장제, 인간의 욕망 등에 이르기

년대에 제기되었으며, 90년대부터 본격적인 움직임이 문학장에 대두되었다. 근대 이후 인간은 자연을 정복의 대상으로 삼고 자연을 파괴함으로써 결국 인간을 소외시키는 한계를 초래했다. 이에, 환경과 생태 위기를 포착하고 대안적 가치뿐만 아니라 그 회복을 위한 세계를 문학적으로 형상화하고자 한 것이 생태문학이다. 문학의 대상이 인간과 인간의 삶이며, 문학의 기능이 그것의 표현에 있다고 할 때, 그것은 인간과 그 삶의 복사나 재현이 아니라 상상력에 의한 재구성이다. 이 상상력의 세계에서 우리는 의식을 최대한 확장하며 상실된 근원의 감각, 환경과 자기는 동일하다는 감각을 회복한다.24)『강원문학』도 예외가 아니다. 강원권 아동문학가들도 그들의 작품에서 환경과 생태 위기를 자각하는 소리를 드높이고 있다.

    우리 마을은 강원도의 아담한 산촌마을입니다.
    오래도록 도시 생활에 시달리던 사람들이 자연을 찾아와서 새롭게 개척한 '새마을'이지요. 푸른 산이 병풍을 두른 듯 아늑하게 감싸고, 마을 앞으로 흐르는 맑은 시냇물은 사시사철 하늘과 구름과 산을 바다로 실어 나르는 그림 같은 마을입니다. 옛날에 신선이 살았음직한 마을이지요.
    (…중략…)
    곡식들도 생명을 가지고 있어서 주인의 발자국 소리만 들어도 힘이 솟는다고 하네요. 그런데 신중이 할아버지는 그들에게 정답게 말까지 걸어주니 좋아서 우쭐우쭐 춤을 추는 곡식들이 눈에 보이는 듯합니다.
    '곡식도 생명인데 생명의 존귀함을 알아야지. 우리는 그동안 농사짓

---

    까지 현대사회에서 발생하는 중요한 문제점들을 아우른다(김용민,『생태문학』, 책세상, 2003, 81-85쪽 참고.)
24) 우한용,『문학교육과 문화론』, 서울대학교출판부, 2001, 55-56쪽.

는 사람들을 너무 가볍게 여겨왔어. 생명을 가구는 소중한 사람들인데 말이야.'

　신중이 할아버지는 농사짓는 일을 단순히 직업이라고 여기지 않습니다. 생명을 가꾸고 사랑을 전하는 평화전도사라고 생각합니다.

— 전상기, 「우리 마을의 시계」25) 부분

　솔이는 초록봉 꼭대기를 쳐다봅니다. 그러다가 한 발 내디디며 아빠를 재촉합니다.
　"오늘은 꼭 올라가고 말 거예요."
　"지난해 산불로 숯덩이 산인걸?"
　(…중략…)
　"아! 소나무가 살아나고 있네."
　소나무는 불에 덴 몸으로도 초록빛 솔잎을 머리에 이고 있었습니다. 그뿐만 아닙니다. 땅은 온 힘을 다해 뿌리를 지키고 있었습니다.
　그 순간 초록바람도 일어나 잿빛 소나무 몸을 어루만지기 시작했습니다.

— 권석순, 「초록 바람」26) 부분

　"여기? 이름도 시원한 지암리 계곡이지. 어때, 풍경이 멋지지 않니? 여름에는 사람들이 무지무지 많이 와."
　"쳇! 사람들이 많이 오는 게 뭐 대단해? 시끄럽게 놀다가 음식물이랑 쓰레기를 그냥 버리고 가는 바람에 냄새도 나고, 순 얌체들이잖아."
　차돌 옆에 있던 둥글납작한 빵돌이 입을 삐죽거리며 말하자, 몽돌이 빙긋이 웃으며 대꾸했다.

---

25) 전상기, 제36집, 2011, 162~166쪽.
26) 권석순, 제26집, 2001, 39-42쪽.

"그래서 가끔 소나기 비님이 우리 몸을 씻겨 주고 있잖아. 계곡은 그래서 좋아. 200살이 넘은 우리 할아버지도 그렇게 말했어. 자연은 순환하는 거라고."

— 최귀순, 「몽돌이의 꿈」27) 부분

동화 「우리 마을의 시계」에서는 "강원도의 아담한 산촌마을"에 사는 사람들의 삶이 오늘날 환경과 생태의 위기에서 벗어날 수 있는 대안임을 제시한다. 오염된 도시에서 벗어나 자연 속에서 둥지를 튼 사람들이 개척한 장소가 "옛날에 신선이 살았음직한 마을"이라고 천명한다. "곡식들도 생명을 가지고 있어서 주인의 발자국 소리만 들어도 힘이 솟는다"고, 식물들도 "그들에게 정답게 말까지 걸어주니 좋아서 우쭐우쭐 춤을" 춘다고, 신중이 할아버지가 일러준다. "곡식도 생명인데 생명의 존귀함을 알아야지."라는 할아버지의 말은 생명28)의 소중함이 환경과 생태의 위기를 넘어서고 있음을 강조하고 있다.

생명의 소중함은 작품 「초록 바람」과도 연결된다. 이 작품은 동해시 천곡동에 자리한 초록봉을 장소로 하여 창작한 동화이다. 이 산은 등산로가 조성되어 많은 시민이 찾는 휴식공간이기도 하다. 주인공 솔이가 산불로 잿더미가 된 초록봉을 바라보며 안타까워하는 마음이 작품 속에 다분히 묻어 있다. "산불로 숯덩이"가 된 산에 오르는 것을 만류

---

27) 최귀순, 제48집, 2023, 329-336쪽.
28) 김지하는 '환경'이라는 말이 인간 중심적 사상이 강하고 '생태'란 말도 무기물의 생명성을 인정하지 않는다는 점에서 부적절하다고 보았으며, 이 두 용어의 단점을 보완할 수 있는 용어로 '생명'이란 단어가 적절하다고 생각했다. 그가 말하는 생명의 패러다임은, 모든 존재를 서로 서로가 연결된 우주적 차원의 관계 그물망 속에서 파악하려는 관점을 의미한다.(김지하, 「생명사상・생명운동이란 무엇인가」, 『생명과 자치』, 솔, 1996, 45쪽.)

하는 아빠에게, 솔이는 "오늘은 꼭 올라가" 보겠다는 의지를 보인다. 산에 올라간 솔이는 소나무가 살아나고 있음을 확인하는데, 그것은 "불에 덴 몸으로도 초록빛 솔잎을 머리에" 인 소나무를 보면서 "온 힘을 다해 뿌리를" 지킨 땅의 존재를 알게 되었기 때문이다. 뿐만 아니라 "잿빛 소나무 몸을 어루만지"는 "초록바람"까지 가세하여 생명이 다시 살아나고 있음을 인지하게 되는데, 이 또한 생태의 소중함을 드러낸 작품이라고 할 것이다.

「몽돌이의 꿈」에서는 춘천 '지암리 계곡'의 오염을 경계하는 의도가 다분히 녹아져 있다. 풍경이 아름다운 계곡에 많은 사람이 찾아오면서 "음식물이랑 쓰레기를 그냥 버리고 가는 바람에 냄새도" 난다고 작자는 심각한 환경오염을 고발하는 자세를 취하고 있다. 그러나 주인공 몽돌은 "가끔 소나기 비님이 우리 몸을 씻겨 주고 있잖아. 계곡은 그래서 좋아. 200살이 넘은 우리 할아버지도 그렇게 말했어. 자연은 순환하는 거라고."라는 대안을 제시한다. 이렇게 자연의 순환에 맡기는 대안은 인간이 개입할 수 없는 위기가 미래의 우리네 삶에 닥칠지도 모른다는 경고의 메시지를 주고 있다.

뿐만 아니라 동시 "산 너머 강촌에서 불어오는 봄바람"으로 포문을 연 「철쭉꽃」29)은 춘천시 "강촌"을 장소로 창작하였음을 비치고 있다. 이 작품에서는 봄철만 되면 중국에서 유입되는 황사로 인해 자연이 오염되고 있음을 경계한다. "산 너머 황야에서 불어오는 봄바람이/ 황사를 몰고 와서 누렇게 분 바르니/ 피어난 꽃송이들이 시들시들 변해요"라고 직설적인 표현 방식에 의존하여 환경오염을 고발한다. 그리고 동시 「내 마음」30)은 "도시에서 별을 보면 가물가물하다/ 별을 보는

---

29) 주근환, 제35집, 2010, 124쪽.
30) 남진원, 제33집, 2008, 45쪽.

내 눈도 흐릿하다."고, 특히 도시가 시골에 비해 오염의 농도가 높다고 고발하는 자세이다. 강릉시 "성산면 보광리 마을 입구에 들어서면/ 별이 먼저 내려와", "내 마음이 빛난다."고 한 부분에서는 환경의 청정지역을 염원하는 시인의 마음이 녹아져 있다고 하겠다. 동시 「남춘천 다리 밑」31)은 오염으로 인하여 생태계가 생존위기에 놓여 있음을 보여준다. "물고기들이 오르락 내리락/ 먹이를 찾고요// 백로들이 신기하게/ 날아서 빠져가고요"라는 진술에서 인간의 무자비한 환경오염이 곧 동물들에게까지 그 폐해가 돌아간다고 경고하고 있다. "남춘천 다리 위도 복잡하지만/ 남춘천 다리 밑도 아주 복잡해요"라는 결미에서 인간에게도 그 폐해가 다가오고 있음을 안타까워하는 어조이다. 이처럼 인간과 자연은 서로 분리할 수 없는 상관관계를 지닌다. 자연이 파괴되고 오염되면 인간도 파괴되고 오염되며, 급기야는 생태계의 파괴로 인하여 인간도 위협을 받게 된다. 그런 의미에서 『강원아동문학』은 강원권의 장소를 바탕으로 하여 환경과 생태계의 위기를 자각하는 동심으로 드러나고 있다.

## 6. 마무리

이 글에서는 공간과 장소성을 표상한 강원권 아동문학의 작품을 살펴보기 위해 '강원아동문학회'의 동인지 『강원아동문학』을 논구의 대상으로 하였다. '강원아동문학회'는 1973년에 창간호를 내었고, 매년마다 꾸준히 동인지를 발간하여 2024년에 제49집을 상재하였다. 특히 『강원아동문학』 작품 속에는 장소의 정체성이 자연물을 매개로 드러내었다는 점이 주목된다.

---

31) 용호군, 제34집, 2009, 96쪽.

아동문학이 교육적 기능을 중시하듯, 『강원아동문학』도 아동들의 꿈과 희망을 주는 작품들이 장소성을 현시하고 있다. 여기에는 자연물을 연결한 작품들이 아동들에게 자연과 자연의 관계나 인간과 인간의 관계가 별반 다르지 않음을 직시하게 한다. 특히 자연이 인간에게 주는 이로움을 자각하도록 유도하여 인간 사회에서 유익한 자아로 성장할 수 있도록 하는 데 초점을 맞추고 있다. 즉, 『강원아동문학』의 작품에서는 자연물끼리도 생존에 필요한 요소들을 이해하고 존중하며 적절하게 교류하는 모습을 형상화하였는데, 이는 아동들이 자아 성장의 계기가 마련되기를 바라는 아동문학가들의 바람이 녹아져 있다고 할 것이다.

『강원아동문학』에서는 강원권의 자연물을 한 폭의 풍경화로 펼쳐 놓은 듯한 작품들이 다수 나타났다. 이 작품들은 대체로 동시 작품 속에 녹아져 있다. 동심의 시각에서 자연을 탐색하고 사유한 작품 속에서는 강원권의 자연물이 자연 친화적인 태도를 형성하고 있다. 인간을 자연의 일부로 간주하는 데서 출발한 동심은 인간이 자연과의 합일을 꿈꾸는 양상으로 자연과의 일치를 지향하고 있음이 검토되었다. 이처럼 자연의 다양한 모습을 매개로 한 강원권의 장소는 동심의 순박한 시각으로 포착되어 풍경화로 변주되었다.

역사적 장소는 문학의 화소가 되기도 한다. 그런 의미에서 『강원아동문학』의 작품 속에서도 이러한 양상이 장소와 맞닿아 역사적 가능성을 보여주고 있다. 작품들은 강원권의 장소의 표상이 과거의 시간에서 현재의 시간으로, 혹은 시간이 정지된 상태로 나타나며, 강원권의 역사는 삶의 의미와 현실의 의지를 아울러 제시하는 비유의 공간으로 존재한다. 뿐만 아니라 미래적 비전까지도 제시해 주는 역사적 장소로서의 특징을 지니며, 동심에 재구성되고 재결합된 감각적 사고로 현실을 반영하고 있음을 알 수 있다.

오늘날 환경오염과 생태 위기에 대한 문제의식을 『강원아동문학』 에서도 포착하고 있다. 이러한 위기는 인간이 초래한 결과물로써 결국 은 인간을 소외시키는 한계에 와 있음을 자각한다. 이에, 『강원아동문 학』에서는 생명의 존엄성과 생태의 소중함을 강조한 작품들이 문학적 상상력에 의해 변주되어 나타나고 있다. 이러한 위기의식의 확장은 동 심이 환경과 동일하다는 감각을 회복시키려는 노력으로 보인다.

이처럼 『강원아동문학』의 장소성은 아동문학가들의 상상을 통과하 면서 건강한 생명력을 얻는 장소로서 거듭나고 있다. 여기에는 강원권 의 자연환경과 역사적 장소가 내재되었음을 확인할 수 있다. 따라서 이 글이 『강원아동문학』의 장소성을 살펴보는 성과뿐만 아니라, 지역 문학 발전에도 일조하기를 기대한다.

| 신작시

## 나의 고랭지 외 1편

이 은

고개를 들어 올려다보면 두타산이 나를 가로막고
매일 오늘까지 삶은 지속되고 그 끝에서
나의 과거는 파랗게 펼쳐졌지

아무리 편서풍이 지구를 돌려도 돌아오지 않은 것이 있지
사람들은 그곳을 흰 고독 속이라 말하겠지

동쪽 하늘을 지나가는 겨울, 사흘 동안 폭설이 내리고
죽음의 얼음 알갱이들이 박혀 있는 나의 초상
너는 기억하고 있지

너의 고독 바깥으로 날아오는 바람 한 줌을 움켜쥐고
누가 너를 그곳으로 초대했는지

내 젊은 얼굴을 닮은 그곳
얇은 각막을 깎아낸 듯 그곳은 춥고 시리고 아프다

바람 소리에 나의 귀가 있지
나는 생소한 삶으로 돌아와 저쪽 죽음처럼 그 소리를 듣는다

죽을 자리를 찾아 이제는 영동지방을 떠돌고 있는 나는
세상에서 가장 낯선 곳에서
한 마리 배추 애벌레가 되어 꿈틀거린다

모든 것이 얼어붙었는데 너는 어떻게 나의 기척을 알아챘니
나는 영동지방을 지나가는 중이었지

너의 죽음을 잘 보려고 발돋음을 했는데
바람의 등을 타고 애벌레들이 날아오고
너는 배춧잎에 숨어서

가장 부드러운 몸짓으로 살아가지만
나의 몸은 무참한 장소

가깝고도 먼 곳에 대해 멀고도 가까운 그곳에 대해
머물 장소를 찾아 헤매다가
너는 바깥 추위를 알아차렸지
부드럽고 물컹물컹한 우리는 끝없이 찢겨나가는 이파리들의
비명과 나뭇가지들만 바다를 향해 울부짖었지

흙과 풀과 길이 뿌리내린 헐벗은 몸을 벗어놓고
배추밭을 돌보는 애벌레의 시선으로

다시 머물 장소를 빌려볼까

끝끝내 내가 도착한 그곳
설해목 하나 장례를 치르기 시작한다

## 동쪽 장터

어두운 상점들의 거리 이곳은 영화 세트장에 온 것 같아
다른 곳에 도착한 이 미래가 미래를 잃어버린
어느 행성의 한구석

영화는 끝났는데 아직도 지붕 위에 먼지들이 쌓여 있어

우체국 앞에서 쭈욱 바라보면 뽀얀 먼지가 일어난다
장이 파하고 돌아간 자리에 검은 실루엣이 어른거린다
양 옆으로 늘어서 있는 오래되고 낡은 장터에 그들은 살고 있다

나는 어른거리는 그림자를 데리고 길 위에 서 있다

북평 장터 495번지, 지붕 위의 쥐들은 안녕한지
우리는 같은 번지에 모여사는 사람들, 한 지붕에 15가구
시장통 점방 딸린 집에 살았다

늘 시작이었고 늘 우울이었던 시절
머리 위로 우르를 몰려다니는 쥐새끼들의 소란 때문에
우리는 천정에 갇힌 쥐떼들이었다

너는 왜 소리치며 놀라니?

쥐들이 네 머리 위를 우르르 몰려다닐 때
아이들이 무서워서 이불을 뒤집어 쓰고 있을 때

그곳으로 천천히 아이들이 미끄러져 들어갈 때
생선 비린내가 풍겨오면서 하수구 구정물이 올라올 때

그렇게 꿈 속으로 흘러들어 갈 때
아직도 똥물이 흘러넘치는 화장실 꿈을 꾸고
그렇게 슬픈 눈으로 시장 바닥에 드러누워 있는
생선들 같은

아무도 돌아오지 않을 것 같은 그곳에서
이토록 어두운 추억이 끝없이 재생되는 그곳에서
결국 우리는 마주보고야 말았다

살갗을 파먹을 것 같은 쥐떼들이 가득 살고 있는 지붕아래
눈을 감고 있지만 잠들지 못하는 방 구석에
무릎을 세우고 앉아 밤새 15가구 지붕을 관통하여 몰려다니는
쥐떼들의 소란을

쥐 한 마리가 죽어 있는 것처럼 살아있는 쥐를 물고
끌고 가는 머리 위로 쥐똥이 떨어지는 그 시간만큼
귓가로 흘러들어오는 화물선 고동소리

영화는 끝났는데 문풍지를 울리는 그 시간 속에서

신작시_동쪽 장터

꺼지지 않는 화면 속 같은 장면이
무한 재생되고 있는 그곳에서

내 영혼이 상자 안의 쥐였다 그땐 그랬다
학교에서 쥐약을 주고 다음 날 죽은 쥐를 가져오라고 하면
죽은 쥐를 상자에 담아갔다 그땐 그랬다

무한히도 춥고 무한히도 무서운 나날이었다

아직도 천정에서 몰려다니는 쥐들이 내 얼굴을 밟고 휙 지나가
발이 스무 개 달린 지네가 내 몸을 휙 지나가
그때 우리는 상자 안의 쥐였어
그렇게 아빠가 휙 지나가고 쥐들이 휙 지나가고

해가 들지 않는 곳인데도 환히 들여다보이는
꿈 속 같은 그곳에서
15가구 한 통로로 이어진 천정을 휘젓고 다니던 쥐들은
안녕한지

# 2부

## 정전과 정전 너머

# 이효석 소설에 나타난 공간의 의미
―평창, 경성, 북만주를 중심으로

김남극

## 1. 이효석의 삶과 작품 공간

작가의 작품을 공간 중심으로 들여다보는 일은 가장 오래된 방법 중 하나이자 작품을 이해하고 평가하는데 가장 수월하고 유용한 방법이다. 작가의 삶은 시간과 공간 속에서 이루어지고, 그 시간과 공간이 작품에 반영되는 것은 자명하기 때문이다. 이 글의 대상인 가산 이효석의 작품 세계를 작가의 생애를 중심으로, 시간과 공간을 기준으로 살펴보는 것은 가장 유용하고 수월한 방법 중 하나이다.

이효석은 1907년 강원도 평창에서 태어나 1910년 쯤 2년 간 서울에 살다가 다시 평창으로 이주하여 평창소학교를 졸업할 때까지 평창에서 살았다. 그리고 1920년 경성제일고등보통학교를 입학한 후 경성제국대학을 졸업하고 함경도 경성(鏡城)으로 이주하는 1932년까지 경성(京城)에서 생활했다. 이 경성(京城) 생활 시기는 작가의 전 생애 중 도시라는 공간이 삶과 작품 전면에 등장한 시기로 볼 수 있다. 1932년부터 4년 간 함경도 경성(鏡城)에 거주한 이효석은 1936년 평양 숭실

전문학교 영문과 교수로 취임하면서 평양으로 이주하였고, 세상을 떠나는 1942년까지 그곳에서 살았다.[1]

이와 같은 삶의 흔적을 볼 때 이효석 작품의 공간은 고향인 평창과 같은 전근대의 공간과 경성과 평양을 중심으로 한 도시라는 근대의 공간으로 대별된다고 볼 수 있다. 이 대립적이면서도 상호 보완적인 공간은 이효석의 작품에 결정적인 영향을 미쳤고, 이 두 공간을 살피는 것은 작품 세계를 이해하고 그 가치를 밝히는 데 중요한 요소라 볼 수 있다.

한편 작가는 자신의 일상적 삶의 공간만을 작품에 반영하는 것은 아니다. 이효석 작품에는 실지 자신이 가보지 않은 중국의 상해나 '해삼위(현 블라디보스톡)', '동경'이 등장하기도 하고, 휴양 차 자주 찾았던 '주을온천'이나 여행 대상지로 들렀던 '하얼빈' 등이 중요한 공간으로 등장하기도 한다. 이 다양한 공간이 갖는 의미를 꼼꼼하게 살피는 것도 이효석의 작품을 깊이 이해하는 더 중요한 방법이라 할 수 있다.

이 글에서는 위와 같은 이효석의 작품에 등장하는 공간을 대상으로 그 의미를 살피려 한다.

## 2. 이효석 소설에 나타난 다양한 공간

### 1) 전근대적 공간인 고향

이효석의 작품 세계를 이른바 '영서삼부작[2]'을 대상으로 '향토적 서정주의' 작품으로 평가하거나, 전근대적 삶과 정주민의 의식이 잘 드

---

[1] 이효석, 『이효석 전집 1-6』, 서울대학교출판문화원, 2016.
[2] 유진오가 사용한 용어, 「메밀꽃 필 무렵」, 「개살구」, 「산협」을 의미한다.

러난 작품으로 평가하는 입장이 있다. 이 입장을 따르면 이효석은 강원도 영서지방 산촌 마을의 삶과 역사를 깊이 다룬 조선적인 작가라는 평가가 가능하다.

그런데 이효석은 자신의 고향에 대해 구체적으로 쓴 글이 거의 없다. 구체적으로 자신의 고향에 대해 언급한 유일한 글로 보이는 산문「영서의 기억」3)에서 이효석은 자신의 고향을 강원도 영서지방 산골 마을이라 밝히고 '나의 반생을 푸근히 싸주고 생각과 감정을 그 고장의 독특한 성격에 맞도록 눅진히 길러 준 고향이 없'다고 말한다. 또 '고향이 모두 너무나 초라하'다고 언급한다. 자신의 잔뼈가 굵어진 것은 서울이며, 고향의 느낌은 없어져버렸다고도 말한다. 이 언급을 바탕으로 보면 이효석은 자신의 고향에 대한 애틋함이나 자부심은 없던 것으로 판단된다. 따라서 그에게 중요한 공간은 근대의 도시이며, 고향인 평창 산골 마을은 전근대의 특성을 찾아볼 수 있는 공간으로 인식되었다고 볼 수 있다.

고향을 배경으로 쓴 작품 중 당시 영서지방 산골을 가장 잘 반영한 것으로 볼 수 있는 단편은 「산협」이다. 이 작품은 작가가 세상을 뜨기 2년 전에 발표된 단편으로 자신의 고향인 평창군 봉평의 '남안동'을 배경으로 일어나는 다양한 이야기를 담고 있다. 소금을 사러 문막으로 가는 이야기, 아들을 낳기 위해 여자를 사오고 오대산으로 불공을 드리러 가는 이야기, 단오와 사냥 풍속 등 산촌 지방의 1930년대 모습이 작품에 생생하게 드러나 있다. 이를 통해 작가는 당시를 살아간 인간의 삶과 문화를 충실하게 기록했다는 특성과 고향을 전근대적 공간으로 바라본 시각이 동시에 읽히기에 주목할 만한 작품이다. 아들을 고집하거나 첩을 들이고, 점을 보거나 불공을 드리며, 욕망에 충실하여

---

3) 이효석, ≪조광≫, 1936.11.

불륜을 저지르는 인물들은 전근대적 인식을 가진 인간이 고향 사람들이라는 작가의 생각이 잘 드러난 작품이라 할 수 있다.

이 고향에 대한 생각은 단편 「개살구」에도 나타난다. 갑자기 돈을 번 주인공이 첩을 들이는 행태와 권력욕 표출, 주인공 아들의 불륜, '최면장'으로 대별되는 최소한의 양심을 지키려는 지식인의 굴욕 등 「산협」에 나타난 작가의 고향 의식이 지속적으로 읽히는 작품이 「개살구」이다.

이러한 고향 의식은 이효석의 대표작으로 언급되는 「메밀꽃 필 무렵」에도 지속되고 있다. 핏줄을 찾으려는 인물의 삶과 산골에 사는 떠돌이의 무의미한 삶은 미적으로 표현되어 있지만 전근대적 모습을 벗어나지 않는다. 장터와 주막과 개울과 밤길 등의 주요 장소 모티브 또한 전근대적이고, 그 속 인물의 생각도 근대와는 거리가 멀다.

이 세 작품 이외에도 자신의 고향인 강원도 영서지방을 배경으로 쓴 작품이 더 있다. 자연이 도피나 이상향과 같은 전통적 공간으로 등장하는 「산」, 도피와 원초적 애정의 공간으로 자연이 제공되는 「들」, 장터와 개울을 배경으로 원초적 사랑과 정주민의 핏줄 싸움을 그린 「고사리」 등의 작품에서 이효석의 고향에 대한 생각을 엿볼 수 있다.

위 작품을 통해 우리는 이효석이 자신의 고향인 영서지방 산골을 전근대적 삶과 문화가 일상화된 공간으로 인식했다는 것을 알 수 있다. 다만 이러한 판단은 조선적인 것의 새로운 발견으로 이해할 수 있는 「은은한 빛」, 「가을」, 「봄 의상」과 같은 작품과 배치되는 것으로 또다른 논의가 필요할 것으로 보인다.

## 2) 근대화의 양면성에 주목한 도시 공간

이효석을 모더니스트이자 도시 작가로 분류하는 것은 가장 오래되고 일반적인 시각이다. 이는 앞에서 언급했듯 청소년기부터 생을 마감할 때까지 도시에서 생활했고 다수의 작품이 도시를 배경으로 하고 있기에 당연한 판단이다.

하지만 이효석 작품에 제시된 도시는 하나의 얼굴을 보여주지 않는다. 잘 알려져있다시피 이효석은 동반자작가로 러시아 혁명 이후 전세계를 뒤흔든 사회주의에 대한 우호적 생각을 가지고 도시를 배경으로 그 이념을 실천하는 작품을 쓴 작가이다. 또한 구인회 구성원으로 활동하던 시기를 전후해 도시를 배경으로 근대의 부정적 측면과 부조리한 인간의 사랑을 카페, 술, 여급 등을 통해 드러낸 작가이기도 하다. 이 두 양면적 시각은 시기별로 분리되어 제시되거나 함께 등장하기도 한다.

이효석의 초기 작품에 등장하는 도시는 식민지 경성과 '해삼위'(현 블라디보스톡)로 대별되는 러시아 도시이다. 앞에서 언급했듯이 이효석의 초기 소설은 러시아 혁명의 영향을 받은 사회주의적 관념을 창작으로 실천한 작품이 대부분이다.

그 대표적인 작품으로는 이효석의 출세작으로 알려진 「도시와 유령」이 있다. 이 작품은 도시 노동자의 시각으로 본 경성과 그 속에서 살아가는 빈민의 삶을 다룬 소설로 도시가 근대화되어 갈수록 도시민의 빈곤이 가속화되고 슬럼화된다는 점[4]을 부각시킨 소설이다. 이효석은 이 작품을 통해 1920년대 이후 조선인 거주 지역과 일본인 거주 지역이 구분되어 정착된 경성의 양면성을 부각시키고 이 양극화의 모순을 어떻게 해결할 것인가라는 현실적 문제 해결을 진지하게 요구하고 있다. 이와 같은 주장은 도시노동자 합숙소, 유곽, 빈민촌 등의 장

---

[4] 김정남, 『도시는 무엇을 꿈꾸는가』, 경진, 2022.

소를 배경으로 이루어지며, 「주리면…—어떤 생활의 단편」, 「깨트려지는 홍등」등에도 일관되게 이어진다.

경성과 함께 등장하는 공간이 '해삼위'로 대표되는 러시아 도시들이다. 소위 '북국 3부작'이라 불리는 「노령근해」, 「상륙—어떤 이야기의 서장」, 「북국사신」 3편은 사회주의 혁명에 복무하는 인물을 러시아를 배경으로 등장시켜 사회주의를 선전 선동하는 모습을 보여준다. '소비에트'를 찾아가고 예찬하고 그 속에서 사랑도 이루고 행복도 찾고 열정도 느끼는 작품 속 주인공의 이야기를 통해 이효석은 마르크스 이념을 실현할 수 있는 이상적 공간으로 러시아 도시들을 제시하고 있음을 알 수 있다. 이 작품 중 「북국사신」은 사회주의 국가 수도로 파견된 비밀 요원의 편지 형식을 빌어 '코민테른'과 도시의 위대함을 찬양하고 씩씩한 노동자의 기상을 활달하게 묘사한다. '신흥한 나라의 건강한 미학을 발견하고 강조하는 주인공을 통해 혁명을 완성한 러시아에 대한 긍정적 감정을 잘 드러내고 있다. 특히 '키스 경매'와 러시아 여성에 대한 애정 넘치는 태도 묘사는 사회주의 국가에 대한 이효석의 낭만적인 동경 의식을 잘 볼 수 있는 부분이라 할 수 있다.

이와 같은 도시에 대한 긍정적 감정과는 반대로 근대 도시의 타락성과 부도덕성을 부각시킨 작품도 있다. 단편 「성화」, 「인간산문」, 「성찬」, 「석류」, 「장미 병들다」 등으로 대별되는 도시 공간을 다룬 작품들은 호텔과 바, 카페, 유곽, 백화점 등 근대화된 도시를 가장 잘 드러낼 수 있는 공간을 중심으로 이야기를 이끌어 간다. 「인간산문」 소설 속 인물은 '경성'으로 대표되는 도시를 "빌어먹을 놈의 쓰레기통. 쓰레기통 같은 놈의 거리."라고 경멸하면서 서술자의 입을 빌려 '멸시하는 쓰레기통 같은 거리를 그래도 걸어가야만 할 운명에 놓인 것 같다. 어수선한 거리의 꼴은 별수 없이 다시 신경을 어지럽히기 시작한다.'

라고 언급하면서 도시의 극한 상황을 견뎌야 하는 심정을 언급하고 있다. 또 단편 「석류」에서 서술자는 '서울은 결코 전설의 서울이 아니었고 꿈의 거리가 아니었다. 거리도 서울도 그칠 바를 모르는 산문의 연속이었다.'라고 언급하여 도시의 부정적 인식을 집중적으로 드러내고 있다.

근대 도시의 타락성과 부도덕성을 부각시킨 대표적인 작품은 단편 「장미 병들다」이다. 진보적인 서적을 모두 읽은 인텔리 주인공 '남죽'의 타락을 줄거리로 하는 이 작품은 도시에서 살아가는 근대 지식인의 탐욕과 타락, 욕망을 이루기 위해 도덕성을 버리는 인물들의 행위를 잘 보여주고 있다. '남죽'의 육체를 탐하려는 '현보'와 '김장로의 아들', 이들의 욕망을 이용하여 돈을 뜯어가는 '남죽'의 행태는 사회주의 운동과 같은 도덕적 행위들이 실패하고 일상의 무책임한 행위들이 소비되는 상황을 잘 보여주고 있다. 특히 이념과 애정의 관계가 지져분한 성병으로 남는 마지막 장면은 도시의 타락성을 극적으로 보여주기에 충분해 보인다.

이와 같은 도시에 대한 부정적 감정은 '하얼빈'으로 대표되는 북만주 도시에서도 이어진다. 초기 소설로 볼 수 있는 단편 「기우」에서 애정을 갖고 바라보던 여자를 '하얼빈'의 매음굴에서 직면하게 되는 이야기나 단편 「하얼빈」에 등장하는 거리와 호텔의 어두운 모습은 이국적 도시의 매력보다는 타락성과 부도덕성을 부각시킨 대표적인 장면으로 볼 수 있다.

### 3) 노동계급의 노동 현장인 항구와 브르주아 휴식 공간인 온천과 호텔

이효석 소설에 등장하는 공간 중 지금까지 연구자들이 주목하지 않았던 곳으로 항구를 들 수 있다. 1930년대 항구를 카프 계열의 작가들이 노동 계급 투쟁의 현장으로 설정하는 경우를 흔히 볼 수 있는데, 이효석도 예외가 아니다. 단편 「마작철학」은 항구에서 일어나는 정어리 기름 공장 노동자의 임금을 둘러싼 파업을 세밀하게 다룬 작품이다. 이 작품에서 자본가이자 선주로 등장하는 주인공은 임금 협상에 조직적인 파업으로 대응하는 노동자들과 여러 차례 협상을 하고 '조합'의 도움을 받기도 하지만, 결국 노동자 세력에 굴복한다. 이러한 이야기는 당시 '청진'으로 추정되는 동해안 항구의 식민지 현실을 잘 보여주어 카프 계열 소설과 작품의 궤를 같이 한다고 볼 수 있다. 계급 갈등이 첨예한 공간으로 항구가 등장하고 있는 것이다.

그런데 이 작품에서 주목할 부분은 이효석이 이 작품의 주인공을 공산주의 혁명 방법론에 입각하여 노동자를 조직하고 투쟁하는 핵심 인물 '강선생'에 대해 우호적 태도를 보이도록 설정한 부분이다. 주인공은 사업이 망한 상황에서도 사회주의자인 파업 주동자에게 적대적 감정을 보이지 않는다. 이러한 결말을 통해 이효석은 동반자 작가적 작가 의식을 좀더 깊이 보여주고 있다. 다만 이 작품 마지막 부분에 나타난 '어유' 가격의 폭락이 일본 대기업 농간과 자본의 폭력적 양상 때문이라는 내용은 동시대 작품과 변별력을 가지나, 논의의 범위를 벗어나기에 여기에서는 언급하지 않기로 한다.

항구 공간과는 별개로 이효석 소설에는 '온천'을 중심으로 호텔이 자주 등장한다. 작품 속 온천은 대부분 함경북도의 '주을온천'을 모델로 쓰여진 것으로 알려져 있는데, 이는 이효석의 서구 지향적 가치관을 잘 보여주는 징표로 볼 수 있다.

이효석은 여러 산문에서 '주을온천'을 소개하고 있는데, 대표적인 산문은 일본어로 쓴 '주을소묘(朱乙素描)'이다. 이 글에는 주을온천까지 가는 길과 풍경, 온천으로 대표되는 휴양지의 면모가 잘 드러나 있다. 또한 온천이 형성된 역사적 배경도 서술되어 있어 온천과 호텔을 주무대로 서술되는 작품을 이해하는데 큰 도움을 준다

> 무산(茂山) 오지에서 목재를 운반하는 장난감 같은 작은 기관차가 산기슭을 덜커덩덜커덩 달려가는 모습도 산속다운 풍경이다. 이 기관차를 따라 1킬로미터 정도 안으로 들어가면 이주민 마을이 나온다. 이주민들 사이에서는 노비나촌[5]으로 불린다고 한다. 여름철 별장지인데 하얼빈 일대에서 모여든 외국인들의 피서지인지라 가을 초입까지 사람들로 붐빈다. 백계(白系)러시아인[6] 야 씨가 이 지역을 개척한 지도 10년이 넘었다. 러시아 제정시대의 호족이었던 그는 혁명과 함께 쫓겨나와 좁쌀을 먹어가며 이 산지를 일구기 시작했고 마침내 오늘의 안정을 보기에 이르렀다.
> (중략)
> 이 이국인 마을은 그 자체만으로 하나의 이색적인 풍경을 이룬다. 산 아래에 있는 온천장 손님들은 탐승(探勝) 목록 중의 하나로 이곳을 추가하여 줄줄이 보러 온다.
> ─ 「주을소묘」, 《문화조선》. 1940.12.

이효석은 1932년 첫 작품집 『노령근해』를 발간한 후 조선총독부 근무와 관련된 일을 겪고 1933년 함경북도 경성으로 낙향하여 '경성농업학교' 영어교사로 근무하게 된다. 이 전기적 사실을 바탕으로 일부 연구자들은 이효석의 작품 세계를 서울 생활의 실패와 구인회 가입

---

5) 폴란드 귀족 가문 출신의 러시아인 유리 얀코프스키가 주을 인근에 조성한 백계로시아인 마을
6) 1917년 러시아 혁명에 반대했던 보수 세력을 뜻하는 말

및 탈퇴, 자연과 인간의 본능을 추구한 시기 정도로 정리하기도 한다. 하지만 이효석이 함경도 경성으로 낙향한 마음 속에 '주을온천'의 풍경과 문화를 함께 하고 싶은 강한 욕구가 잠재되어 있다는 추론도 가능해 보인다. 위의 산문을 바탕으로 알 수 있듯이 주을온천은 백계 러시아인이 만든 대표적인 휴양지이고, 그 휴양지를 방문하면 언제나 러시아 음악과 발레로 대표되는 서구 유럽의 수준높은 문화 예술을 직접 향유할 수 있는 공간이다. 또한 시일이 지나면서 주을온천은 일본인이 개발한 온천도 들어서면서 이국적 풍경과 문화를 가진 공간으로 확장되어 자리를 잡는다. 이효석이 함경도 경성으로 이주한 1933년 이후 그의 작품이 과거 동반자적 경향의 작품 세계에서 모더니즘 경향으로 옮겨갔으며 이 변화를 온천과 호텔을 배경으로 작품 속에서 실현하는 것은 당연한 일이라 할 수 있다.

이효석은 '주을온천'을 휴양지이자 여행의 상징으로 자주 등장시켰기에 그곳은 브르주아 계급적 특성이 나타난 공간으로 볼 수 있다. 서구와 일본의 문화와 예술 양식을 가진 근대적 공간이자 도시의 삶에 지친 근대적 인간이 마음의 휴식이 필요할 때 찾는 휴양지로 역할했기 때문이다. 또한 이효석은 사랑에 실패한 인물이 자살을 시도하거나 자살한 인물을 살려냄으로써 관계를 회복하는 공간으로 온천을 적절하게 활용하기도 했다. 서구적 문화 속 휴양과 재충전, 절망과 새로운 관계의 시작이라는 주제를 구현하기 위해 이효석은 온천을 적극적으로 활용하고 있기에 한번 쯤 관심을 가져볼 만한 의미 있는 공간이다.

## 3. 장편 『벽공무한』의 주요 공간과 그 의미

### 1) 장편 『벽공무한』의 주요 공간

『벽공무한』은 1940년 ≪매일신보≫ 연재 당시 동시대 작품과 비교하면 작품의 공간적 배경이 동아시아 전역이라는 점에서 주목할 만하다. 작품의 주요 배경지는 경성과 하얼빈이지만, 주을온천이 연상되는 온천, 만주의 신경, 그리고 등장 인물의 도피처인 상해 등 다양한 동아시아 지역이 그 배경으로 자리잡고 있다. 또한 각 지역은 구체적인 장소로 작품 속에 형상화되어 나타난다.

위의 작품 속 공간은 그 역사적 배경에 따라 다양한 특성을 가진 공간으로 등장한다. 경성을 배경으로 한 부분에서는 신문사, 호텔, 공연장, 요정, 음악학원, 카페 등 당시 근대화된 도시의 특성이 드러난 공간이 등장하여 당시 현실을 잘 보여주고 있다. 하얼빈 지역은 기차역과 제홍교라는 다리, 송화강, 호텔, 극락사, 러시아 묘지, 캬바레, 아편 약국, 백화점, 경마장 등 이국적 풍경이 잘 드러나 있다. 그리고 신경과 상해는 중국 대륙의 새로운 면모를 간략히 보여주는 정도로 등장하며, 주을온천으로 연상되는 호텔은 휴양과 사랑의 실패에 따른 자살의 공간으로 제시된다.

이 다양한 지역과 공간이 가진 역사와 작품 속 의미를 모두 살피는 것은 어려운 작업이다. 또한 1930년대 경성의 역사와 문화사적 의미, 이효석 소설에 나타난 경성의 모습과 새로운 인식의 문제는 여러 논문에서 다루어졌기에 여기서 논할 부분이 아니다. 따라서 이 글에서는 작품의 주요 배경인 하얼빈으로 한정하여 작품 속 공간의 의미를 자세하게 살펴보려고 한다.

## 2) 기행문에 나타난 북만주

이효석은 1939년과 1940년 두 번에 걸쳐 만주를 여행한 후 세 편의 일본어 기행 산문을 남겼다. 「대륙의 껍질」(1939년 9월), 「북만주 소식」(1939년 11월), 「새로운 것과 낡은 것」(1940년 11월) 세 편이 그것이다. 이 세 편의 기행문은 만주 여행의 과정과 풍경, 그 감상을 자세하게 기록하고 있어 장편 『벽공무한』을 쓰기 위해 이효석이 어떻게 준비했는지 알 수 있는 자료가 됨과 동시에 이효석이 작품의 배경지인 만주를 어떻게 인식하고 있었는지를 잘 알 수 있는 자료라고 할 수 있다.7) 이 세 편의 기행문 중 제자의 혼인 문제에 대한 생각이 중심을 이루는 「북만주 소식」은 만주 공간에 대한 이효석의 생각이 구체적으로 드러나지 않아 논외로 하고 그 외 두 편에 나타난 만주에 대한 이효석의 생각을 살펴보려고 한다.

첫 번째 기행문인 「대륙의 껍질」8)은 봉천(현 심양)과 신경(현 장춘), 하얼빈을 다녀온 후 쓴 기행문으로 북만주에 대한 이효석의 인상이 잘 나타난 글이다. 이효석은 봉천과 신경을 '대개는 조선 반도의 연장이라서 격식이 비슷비슷했으나 무질서로 인한 혼잡과 신흥 도정(道程)의 북적임은 아직 헤어날 가망이 없어 보'이는 도시로 인식하고, 기차 식당의 불결함과 '복장과 언어와 용모가 다른 잡다한 인간들의 꿈틀거림이 무언가 형언하기 어려운 불쾌감을 자아내'는 공간을 맞이하면서 '혼잡'하고 '광야의 귀퉁이를 갉아먹는' '쥐새끼'로 현지 사람들을 인식한다. 이는 이효석이 '봉천'과 '신경'을 '오족(五族)'의 혼란과 저급함이 극에 달한 공간으로 보고 있음을 알 수 있다.

---

7) 김남극, 「일제 강점기 서구 수용의 새로운 양상」, 이효석 장편 『벽공무한』 작품 해설, 해토, 2021.
8) 이효석, 《京城日報》, 1939.9.15.~17./19.

반면 이 기행문에서 이효석은 하얼빈을 '제각각 국적이 다른 다양한 외국인들이 섞여 사는' '신흥의 기세와 몰락의 신음이 뒤섞여 명암의 이중주를 연주'하는 도시로 인식한다. '활기가 넘쳐 보이면서도 슬픈 거리'로 보고 있는 것이다. 또한 하얼빈을 아래와 같이 언급한다.

> 하얼빈은 면적만 따지면 뉴욕에 버금가는 세계 제2의 도시라고 한다. 시 북단의 송화강(松花江) 기슭에 서면 탁류 너머로 지평선이 끝이 없다. 남쪽과 동쪽 변두리로 나가 봐도 끝없는 광야에 시야를 가리는 것이 없다. 들판 한가운데에 세워진 도시여서 시가지 구획은 대범하고 도로도 널찍하다. 건물은 견고하고 도로에는 아스팔트 대신 돌로 포장하여 실로 백 년은 견딜 만큼 튼튼한 만듦새였다.
> ― 「대륙의 껍질」 부분

하얼빈을 국제적인 도시로, 잘 준비되어 건설된 수준 높은 도시로 인식하고 있는 이 부분을 통해 이효석의 작품 속에 등장하는 하얼빈의 상징성을 가늠해 볼 수 있다. 위에 인용한 다음 부분에서 이효석은 '이런 대륙의 도시를 보고 조선의 거리로 돌아오니 갑자기 판잣집에 들어간 듯하여 당최 옹색한 느낌을 금할 수 없었다.'는 감상을 쓰고 있으며, '유럽에 가면 이렇겠거니 싶은 분위기'라는 말로 자신의 우호적 느낌을 강하게 서술하고 있다. 이 발언을 요약하자면 하얼빈은 동양의 유럽이자 서구가 동아시아에 현실화된 공간이라는 것이 이효석의 하얼빈에 대한 생각이다.

그런데 이효석은 하얼빈에서 찬란한 서구의 문화와 예술만을 보지 않는다. '키타이스카야를 비롯한 러시아 이름이 붙은 거리를 걸으면서 '이쪽(중국인이나 조선인, 일본인) 사람들의 얼굴이 눈에 들어'오고

'거리의 애수'를 느끼기 시작한다. 이 애수는 외국인이라고 명명하는 '백계(白系)러시아인뿐만 아니라 유대인, 폴란드인, 독일인, 영국인, 프랑스인 등 기타 민족을' 언급하면서 그들이 점차 '몰락의 길'을 걸어가고 있다는 생각에 도달하여 애처로움을 느낀다는 서술로 나아간다. 그리고 '날품팔이'로 전락하거나 걸식하는 러시아인을 발견하면서 그 애수는 현실적 감정이 된다. 이는 '제정 러시아 시대의 장교였다는 맹인 손풍금 연주자는 벤치에 앉아서 온종일 음악을 연주했다. 멀고 먼 다뉴브 강을 그리워하는 듯한 쓸쓸한 선율이 애수에 차서 거리 구석구석으로 스며드'는 장면에 시선을 고정시킬 수밖에 없는 심정으로 나아간다.

이 두 가지 이야기를 감안할 때 이효석에게 하얼빈은 화려한 서구의 아시아적 재현의 공간이란 측면과 몰락한 유럽인의 도피와 애수의 공간이라는 양가적 감정이 공존하는 공간으로 인식되었다고 볼 수 있다.

세 번째 기행문인 「새로운 것과 낡은 것」9)은 신경과 하얼빈을 여행 중심에 둔 기록이다. 이효석은 신경의 새로운 공간인 '대동가도'의 새로운 거리보다는 '대마로'로 대표되는 구시가에 대한 애정을 보여준다. '대동가도의 인상은 경성에서든 도쿄에서든 어느 도회에서나 쉽게 맛볼 수 있는 종류의 풍경'으로 생각하면서 '대마로를 달리는 편이 훨씬 만주에 있다는 느낌'을 받고 즐거워한다. 그리고 하얼빈 역시 '옛 맛'으로 '돌을 간 포장도로와 딱딱한 벤치와 사원의 둥근 지붕'을 '선명한 인상을 남긴 장면'으로 언급하면서, 이 인상을 '전통'으로 규정한다. 일제의 침략으로 만들어진 새로운 풍경보다 '만주적'인 것, 러시아가 건설한 '하얼빈'적인 것의 가치를 옹호하는 이 발언은 전통에 대한 아래와 같은 발언으로 이어진다.

---

9) 이효석, ≪滿洲日日新聞≫, 1940.11.26.~27.

올 가을 들어 젊은 지인이 두 사람이나 연달아 하얼빈으로 떠났다. 한 사람은 음악을, 한 사람은 무용을 공부하기 위해서였다. 둘 다 오랫동안 도쿄로 갈까, 어찌해야 할까 주저하던 끝에 마침내 하얼빈을 선택했다.

(중략)

특히 음악에 대해서는 하얼빈이 어느 곳보다도 풍요로운 곳이다.

(중략)

요트 클럽에서는 갑판 선실에서 오후 여섯 시면 어김없이 교향악을 연주하는데 이렇게 호사스러운 경우는 없다. 식사를 하는 사람들은 왁자지껄 떠들기만 하고 음악에는 주의도 기울이지 않지만 차이콥스키의 애잔한 선율이 유감없이 이어진다. 그 음악이 유럽의 것이든 어디 것이든 일절 상관없다. 이 땅에 뿌리 깊게 살아 있다는 점, 보호하고 육성한다는 점만은 사실이다.

모기레프스키가 만주에서 연주회를 마치고 돌아가면서 자신의 바이올린 연주도 만주인이 연주하는 호궁(胡弓) 솜씨 앞에서는 고개를 들지 못한다고 했다는데, 여기에는 단순한 익살 이상의 뜻이 담겨 있다고 해석해도 무방할 것이다. 하얼빈의 음악을 사랑해야 함은 물론이지만, 만주는 이 호궁을 좀 더 소중히 여겨야 한다. 그것이 진정으로 만주를 육성하는 일이기 때문이다.

― 「새로운 것과 낡은 것」 부분

이 내용을 바탕으로 보면 하얼빈은 아시아에서 가장 서구 음악이 발전한, 서구 음악을 제대로 배울 수 있는 도시였다는 점과 서구 음악이 생활 속에서 늘 함께 하는 곳이다. 이는 당시 조선의 대다수 음악가가 일본에 유학을 가서 서구 음악을 배웠다는 점을 감안하면 주목할 만한 내용이다. 이는 하얼빈이 러시아 혁명 이후 '백계 러시아인'의 망명지 역할을 했다는 역사적 사실과 맞닿아 있다. 또한 '동청철로'를 개설하고 북만주의 지배권을 행사했던 러시아의 북만주 점령 역사와 이 역사적 상황에 따른 하얼빈의 음악적 수준을 이효석은 정확하게 인식하고 있었던 것이다.

그런데 여기서 다시 주목해 봐야 할 부분은 하얼빈을 수준 높은 서구 음악의 향유지로 보는 데서 그치지 않고 전통을 새롭게 발견하는 시각으로 나아가고 있다는 점이다. 위 인용문에서 알 수 있듯 세계적인 연주자인 '모기레프스키'가 만주의 '호궁(胡弓)' 솜씨에 고개를 숙였다는 서술이나 '호궁(胡弓)'을 소중히 여기는 것이 진정으로 만주를 육성하는 일이라는 서술은 '전통'의 중요성을 강조한 부분으로 읽히기 때문이다.

요약하자면 이효석은 신경과 하얼빈으로 대표되는 북만주 지역을 일제나 러시아의 새로운 문물과 문화로 인식하기보다는 그 지역만의 역사와 전통이 살아 있고, 그 가치를 새롭게 이어가야 하는 공간이라는 입장을 취하고 있다. 이 입장을 통해 서구를 동경하고 서구를 조선에서 실현해야 한다는 이효석의 모더니스트 태도가 어느 정도 변화했으며, 그 계기 중 하나가 만주 여행이었다는 점을 쉽게 알 수 있는 부분이다.

### 3) 장편 『벽공무한』에 나타난 하얼빈과 이효석의 서구 인식

앞에서 살폈듯이 하얼빈은 1930년대 후반 동아시아에서 서구의 문화와 예술을 구체적으로 실현하고 있는 도시라는 의미를 가지고 있었다. 러시아 혁명의 숙청을 피해 망명온 러시아인들과 1860년대 하얼빈 개척 이후 정착한 유대인, 미국인, 폴란드인 등의 유럽인들, 러일전쟁 이후 지배세력으로 정착한 일본인 등 다양한 인종과 문화가 혼합되어 현실화한 도시라고 볼 수 있다. 실지 『하얼빈구영대관(旧影大觀)』10)에 수록된 다양한 사진 자료를 보면 하얼빈은 아시아의 뉴욕과 같은 세계적인 도시의 면모를 갖추고 있었음을 확인할 수 있다.

『벽공무한』 앞부분에 등장하는 하얼빈은 세계적인 음악가가 단원으로 있는 '하얼빈 교향악단'의 도시로 묘사된다. 동청철로를 개설한 러시아가 그 위세를 과시하고, 엄청난 부와 권력을 바탕으로 교향악단을 운영했다는 것은 하얼빈 역사로 확인되는 사실이다. 또한 유럽의 진면목을 갖추고 있는 서구 근대의 상징적 표지로 제시된다. 주인공 '일마'가 이등석 기차를 타고 하얼빈 역에 내려 제홍교를 지나 '모데른 호텔'에 도착하는 장면은 하얼빈을 찾은 주인공의 흥분된 심정을 통해 위와 같은 하얼빈의 공간적 의미를 잘 드러낸 부분이다.

"호텔두 이만저만한 호텔인 줄 아나. '모데른Modern'에 전보로 방을 예약해 놓았네."
"모데른 호텔—굉장은 하군."
(중략)
전찻길과 맞서 제홍교霽虹橋에 올라서니 북쪽으로 무연한 넓은 시가지가 석양에 비치어 찬란하게 내려다보이고 그 너머로 송화강의 흐름이 부옇게 짐작된다. 언덕길을 내려서서 차는 쏜살같이 프리스탄 구區로 내닫는다.
(중략)

---

10) 하얼빈건축예술관 편, 『하얼빈구영대관(旧影大觀)』, 하얼빈흑룡강인민출판사, 중국, 2005.10.

키타이스카야 가街에 들어서니 감회는 한층 더하다. 좌우편에 즐비한 건물이며 그 속에 왕래하는 사람들이며—거기는 완전히 구라파의 한 귀퉁이다. 외국에 온 듯한 느낌에 일마는 번번이 마음이 뛰노는 것이었다. 여름보다 남녀의 복색들이 달라진 것이 또한 새로운 흥을 돋아준다.

"이곳에 들어서면 웬일인지 올 곳에 왔다는 느낌이 난단 말야."
"자네의 구라파 취미야 벌써 언제 적부터 시작된 것이게."

하얼빈을 대표하는 호텔의 이름이 근대를 의미하는 '모데른Modern'이라는 점도 흥미롭고(1904년 러시아인이 설립한 호텔11)로 현재 하얼빈에서 성업 중임), 거리의 이름이 '프리스탄', '키타이스카야'와 같은 러시아 이름이라는 점도 주인공이 서구의 분위기를 느끼기에 충분해 보인다. 특히 하얼빈 거리를 '완전히 구라파의 한 귀퉁이'라고 생각하고, 그 거리에 들어섰을 때 '올 곳에 왔다는 느낌'을 받는 주인공의 감흥은 이효석의 감흥으로 겹쳐 읽힌다. 하얼빈은 그만큼 구라파와 같은 매력의 공간으로 이 소설에 등장하고 있다.

이 구라파의 매력은 다양한 인물을 통해서도 등장한다. 이 소설에 등장하는 다양한 인종들 중 이효석이 주목한 사람들은 단연 러시아인이다. 주인공 일마와 사랑에 빠져 결혼하여 조선에 정착하는 '나아자'라는 인물도 러시아인이고, 아편 중독으로 젊음을 망치는 '에미랴', 몰락한 군부 출신 젊은이 '이바노프', 과거 부귀영화로 돌아갈 꿈을 꾸면서 치욕스런 삶을 이어가는 '스테판'도 러시아인이다. 이 러시아인의 공통점은 귀족 출신이라는 점이다. 제정러시아 시대의 귀족이나 고위 군부의 후손들인 이 인물들은 과거 수준 높은 문화 예술을

---

11) 위의 책

향유한 사람들이다. 이른바 교양을 갖춘 인물들이다. 이 교양은 하얼빈의 서구적 양상과 문화적 분위기와 부합하여 주인공의 이목을 끌기에 충분하다.

그러나 이 인물들의 또다른 공통점은 러시아 혁명 후 몰락했다는 점이다. 이는 동청철로를 부설하고 동아시아에 대한 영향력을 강화하던 19세기 북만주의 영화와 러일전쟁의 패배, 러시아 혁명으로 인한 제국의 좌절의 과정을 그대로 보여준다는 점에서 주목할 만하다. 특히 러시아 혁명 후 볼셰비키의 숙청을 피해 도망온 러시아 귀족들의 면면은 의미하는 바가 커보인다. 생존에 목을 매면서 고통을 잊기 위해 아편에 손을 대기도 하고(에미라), 부족한 연주 능력이라도 살려 생계를 꾸려가려는 가련한 인물(이바노프)의 삶을 통해 번영의 이면에 자리한 몰락의 인물을 보여주고 있다고 요약할 수 있다.

여기서 주인공 '일마'와 '나아자'가 사랑을 이루는 과정에서 볼 수 있는 하얼빈의 모습을 자세하게 살필 필요가 있다. '나아자'는 정통 백계 러시아인으로 미모와 지성을 갖춘 인물이다. 일마와 경성에 돌아왔을 때 일마의 친구들이 '나아자'를 프랑스 여배우 '콜린 뤼셰르'에 비유하는 장면은 '나아자'의 미모가 얼마나 뛰어난 지 알 수 있는 대목이다. 더불어 '나아자'가 하얼빈 교향악단의 경성 연주회 때 상당한 역할을 수행하는 것으로 보아 문화 예술에 대한 역량도 우수하다는 것을 알 수 있다. 또한 일마와 생활하면서 조선어를 금방 익히는 장면을 통해서도 교양인의 면모를 갖춘 인물이라는 점을 알 수 있다. 이러한 인물이 동아시아의 파리같은 하얼빈을 떠나 경성으로 향하게 된다는 점은 주목할 만하다. 어머니의 죽음 이후 친척집을 전전하는 생활과 자신의 능력을 발휘할 방법이 없어 카바레 댄서로 연명하는 '나아자'의 생활은 비극적이다. 이효석은 '일마'가 사랑하는 '나아자'가 자신의 행복을 이루지 못하는 이야기를 통해 하얼빈이 고귀한 문화 예술만의 도시가 아니라는 점을 드러내는 것이다.

이와 같이 겉으로는 화려한 서구풍 도시의 부조리한 이면은 조선인의 삶을 통해서도 드러난다. '일마'의 하얼빈 친구인 '한벽수'의 숙부 '한운산'은 조선인 중 자수성가한 사람이자 러시아 갱단의 납치 대상이 될 정도로 큰 부를 축적한 인물로 등장한다. '한운산'의 성공과 관련한 조카 '한벽수'의 언급은 당시 북만주에 정착한 조선인의 현실을 잘 드러내 준다

"만주에 들어와 소위 성공했다는 조선 사람의 대부분은 아마도 다 그 같은 위험한 길(문맥상 '중국이나 만주 백성들을 등골부터 녹여내는 약-아편 관련 사업)을 걸은 사람들이라. 하긴 열린 길이라군 그것밖엔 없지만."

"—지금 만주서는 조선 사람만 보면 그 약을 연상하게 됐다네. 조선 사람과 약과—이런 불명예로울 데가 또 있을 줄 아나. 무얼 하든 간에 그런 인상밖에 안 준단 말야……. 지금은 주제가 바르지만 알구 보면 우리 숙부두 과거가 어둡다네."

"만주가 원래 만만치 않은 곳인데,"

위와 같은 내용으로 보아 이효석은 주인공 일마를 통해 하얼빈을 유럽의 모양을 가졌고 그 문화가 살아 있는 공간이나 그 공간 속 삶의 부도덕과 몰락의 모습에 주목한 것으로 보인다. 하얼빈을 배경으로 서구적 문화의 발견에서 그치지 않고 그 문화의 이면도 들여다보는 양가적 감정이 작품 전편에 스며 있다. 이러한 하얼빈의 모습은 러시아인인 '나아자'의 조선행에 당위성을 부여하여 작품의 주 배경지를 경성

으로 옮겨가는 역할을 담당하는 것으로 볼 수 있다. 실지 1940년 당시 러시아 미모의 여성이 조선의 경성을 선택하여 조선인과 행복한 삶을 꾸려간다는 스토리는 세간의 이목을 끌기에 충분했다.
'일마'의 말에 대한 '나아자'의 아래와 같은 발언은 러시아 미인의 조선행을 부각시킨다.

"그리구 그 조선을 사랑할 수 있을 것 같아요."
"무엇이든지 모두—인물이며 품성이며 모두."
"그리구 꽃신들을 신는다나—푸른 전에 붉은 실, 노랑 실로 수놓은 꽃신, 흰 버선에 꽃신을 신구, 흰 저고리 검은 치마로 말끔하게 채리구 나선 모양은 아무 데서두 볼 수 없는 조선의 가장 아름다운 것의 하나일 거요."
"그 자랑 속에 살구 싶어요.—흰옷을 입구, 질그릇과 그림을 보구, 옛 음악을 듣구……."
"열 번이든지 백 번이든지 하죠—얼른 그 조선의 자랑 속에 살구 싶어요……."

주인공 '일마'를 따라 조선으로 가고 싶다는 '나아자'의 발언 속에는 조선의 문화적 우수함이 잘 나타나 있다. 이러한 러시아 여인의 조선 문화 발견과 우호적 감정은 하얼빈에 대한 부정적 감정의 반대급부로 등장한 것으로 보인다. 하얼빈은 화려하지만 우울한 공간이라는 것이고, 이 양가적 감정은 작품 전체를 관통하고 있다.
이 감정은 더 부정적 감정으로 심화되어 나타기도 한다. 아래는 '일마'가 하얼빈에서 '나아자'와 친구 '종세'에게 보낸 편지이다.

하얼빈이란 곳이 지금까지와는 달라 또 하나의 생각지도 못했던 요소를 가지고 있음을 처음으로 깨닫게 되었고, 이 새로운 요소의 발견으로 말미암아 도시의 인상이 지금까지와는 달라진 것을 신기하게 느끼는 중이네.

(중략)

깊고 어두운 구렁 속에 악의 꽃이 붉게 피어 있음은 누구나 쉽게 알 수 있고 볼 수 있는 것이었지만, 그런 악과 죄 이외에 공포가 숨어 있을 줄은 아마도 헤아리지 못했으리. 하얼빈은 향수의 도시만이 아니라 공포의 도시임을 처음으로 깨달았네. 무시무시한 전율의 도시라네. 안심하고 즐거운 날만을 보낼 수 없는 위험하고 무서운 도시임을 새로 깨달은 것이네.

하얼빈의 조선인 약방인 '대륙당'의 주인 '한운산'이 러시아 갱단에게 납치된 사건을 소재로 다룬 위 부분에서 '일마'는 하얼빈이 예전에 생각하던 세련된 서구와 예술의 공간이 아닌 '악과 죄', '공포'의 공간이라는 사실을 깨닫는다. 그리고 하얼빈이 위험하고 무서운 도시라는 생각에 도달한 주인공을 통해 이효석은 주요 인물의 조선 선택을 정당화하는 방향으로 작품을 이끌어 간다.

요약하자면 이효석은 '일마'를 통해 하얼빈을 서구의 양가적 측면이 잘 드러난 도시로 인식했고 부정적 인상은 공포의 감정으로 발전했다. 이 과정을 통해 이효석은 등장 인물의 결정에 타당성을 부여하고 있다.

### 4) 장편 『벽공무한』에 나타난 하얼빈의 구체적 공간

장편 『벽공무한』에는 하얼빈의 구체적인 공간이 잘 드러나 있다. 이 여러 공간은 서구의 두 인상을 구체화하는 역할을 담당하고 있는

데, 세부 공간을 통해 그 양상을 자세하게 살피는 것은 이효석의 하얼빈 공간 의식을 이해하는데 도움이 된다.

하얼빈의 옛 모습을 구체적으로 알 수 있는 자료로는 앞에서 언급한 『하얼빈구영대관(旧影大觀)』이 있다. 이 자료집은 러시아가 하얼빈을 대도시로 개발한 후 건립된 다양한 건축물과 거리의 모습을 담고 있어 1930년대 후반 하얼빈을 찾은 이효석이 만났을 도시 풍경을 짐작하기에 유용한 자료이다. 이 자료집에는 『벽공무한』의 주인공이 여주인공과 함께 한 '키타이스카야' 거리를 비롯하여 모데른 호텔, 마르스 카페, 극락사, 우스펜스카야 사원, 중앙사원, 하얼빈 동청철로국, 하얼빈 경마장 등의 모습이 사진으로 수록되어 있고, 건축물과 거리의 역사가 간략히 기록되어 있다.

이 다양한 공간 중 『벽공무한』의 중심이 되는 곳은 모데른 호텔이 위치한 '키타이스카야' 거리(현 중앙대가)이다.

두 사람은 호텔을 나와 밤거리를 걷고 있었다. 낮과 달라 밤거리란 한층 찬란하게 보인다. 아스팔트 대신에 돌을 깐 포도가 발아래 도톨거리면서 이역의 밤 정서가 그런 데서도 흘러온다. 송화강에서 불어오는 바람을 맞으면서 북쪽으로 큰 거리를 내려가 바른편으로 구부러진 곳에 카바레 '모스코바'가 있다.

화려한 밤 풍경을 묘사한 이 부분을 읽으면 이효석의 '이역의 밤 정서'가 그대로 전해져 온다. '돌을 깐 포도'를 지나는 마차 소리가 들릴 듯하고, 카바레의 음악과 그 속에서 춤추는 댄서의 모습이 영화의 한 장면처럼 보일 듯하다.

이러한 인상은 경마장으로 가기 전 쌍안경을 사기 위해 들른 '추림백화점'으로 이어진다.

추림백화점(秋林百貨店)은 외국인 경영의 하얼빈서도 으뜸가는 가게였다. 점원이 외국인데다가 특히 금발 벽안(碧眼)의 여점원들의 응대는 그것만으로도 눈을 끌었다. 반드시 한 가지 나라말만이 쓰이는 것이 아니요, 러시아어도 들리고 영어도 들려서 이 구석 저 구석에서 언어의 혼란을 일으켜 흡사 국제 백화점인 감이 있었다. 층층으로 진열된 물품에는 구라파적인 은은한 윤택과 탐탁한 맛이 드러나 보인다.
(중략)
구라파 문명의 조그만 진열장인 셈이었다.

러시아인이 설립하고 운영하던 추림백화점에 대한 위와 같은 묘사는 하얼빈의 모습을 단적으로 보여주는 부분이자 이효석의 하얼빈에 대한 인식을 가늠해 볼 수 있는 부분이다. 추림백화점의 국제적 경영과 규모, 그리고 종업원의 모습은 당시 하얼빈 주민의 자부심이자 조선인을 비롯한 만주국 오족의 부러움의 대상이었다는 인상을 받기에 충분하다.
이와 같은 이국적 인상은 '허얼빈의 거리가 그러하듯 그곳에도 각 사람들이 다 모여 국적과 인종의 진열장이'라고 언급되는 경마장이 모습으로 이어진다. 그리고 '나아자'의 어머니가 묻혀있는 러시아 묘지에 대한 아래와 같은 '일마'의 인상으로도 드러난다.

문을 들어서니 정면에 우스펜스카야 사원이 있고, 그 뒤편에 여러 만 평으로 짐작되는 나무가 수북이 들어선 묘지가 연했다.
(중략)
가느다란 백양나무와 애잔한 느티나무가 빈틈없이 들어서서 각각

나무 그늘 아래에 모나게 다듬은 기다란 돌을 누이고 그 위에 비석을 세우고 양편에 등을 달고 꽃을 꽂은—그 운치있는 조그만 정자가 무덤인 것이다.

러시아 안식교 사원인 '우스펜스카야 사원의 이국적 풍경과 주변이 전하는 서구적 인상이 잘 드러난 이 부분을 접하면 '일마'의 눈을 대신해 하얼빈을 바라보고 있는 이효석의 인상이 읽힌다. 그리고 이국적 풍경이 주는 새로운 인상에 호의적 감정을 가진 작가의 모습은 호텔, 카바레, 카페 등으로 확대되어 작품 전체 인상에 반영되어 있음을 『벽공무한』 전편을 통해 알 수 있다.

## 4. 이효석 작품에 나타난 공간의 특성과 근대 의식

앞에서 이효석 작품의 주요 배경 역할을 하고 있는 다양한 공간을 살펴보았다. 고향으로 대별되는 산촌, 근대의 상징인 도시, 그리고 세상을 떠나기 전 관심을 집중했던 북만주 하얼빈 등 공간의 다양성은 이효석 작품의 폭이 넓음을 의미한다. 또한 당시 모더니스트이자 영문학자였던 이효석의 관심과 탐구의 폭도 그만큼 넓었다는 점을 보여준다고 평가할 수 있다.

이와 같은 이효석 문학의 공간성은 한 가지로 정리하기 어려운 다양성을 특징으로 한다고 볼 수 있다. 먼저 영서삼부작으로 불리는 작품을 통해 고향의 모습을 세밀하게 반영하고 있다는 점을 알 수 있다. 1930년대 문단의 주류인 리얼리즘의 시각으로 강원도 영서 지방의 정주민의 삶을 풍속과 가치관을 중심으로 다루고 있다는 점이 주목할 만하다. 또한 인간의 원초적 욕망에 따른 갈등, 핏줄로 대별되는 전근대적 가치 지향성 등을 고향을 배경으로 다루는 것과 동시에 모더니스트의 시각이나 동양적 관점을 반영한 작품도 창작하였다는 점을 확인할 수 있다.

도시를 배경으로 한 소설에서 이효석은 주로 근대화된 화려한 도시의 이면에 초점을 두고 있다. 초기에는 근대화의 이면에 존재하는 소외와 계급 갈등으로 대표되는 갈등 양상을 다루기도 하고, 도시 속에서 살아가는 인간의 타락 양상을 도덕적 윤리적 측면에서 다루기도 한다. 이는 새로운 문명의 상징인 도시가 장밋빛 미래만 가져다주지 않는다는 인식을 바탕으로 서구를 긍정적으로 인식하고 지향하려던 당시 모더니즘 문학과는 변별되는 지점을 보여준다. 또한 항구와 온천 등의 공간을 도시 공간의 연장으로 보고 이를 배경으로 현실적 갈등과 인간 애정의 문제를 다루기도 했다.

이효석의 생애 말기에 관심을 집중한 곳은 하얼빈으로 대표되는 북만주 공간이다. 1940년 《매일신보》에 연재된 장편 『벽공무한』은 경성과 하얼빈을 오가는 인물을 통해 북만주와 경성을 변별하면서 그 공간의 역할이 강하게 드러난 작품이다. 이 작품에서 주인공은 하얼빈을 서구의 문화와 예술이 실현되는 국제적 매력의 공간으로 인식하지만, 러시아 여성과의 사랑을 시작으로 러시아 혁명 이후 백계러시아인의 몰락을 경험하면서 부정적인 현실을 자각한다. 러시아 귀족의 몰락과 조선인의 부도덕한 성공은 아편과 갱단의 납치라는 극단적인 몰락의 양상으로 작품에 재현된다. 이 부정적 현실은 자연스럽게 러시아 여인이 조선을 선택하여 새로운 삶을 모색하는 결과로 이어진다. 하얼빈보다 경성이 희망이 있는 공간이자 문화예술을 실현할 수 있는 긍정적인 공간이란 결론에 도달한 것이다.

다만 아쉬운 점은 조선적인 것의 가치를 새롭게 발견한 작품의 공간적 의미를 이 글에서 다루지 못한 점이다. 일본어로 쓴 단편 「가을(秋)」과 「은은한 빛」 등에 나타난 조선적 가치의 발견이 어떤 공간 속에서 이뤄지는지, 그 공간의 의미가 무엇인지 탐구할 필요가 있기 때문이다. 이는 이효석이 삶의 마지막 시기에 서구에서 조선으로 관심을 옮겼다는 것을 증명하는 과정이자, 1940년대 일본어로 쓴 소설에 나타난 조선적 가치의 발견이라는 새로운 논의의 시작일 수 있다는 점에서 중요하다는 점을 언급하면서 글을 마친다.

# 철원, 이태준 단편소설 속 고향의 심상지리

**박상익**

## 1. 조선의 모파상이 전달하고 싶었던 정서

이태준이 활발히 저술활동에 임했던 1930~40년대는 일제가 더욱 그 마수를 조이고 있었다는 명제에 고개를 가로저을 사람은 드물 것이다. 그리고 당대의 유명 문인에게 더욱 가열차게, 또한 다양한 방법으로 압박을 가했다는 말에는 격한 공감을 쉽게 얻을 수 있다. 이러한 시대에 '그'가 숨쉬었으며, 관찰했으며, 고뇌했으며, 기록하였다. 이렇게 언명한다면 굉장히 고뇌에 찬 정치인의 요설처럼 보일지도 모른다. 그러나 이태준의 소설을 이루고 있는 하나하나의 소설적 장치가 모두 훌륭하며 그 중에서 백미는 그의 문장이다. 현란한 액션 묘사가 들어가지 않은 글 중에서 이보다 더 재미있게 읽은 글이 있는지 기억조차 나지 않는다.

어느 틈에 마루방 유리창이 드르르 열리었다.
그러나 옷도 집어올 새 없이 장지문이 쫙 열리었다.
"이놈! 꼼짝하면…."

그는 이렇게 위협하며 눈투성이 된 발 하나를 우리 방에 썩 들여
놓았다.
"이놈…."
그는 방안을 휙 둘러보더니 시꺼먼 외투 품속에서 날이 번쩍하고
빛나는 단도를 뽑아들었다.
그러나 이 순간, 누구나 질겁을 하고 눈을 뒤집어써야 할 위급한 순
간에 있어 나는 오히려 정신을 가다듬을 만치 아까의 겁과 아까의 긴장
을 풀어뜨리고 말았다.

― 「어떤 날 새벽」 부분

이 상황 묘사에는 불필요한 수식어 없이 인물들의 행동만으로 사건을 설명하고 있다. 아주 적게 사용된, 이를테면 "번쩍하고" "질겁을 하고" "눈을 뒤집어 써야 할" 등의 수식어는 상황의 긴급함을 전달하기 위해 불가피한 선택이었으리라. 그렇게 때문에 군더더기같은 언어의 수사가 말끔하게 제거된, 그 결과로 상황의 긴박함이 솔직하게 전달되는 효용을 획득하였다. 마치 어네스트 헤밍웨이의 단편「살인자들」의 그것, 즉 짧고 속도감 넘치는 문체를 연상시킨다. 이태준의 글은 미사여구나 놀랍고 잔혹한 사건, 끔찍한 묘사가 존재하지 않지만 이 모두를 어우르는 효과를 가졌다. 이태준이 활동하던 당시에 그를 칭하던 '조선의 모파상'이라는 비유가 명불허전은 아니었던 것이다. 이렇게 그는 조선 단편의 완성자였고, 조선 문단에 군림하던 문장가였다.

앞서 이야기한 '조선의 모파상'이라는 칭송을 감안하다면, 확실히 이태준과 모파상의 단편소설의 정교함은 으뜸과 버금을 구별하기 어렵다. 특히 두 작가 공히 인간의 허위와 타락을 비난한다는 점에서 그러하다. 그러나 이태준은 부르주아 계급의 위선을 주로 폭로하며 19

세기 프랑스 사회를 리얼리즘적으로 그려낸 모파상과는 그 궤를 달리한다. 이태준 소설에서 그려진 강원도 철원은 매우 리얼리즘적인 공간인 동시에 투박하다. 이는 그가 도시를 묘사하는 것과 비교하면 기름에 뜬 물처럼 확연히 구별된다. 이태준의「장마」에서 식민지 시대 경성은 다음과 같은 풍경으로 재구성된다.

오래간만에 넥타이를 매느라고 거울을 들여다 보았더니 수염이 마당의 잡초와 함께 무성하다.
"면도를 하구 나가?"
면도칼을 꺼내보니 녹이 슬었다. 여럿이 쓰는 물건 같으면 또 남을 탓했을는지 모르나, 나 혼자 밖에 쓰는 사람이 없는 면도칼이라, 녹이 슨 것은 틀림없이 내가 물기를 잘 닦지 못하고 둔 때문이다. 녹을 벗기려면 한참 갈아야 되겠다. 물을 떠오너라, 비누를 좀 내다 다오, 다 귀찮은 노릇이다. 링컨과 같은 구레나룻을 가진 이상(李箱)의 생각이 난다.
…(중략)…
아직 열한 점, 그러나 낙랑(樂浪)이나 명치제과(明治製菓) 쯤 가면, 사무적 소속을 갖지 않은 이상이나 구보(仇甫)같은 이는 혹 나보다 더 무성한 수염으로 커피잔을 앞에 놓고 무료히 앉았을는지도 모른다.
― 「장마」 부분

이태준이 도회지를 묘사할 때 등장하는 '커피', '낙랑' 같은 소재들은 당연하지만 근대적 장소이자 산물이다. 삶의 편의를 위해 동원되는 이러한 사물들은 인간의 허위와 타락을 고발하던 고결한 이태준의 모습이 아니다. 인용한「장마」의 일부에서 이태준의 비판적 태도는 온 데 간 곳 없이, 현실에 안주하는 도회인으로 만족하는 인물이 거리를 배회하고 있을 뿐이다.

되려 근대의 허위와 도덕적 타락, 그리고 전통의 파괴를 질타하는 선봉장으로서의 이태준의 모습은 시골, 특히 그의 소설에서 자주 등장하는 고향 철원에서 등장한다. 앞서 언급한 '투박함'은 이태준에게 있어서 미개·야만 등의 의미로 전용되지 않는다. '투박함'은 인간에 대한 따뜻한 시선을 상징하는 정서의 결정체이다. 그 결정체는 차갑지도 않고, 딱딱하지도 않으며, 우리 민족 전통의 은근한 온기마저 가지고 있다. 이태준의 철원은 전차, 전화, 라디오 등과 같은 근대의 이기가 전해지지 않았지만 그 모두를 압도하는 정서의 공동체를 형성한다. 이태준의 소설을 읽는 독자들은 작품 속 사건이 무미건조하다고 느낄지도 모른다. 그리고 마지막 장을 덮었을 때, 독자들은 그 무미건조함이 '따스한 익숙함에서 오는 평온'임을 비로소 깨닫게 된다. 에밀 졸라의 『목로주점』 초반부의 세탁장 결투 장면--세탁을 하는 여성들 간의 살벌한 접전--과는 180도 다른 기분을 독자에게 전달한다. 소설 속 인물들에 대한 공감과 연민, 그리고 빠르게 변해가는 세상에 적응하지 못한 고완(이태준은 『무서록』에 수록된 「고완」이란 수필에서 '골동'이란 단어가 '무용', '무가치'의 대용어처럼 쓰인다며 분개한다. 그리고 그 말의 대체어로 '고완'을 제시한다.)의 사람들.

## 2. 전통적 가치를 수호하는 공동체로서의 고향 철원

이태준의 수필집인 『무서록』에는 「인사」라는 짧은 수필이 상재되어 있다. 이 수필은 고향 어르신과 인사에 관련된 짧은 일화를 소개하며 시작한다. 중학생 때 시골(강원도 철원군 용담)에서 어느 할아버지 댁에 인사를 갔는데, 그 분은 평상 위에서 수염만 배배 꼬고 계셨다고 한다. 그래서 상허는 미닫이 문 밖에서 가만히 절을 올리고 이내 나와 버렸다는 것이다. 그 이튿날 할아버님 댁에서 상허와 그 할아버님이 마주쳤다. 그 할아버지는 상허에게 언제 왔냐고 물어보셨고, 어제 왔다고 하자 왜 인사하지 않았냐고 꾸지람을 했다는 것이다. 이에 상허는 '할아버님이 눈을 내려뜨시고 무엇을 생각하시어 골독하셨나 보다.'라고 이해했다고 한다.

이 일화는 고향 노인의 완고한 권위 타령처럼 보일지도 모른다. 하지만 그 일화를 설명하고 있는 상허의 문장 하나하나에는 어르신에 대한 예절이 스며있고, 각 문장에는 전통에 대한 순종의 분위기가 물씬 향기난다. 이태준이 살고 있던 시대는 일제의 침략과 함께 들어온 근대화의 파고에 휩쓸려, 전통적인 생활 문화가 파괴되어 가던 시기였다. 그의 다른 단편인 「패강랭」에는 평양 여성의 머릿수건 풍습이 사멸되어가는 것에 대해 심히 안타까워하는 시선도 나타난다. 이러한 시대에 상허만큼 전통을 존중하고, 그것의 소멸을 안타까워했던 문인이 있었는지 기억조차 나지 않는다. 그런 이태준에게 고향 철원은 전통 문화를 상기할 수 있는 공간으로 자리잡았다. 마치 이렇게 표현하면 상허가 완고한 수구파로 보일 것이다. 하지만 그는 완고당과는 거리가 멀다. 경성에서의 이태준은 최첨단의 문화적 생활을 즐겼다. 아울러 이상·정지용(鄭芝溶, 1903~1950)·박태원(朴泰遠, 1909~1986) 등과 구인회를 조직하여 모더니즘 문학 운동에 선도적인 역할을 한 그였다. 해외의 새로운 작품 독서에도 열중하였는데, 1931년 호리구치 대학에서 번역·출간된 최신작 『야간비행』(생텍쥐페리)을 읽고, 당대 서구 최신 문학 사조의 유행을 평가할 수 있을 정도의 근대적 인간이었다. 이렇게 보면, 상허는 으스스한 귀기서린 완고파라기보다는, 온화한 정감어린 근대인의 입장에서 사라져가는 전통을 안타까워하는 인물이다. 그리고 그 파괴적 행동이 으레 일제의 탄압과 관련되어 있다는 사실에 분노하는 적성(赤誠)의 지사(志士)에 가깝다.

이런 입장에서 볼 때, 상허의 소설은 타의에 의해 파괴되어가는 전통적 체제를 옹호하는 새로운 근대 신념 체계이다. 그 체계는 새로움으로 전통을 수호하고자 한다. 이를 실현하기 위해 이태준은 식민지 조선에 기생하는 친일파와 일본 식민 통치를 초월하고자 하는 정교한 언어의 결정체를 기획한다. 이러한 기획의 일단은 널리 알려진 그의 소설 「돌다리」에서 살펴볼 수 있다.

서울에서 맹장 수술의 권위자로 이름이 알려진 창섭은 고향 샘말(철원군 철원읍 사요리)에 도착한다. 마을로 걸어들어오면서, 공동묘지에 묻힌 여동생 창옥이를 떠올린다. 창옥이는 의사의 오진으로 맹장염에 걸려 사망했던 것이다. 그가 아버지가 권하는 고농(고등 농업학교)을 마다하고 의과 대학에 진학했던 이유도 창옥과 같은 이들을 구하기 위해서였다. 창섭이 이번에 고향을 찾은 이유도 고향의 땅을 팔아 병원을 늘릴 수 있게 해달라는 부탁을 아버지에게 드리기 위해서였다. 병원을 늘리면 더 많은 맹장염 환자를 구할 수 있다는 확신이 창섭에게 있었기 때문이다. 또한 창섭의 요량으로는 연로하신 부모님을 모실 수도 있고, 병원도 발전시킬 수 있을 터였다.

돌다리를 고치고 집으로 돌아오신 아버지에게 창섭은 자신의 생각을 말씀드렸지만, 아버지는 아들의 청을 일언지하에 거절한다. 조상 대대로 이어내려온 가문의 근간을 돈으로 팔 수 없으며, 느르지논(철원군 사요리 일대의 논)이나 독시장밭(철원군 율미리 용담의 선비소 위에 있는 밭)같이 좋은 땅은 어디서도 살 수 없다는 것이다. 또한 땅은 천지만물의 근거로서, 일시 이해를 따져 사고 파는 것이 아니라고 아버지는 강변한다. 아버지는 여기에 그치지 않고 유언까지 남긴다. 돈이 없더라도 땅을 소중하게 여기는 사람에게 땅을 팔 것이라고 말이다.

창섭은 아버지의 심사를 잘 이해했다. 아니 이해 이상으로 감동을 받았다. 자신의 아버지는 천리에 순응하는 훌륭한 인물임도 알았다. 그러나 그 세계와 창섭의 세계는 공존할 수 없다. 아버지의 신념 체계는 변화하는 시대 정신과 타협할 수 없는 것이었다. 결국 그 신념의 굳셈은 시간의 파도 위에서 모래성처럼 소멸하고 말 것이다. 그래서 창섭은 안타까움의 눈물을 흘린다. 그렇다고 해서 아버지의 신념은 무의미한 것인가? 그렇게 생각하기는 어려울 것 같다. 당대 일본제국 총리 히라누마 기이치로가 말했던 "구주천지 복잡괴기(歐洲天地 複雜怪奇 : 유럽 온 천지가 복잡하고 괴기하다)"란 말이 있다. 즉, 온 세상이 복잡하고 이상한 시대라는 말이다. 이런 시대에 누군가는 굳게 전통적 가치관을 수호하는 것, 복잡하고 이상한 세상에서 아주 조심스런 균형을 유지하는 일을 담당해야 한다. 우직한 사람이 되어야 하는 것이다. 그리고 그러한 균형을 유지시킬 수 있는 공간은 "시골"인 철원이다. 경성이라는 물질 만능주의의 신전에서는 입에 담을 수도, 감히 생각해서도 안되는 신념이 철원에서는 허여된다. 다시 말해서, 고향인 철원은 아직 물질의 권력이 구현되지 않은 천연의 고장인 것이다. 그래서 철원 샘말에서 나무다리는 일회용 콩트에 가까운 취급을 받는다. 이태준은 그러한 다리가 지닌 가치관을 소설에 비유해 이렇게 언급한다. "모든 새 사조가 그렇듯이 한때 센세이션을 일으킬 뿐, 그래서 모든 작가에게 반성을 줄 뿐, 그 뿐일 것이다. 반성을 주는 미덕을 남기고 희생될 뿐이지 이것이 소설의 신원리(新原理)로 반석 위에 나앉을 것은 못된다."(「야간비행」, 『무서록』) 감내할 수 없는 거대한 물결이 쏟아지면 나무다리는 뒤틀려 무너지거나 떠내려갈 것이다. 새로운 문학 사조처럼 새 것이고 신선하겠지만, 나무다리의 기반은 격류를 견딜 수 있을 만큼 강하지 않다. 남은 사람들은 반성한다. 그래, 새롭다고 좋은 것은 아니야. 오랜 기간 격류를 견디어 낸 돌다리로 가자. 「돌다리」에서 단연 주목해야 할 부분은 바로 이것이다. 전통과 근대의 선명하고 강렬한 대립을 보여주기보다는 다른 두 개의 신념이 서로를 존중하며 반성하고 있다는 점이 독자를 매료시킨다. 이런 소설을 손에 들고 있으면 한국 단편소설의 완성자가 이태준이라는 사실을 다시 한 번 상기하게 된다. 「돌다리」는 전통을 옹호하는 소설도 아니며, 그럴 필요도 없다고 말한다. 단지 창섭과 아버지, 근대를 상징하는 나무다리와 전통을 대표하는 돌다리를 보여주며 독자에게 어떤 것이 나은지를 선택하도록 한다.

이태준은 고향인 철원이 근대화 과정 속에서 전통적 공동체 가치를 유지하려 노력하지만, 시대의 조류에 어쩔수 없이 변해가는 모습 역시 관찰하고 있다. 「사냥」이란 단편에서 주인공 '한'은 경성에서 살고 있는 인물이다. 그러나 "하나도 마음에 안정을 가져오지 않을 뿐 아니라 점점 신경을 날카롭게, 메마르게 해 주는 것"(「사냥」, 346)같아, 고향인 철원의 야생적 자연을 그리워한다. 한은 고향 친구와 촌길을 걸으며 정정한 나무 사이의 나는 꿩을 떨구고, 노루와 멧도야지를 잡을 생각만 해도 "통쾌한 야성적인 정열이 끓어올랐다. 아무리 문화에 길들었어도 사람의 마음 한 구석에는 야성에의 향수가 늘 대기하고 있는 듯"(347)하다고 느낀다. 도시화된 경성은 온갖 문명의 이기(利器)를 즐길 수 있는 공간이지만, 그 곳은 사람을 문명에 길들일 뿐이다. 그런 점에서 보면 사냥이라는 행위는 도시의 무기력함을 극복할 수 있는 야성적인 정열의 의식인 것이다. 야생의 근원인 어린 시절의 추억이 있는 시골(작품 속에서 철원의 월정리로 구체화 됨)은 회생의 공간으로 적절해보인다. 낮에 정신없이 꿩 사냥을 마친 한은 친구와 "밤국수 먹으러, 혹은 밤낚수(낚시)질 다니다가, 혹은 딴 동네 처녀에게 반해 다니다가 도깨비에게 홀리던 이야기"(350)를 나눈다. 이렇게 어린 시절을 상고해 볼 수 있는 천연한 모성적 공간이 바로 고향 철원이다. 도시인인 '한'은 사냥을 하고, 고향 친구와 옛길을 거닐며 농촌의 삶을 그리워하기도 한다. 마치 여행지에서 느끼는 이국적 정서에 감화되어 "여기 살까봐"라는 말을 자주 되뇌이는 여행객처럼 말이다.

　　침이 지르르한 두터운 입술이 벌쭉거리며 얼굴이 시뻘개진 당자가 불 앞으로 왔다. 혼솔(헌팅캡을 일본식으로 발음한 것)이 히끗히끗 닳았으나 곤색 양복 조끼를 저고리 위에 입은 것이나 챙이 꺾이었으나 도리우치를 쓴 것이나 지카타비(작업용 일본식 신발)를 신은 것이나 몰이꾼 패에서는 이채였다. 그러면서도 얼굴만은 어느 쪽에서 보든지 두리두리한 것이, 흰자위 많은 눈이 공연히 실룽거리는 것이라든지 기중 어릿숙해 보이는 사람이었다.(괄호 안의 단어 설명은 인용자)
　　　　　　　　　　　　　　　　　　　　　　－「사냥」부분

　다음날 "이채"로운 인물이 등장한다. 몰이꾼 중 한 패였는데, 몰이꾼들 사이에서 한 번도 본 적이 없는 인물이다. 그는 포수의 총을 만지작거리며 호기심을 보이는데, 당연히 총 주인인 포수의 역정을 받게 된다. 그러자 그 이채로운 이는 자신도 노루를 쏘아보고, 사람을 쏘아보았다고 허세를 부린다.
　이 인물은 그야말로 '반개화꾼'이다. 한은 그를 직접적으로 '어리숙하다'라고 평가한다. 아마도 그가 이채로운 까닭은 근대와 전통사회를 걸치고 있는 '리미널리티(liminality)'한 인물이기 때문이다. 전통과 신식 복장이 기묘하게 뒤섞인 모습은 일견 현진건의 「고향」에 등장하는 사내를 연상하게 될지도 모른다. 하지만 「고향」의 사내는 한중일의 뒤섞인 옷을 입었으되, 불쾌감을 독자에게 제공하지는 않았다. 오히려 연민과 분노가 뒤섞인 씁쓸한 감정의 유채화를 떠올리게 된다. 이윽고 그 사내가 누구일지 의아함을 가지게 되고, 그 연유를 궁금하게 할 뿐이다. 하지만 이태준에 「사냥」에 등장하는 "이채"로운 사나이는 "두 터운 입술이 벌쭉거리며", "흰자위 많은 눈이 공연히 실룽"거리는 아둔한 자이며, 불쾌함을 독자에게 느끼게 한다. 그 불쾌감은 명확히 설명할 수 있다. 단순하게 아둔한 자였다면 단순한 어릿광대에 머물렀을 것이다. 그러나 남의 것을 마음대로 만지는 무례, 그것을 욕심내는 탐욕, 사람을 죽인 것을 자랑하는 허영을 고루 갖춘 피카로(picaro)이기 때문이다. 이 피카로는 전통적 농촌 사회 체계가 여전히 유지되는 철원이라는 지역에서 확실히 "이채"로운 인물이다.

결국 그는 전통적 사냥의 룰을 위반하고 만다. 더구나 섯부른 일처리로 인해 사냥꾼들에게 금전적 피해를 입힌다. 저녁상이 나올 때까지 돌아오지 않는 사냥꾼들이 드디어 큰 수확을 거둔다. 몇 발의 총성이 들리고 난 뒤 돌아온 사냥꾼들은 황소만한 멧돼지를 잡았다는 것이다. 그 무거운 멧돼지를 끌고 오다가 힘이 부친 사냥꾼들은 다음날 다시 그 짐승을 끌고 오기로 하고 숙소에서 잠을 청한다. 다음날, 한 몰이꾼이 급보를 전한다. "어떤 놈이 밤에 와 밸 온통 갈러 필 죄 쏟아 놓구, 열(쓸개의 강원도 방언)은 떼도 못 가구, 터뜨려만 놓고, 살두 여러 근이나 떼"(354~5) 갔다는 것이다. 이런 변을 당한 상황으로는 짐승의 값을 제대로 받긴 틀린 셈이어서, 늙은 포수는 입이 파래진다. 그는 범인을 색출할 방도가 있다며, 동네 젊은이들을 모이게 한다. 늙은 포수는 아침에 고기를 먹은 사람이 뜨거운 물에 손을 담그고 씻어

보면 고기 기름이 뜰 것이라며 구장에게 더운 물을 끓여달라고 한다. 한은 마음 속으로 아무도 증거를 보이지 않기를 바란다. 그들은 시키는대로, 꾀 없이, 자신의 힘으로만 사는 순박한 사람들이기 때문이다. 그 죄의 증거가 발각되는 것은 동리 사람들 사이의 신뢰를 붕괴시키는 결과를 가져올 것이기 때문이다.

그러나 데운 물그릇이 나오기 전에 여러 사람의 시선을 혼자 쪼이는 손이 있었다. 곤색 양복 조끼의 손이었다. 깍지도 껴 보고, 무릎 밑에 깔아도 보고, 허리춤을 긁적거려도 보고 나중엔 완전히 떨리어 곰방대를 내어 담배를 담았다. 눈치 빠른 늙은 포수는 얼른 끼고 앉았던 화로를 내밀었다. 담뱃불을 붙이느라고 길게 빼인 고개가 어딘지 어색할 뿐 아니라 불에 갖다 대이는 대통이 덜덜 떨리었다. 늙은 포수는 버럭 소리를 질렀다.
"저 사람이 담밸 붙여 뭘 붙여?"

― 「사냥」 부분

결국 범인은 이채로운 복색의 사내였다. 그는 누구보다도 개화된 양서양식 복색을 차려입고, 자신의 무용담을 으스댄다. 그러나 "어리숙"하다는 한의 평가처럼 그는 전통 방술(方術)을 믿고, 제 발이 저려 스스로 자백한 꼴이 된다. 그는 자신의 삶을 주체적으로 결정할 수 있는 인물이라고 주장하는 듯하지만 결코 그런 능력과 의지도 없다. 물질적 이익을 획득하기 위해서는 마을의 결속력까지도 해체시킬 수 있는 인물이다. 그러나 실상은 다르다. 그는 전통적 방술을 영혼의 레벨에서 신뢰하는 인물이라는 점에서 전술한 것처럼 '반개화꾼'이다. 그는 전통과 근대를 그 육체에 휘감고 있지만, 그 사고 체계에는 여전히 전통적 세계관이 들어서 있다. 이 리미널리티적 인물은 도시로 나가 근대의 삶을 살거나, 전통적 삶의 방식을 유지할 의지와 생각도 없다. 그저 근대라는 타자를 의태(擬態)할 뿐이며, 자기 앞에 주어진 삶의 조건을 무비판적으로 따라간다. 그는 앞서 논의한 「돌다리」의 아버지처럼 자신의 신념을 지키며 살아가지도 못한다. 이태준의 다른 작품인 「패강랭」의 현처럼 술기운을 빌려 분노하지도 않는다. 근대화가 몰고 온 압도적 경이에 맹종하여 살아갈 뿐이다. 이채로운 사나이의 삶은 모방과 의태로만 이루어졌고, 근대적 사회 시스템을 이해하거나 통찰할 능력과 의지도 없다. 이 자는 「패강랭」에서 일제식 사회 변화를 맹종하며 향유하는 현의 동창 '김'과도 동일한 인물이다. 이렇게 "이채로운" 사내는 복잡괴기한 천지가 낳은 사생아인 셈이다.

이렇게 비판하면 너무 독랄한 평가라고 보일 것이다. 「사냥」의 후반부에서 이 자가 다시 배신한다는 것을 미리 이야기해두면 당신은 이 평가에 공감할 수 있을 것이다. 철원의 선한 주민들은 마을의 질서 체계를 파괴한 사내를 구하려고 노력한다. 마을의 구장이 늙은 포수에게 마을에서 생긴 불상사를 사과하고 보상을 약속한다. 이웃 마을에 당자의 사촌이 있으니, 보상 대책은 상의해보겠다고 달랜다. 그래서 그 자의 사촌이 30원을 주며, 주재소에서 잘못했노라 하고 처분을 기다리기로 하였다. 그러나 양복 조끼는 주재소로도 포수에게도 나타나지 않는다. 사람들이 행방을 수소문해보니 양복 조끼는 월정리역에서 어디론가 떠났다고 한다. 그는 처벌을 피해 어디론가 탈주한다. 이 행동은 당연히 칭송받을 만한 행동은 아니다. 개인의 의지로 노마디즘적 삶을 선택한 것도 아니기 때문이다. 그는 전통 사회 공동체를 뛰쳐나왔으나, 근대 사회 체제에도 편입할 수 없는 완벽한 국외인이다. 자신이 처한 상황에 따라 자신의 주의, 주장, 그리고 도덕관념까지도 포기할 수 있는 기회주의자이다. 그로 인해 포수와 구장이 맺었던 신사협정은 붕괴된다. 윤오영의 저 유명한 수필「방망이 깎던 노인」에서 등장하는 전통 사회의 "신용이다."가 깨져버려, "지금은 그런 말 조차 없다"는 현실이 철원이라는 고향에도 엄습해오고 있었던 것이다. 이「사냥」은 붕괴되어가는 전통 공통체의 윤리를 목도하는 근대인의 이야기이다. 철원이라는 고향에서도 더 이상「돌다리」의 창섭 아버지같은 윤리와 가치관으로는 살아갈 수 없게 된 것이다.

## 3. 파멸된 고향 철원

사람들은 철원의 다른 지리·문화적 기표로 단연 파괴된 조선 노동당사 건물을 떠올린다. 지금은 대한민국의 영토 안에 존재하며, 전쟁의 상흔이 완연한 이 건물은 시대는 다르지만 파괴된 철원의 다양적 특성을 상징하는 듯하다. 이태준의 다른 소설에는 그 건물처럼 형해화된 철원의 자연과 인심이 있다. 마을의 전통을 지키는 돌다리로 상징되었던 그 마을에는 낡은 바닥, 여기저기 누인 헌 이불, 보잘 것 없는 경대와 같은 을씨년스러운 풍경의 소재들로 변해버렸다. 삶과의 연결고리를 끊을 때까지 반복될 생활에 사건은 소리와 함께 찾아온다. "쿵"이라는 둔탁한 소리. 집에 강도가 들어온 것이다. 미지의 침입자에게서 몸을 숨겨보았지만 내외는 단번에 들키고 만다. 강도는, 의외의 인물로 묘사된다. "어딘지 성격책이나 들어야 어울릴 사람처럼 보면 볼수록 인후한 인상 밖에 주지 못하는 위인"(83)이다. 더구나 강도는 가난한 살림인 것을 깨닫고, 단 1원을 강탈한 뒤 도주한다. 강도의 얼굴을 본 아내는 "그이"라며 면식이 있다고 말한다. 그는 6~7년 전 이 동리의 소학교 선생이었다.

이렇게 시작하는 「어떤 날 새벽」은 완전히 파괴된 철원의 공동체를 그려낸다. 앞서 등장한 강도는 신흥학교라는 소학교의 선생이었다. 이 학교에서는 제대로 된 수업을 하는 일이 드물었다. 교장은 기미년 만세 운동 때부터 감옥에 가 있었고, 교원들이라야 상식이 부족한 인물들이 태반이었다. 그리고 "어느 면소에 서기 한 자리만 비었다는 소문이 와도 제각기 이력서를 써 가지고 달아나는 무열성"(84~5)을 가진 인물들이었기 때문이다. 되려 이런 상황에서 옳게 된 수업이 이루어진다면 학생들이 이상한 눈으로 쳐다볼지도 모를 일이다. 이러한 학교에 부임한 윤 선생은 열심히 수업에 임하며 학교 일에도 열심이었다. 비가 오면 교실 지붕이 새어서 수업이 불가능했던 신흥학교를 위해 윤 선생은 품팔이를 하여 번 돈으로 학교의 지붕을 수리하였다. 또 그는 겨울에는 학교에 난로가 부족하여, 학생들이 수업 중 추위에 떨고 있다는 것을 알게 되었다. 윤 선생은 금강산 쪽으로 도로를 가설하는 공사장에서 부상을 입으면서까지 난로를 마련해온다. 이렇게 헌신적으로 학생들을 위했던 윤 선생도 조선 총독부 당국은 이겨낼 수 없었다. 일제 당국은 선생님이 부족하다는 명분으로 신흥학교에 폐교 명령을 내린다. 윤 선생이 비가 새지 않도록 여기저기 땜질을 한 지붕, 낡기도 하였으나 개수가 충분했던 난로, 그리고 순수한 눈동자의 아이들. 그 모두에게 신흥학교는 분노와 슬픔의 기억으로 표구 당한 것이다. 윤 선생은 학교 마루를 쳐대며 슬프게 울부짖는다. 그는 폐교 명령을 알지 못해 학교에 오는 학생들을 돌팔매질로 쫓아 버린다. 동리에서는 윤 선생이 미쳤다는 소리가 돌기 시작했다. 그러나 마을 사람들은 윤 선생의 미침의 원인, 즉 분노의 대상을 오해하고 있다. 윤 선생은 일차적으로 일본 제국 총독부의 억압적 정책, 아울러 좀 더 적극적으로 신흥 학교를 돕지 않은 동리 사람들도 진정한 분노의 대상이었던 것이다.

이런 사고 과정을 거쳤을 윤 선생이 반 사회적인 행위를 하는 것도 이상한 일은 아니다. 학교가 문을 닫게 된 것도 마을 주민들의 소극적인 행동도 한 원인이었으니까. 격동의 시대에 드물게나마 존재했던 의인의 전락(轉落)은 전통적 공동체의 모델이 총체적으로 격하되고 있음을 상징한다. 예를 들면, 결국 사람들에게 검거된 윤 선생은 가혹한 린치를 당한다. "그가 붙들린 자리는 마치 미친개를 때려잡은 자리 같았다. 발등이 덮이는 눈 위에 몽둥이들을 끌고 모여든 자리며, 더구나 그의 코피가 여기저기 떨어져 번진 것은 보기에도 처참하였다."(89, 진한 글씨 및 강조점 인용자) 아내가 윤 선생을 기억할 정도이니 주변에서도 윤 선생을 알아본 사람이 분명 있었을 것이다. 그러나 아무도 그를 돕는 사람이 없었다. 헌신적이고 모범적인 윤 선생은 '미친개'로 평가가 절하된다. 각박해진 삶 속에서 고전적인 도덕은 붕괴된 상태이다. 총독부 당국이 일본 제국에 충성을 다짐하는 "교육칙어"를 학생들에게 강요하여, 민족주의 교육자나 기관이 활동할 수 있는 여지를 말살시켜버렸다. 이런 상황에서 민중들에 절망한 가난한 교육자가 선택할 수 있는 행위는 다양하지 않았을 것이다. 윤 선생의 윤리적 타락은 전통적 공동체 윤리를 상실한 당시 조선 민중의 초상화이다. 윤 선생과 동리 주민 둘 다 옳지 않지만, 그 처지가 이해되고 가련하여 위로의 말이라도 해주고 싶을 정도이다. 10여 년 전만 해도 유지되던 공동체의 윤리관은 일제의 억압과 빠른 근대화로 인해 사라졌다. 만약 그런 공동체가 정상적으로 기능했었다면, 당대인들에게 컬트 종교의 일파로 여겨졌을지도 모른다.

　그렇게 파편화한 농촌 공동체를 보여주는 또 다른 작품이 「촌뜨기」이다. 이 소설의 등장 인물인 장군이는 자주 "허청거리는", "굶주리는", "눈물이 핑 쏟아지"는 인물로 묘사된다. 인물의 삶이 이러할진대 "살림을 떠엎고"(뒤집어 엎어 끝내고)자 결심하는 것도 아주 기이한 일은 아니다. 「촌뜨기」에 등장하는 장군이라는 인물을 일언이폐지(一言以 蔽之)하면, 이태준 소설에 등장하는 전형적인 수난받는 하층민이다. 이태준 소설의 약한자들은 다음과 같은 양상을 보인다. 첫째가 일제에 수탈당하는 유형이며, 둘째가 새롭게 변화하는 세상에 적응을 하지 못 하는 인물들이다. 장군이라는 인물은 이 두 가지의 유형을 모두 체험 한다. 그리고 두 번째 유형으로 인해 첫 번째 유형으로 변이한다. 다시 말해서, 하나의 결과가 원인이 되어 이후의 사건을 발생시킨다. 사건 의 발단은 장군이가 40원을 빌려 물방앗간을 짓는 것에서 시작한다.

> 철둑을 넘어서 안악굴 올라가는 길섶에 들면 되다 만 방앗간이 하나 있다. 돌각담으로 담만 둘러쌓고 확도 아직 만들지 않았고 풍채도 없 다. 그러나 물 받을 자리와 물 빠질 보통은 다 째어놓았고, 제법 주머니 방아는 못되더라도 한참 만에 한 번씩 됫박질하듯 하는 통방아 채 하나 만은 확만 파 놓으면 물을 대어 봐도 좋게 손이 떨어진 것이었다. …
> (중략)…
> 알고보니 아닌게 아니라 장 풍헌네는 아들이 서울 가서 발동기를 사오고 풍채를 사 오고, 그러고는 미리부터 찧는 삯이 물방아보다 적다 는 것, 아무리 멀어도 저희가 일꾼을 시켜 찧을 것을 가져가고 찧어서 는 배달까지 해준다는 것을 광고하였다…(중략)…이래서 장군이는 여 름 내 방아터를 잡노라고 세월만 허비하고, 게다가 빚까지 진 것을 중 도에 손을 떼고 내어 던지지 않을 수 없이 된 것이다.
> — 「촌뜨기」부분

인용한 것처럼 전통적인 물방앗간으로는 발동기와 풍채의 효율을 따라잡을 수 없다. "벼 두어 섬만 찧으려도 밤늦도록 관솔불을 켜 북새를 놀게 더디기"도 하다. 그래서 방앗간도 중도에 포기하고, 고스란히 40원 빚을 떠안게 된 것이다. 그러니까 장군이가 진 40원의 빚은 시대의 변화에 기민하게 적응하지 못한 벌금인 것이다. 추측하건대, 그가 당한 삶의 시련 중 가장 혹독한 채찍이었음에 틀림없다.

그렇다고 해서, "멧돼지나 노루와 같이 초식만을 할 수도 없고 나비나 살무사처럼 삼동 한철을 자고만 배길 수도 없"(155~6)는 노릇이다. 생계를 위해 숯을 굽거나, 올무를 놓으려고 하니 미쓰이 상사에서 주변 산을 모두 구매했다는 것이다. 그래서 올무를 놓는다던지, 숯을 굽는다던지, 부대(화전의 북한말)를 파는 것은 일본 경찰에게 제지당한다. 결국 안악굴 사람들은 "범죄의 생활자"(156)가 된다. 또 공교로운 것은 사냥을 나온 순사부장이 장군이가 파놓은 구덩이에 빠지고 만 것이다. 장군이는 일경에게 검거되어 구타당하고, 유치장에 갇히는 신세가 되어버렸다. 가히 성경의 「욥기」에서 욥이 받은 수난에 갑읍할 정도의 고난이라고 할까. 그러나 전화위복이라는 말이 틀린 말은 아닌 것인지, 유치장에 갇힌 장군이는 "저희집 관솔불이나 상사발에 대어서는 너무나 문화적인 전기등 밑에서 알루미늄 벤또에다 쌀밥만 먹고 지"(156)낸다. 자신의 집보다 유치장에서 더 나은 대접을 받은 장군이는, 이 역설적 상황에서 결단을 내린다. "살림을 떠엎고" 말겠다는 것을. 이 것이 장군이의 팔자를 고치던 첫 날이었다.

장군이는 내친 김에 아내에게 말한다. 이태 간 친정에 가 있으면 농사 밑천을 마련하여 찾아가겠노라고. 이런 면으로 보면 장군이는 매우 훌륭한 행동가이다. 아마도 이런 행동력을 일찍부터 시전했으면 지금같이 굶고 사는 처지는 아니었을 것이다. 막상 헤어지려고 보니, 장군이도 아내에 대하여 느끼는 것이 있었다. 늘 친구인 광쇵이 처보다 인물이 볼품 없다고 투덜거리던 사이였지만, 남녀가 여러해 같이 살던 사이라 없던 정도 절로 솟아나는 것 같았다. 장군이는 "모진 놈이라야 산다!"(161)라고 결심해도, 인정에는 약하고 선량한 마음은 강한 사람이다. 장군이 역시 아내와 헤어지는 마당에는 울어버리고 만 것이다. 그래서 떠나가는 아내를 불러 장터로 간다. 장터에서 아내에게 인절미를 먹이고, 가지고 있던 돈을 억지로 쥐어준다. 이렇게 하나둘씩 고향 철원을 떠나, 유랑하는 삶을 살아가게 된 것이다. 앞서 확인한 것처럼, 「돌다리」에서 훌륭하게 기능하고 있던 전통적 공동체 가치관이 붕괴해버렸다는 것이다. 발동기와 풍채가 상징하는 자본주의 경제의 무한 경쟁은 고즈넉한 시골마을을 사납게 뒤흔들었다. 효율와 가격이라는 경제 시스템은 배려와 존중이라는 전통적 가치를 압도한다. 어쩌면 「돌다리」에서 창섭과 창섭 아버지의 갈등에서부터 고향이 지니고 있던 전통적 가치관은 무너지고 있었던 것일지도 모른다.

    더욱 놀라운 것은 지금까지 거론한 소설들이 거의 동시대에 창작된 작품이라는 사실이다. 전통적 공동체의 지속-균열-붕괴가 동시다발적으로 발생하고 있다. "중세 시대 사람이 자동차를 보았다면, 신이라고 했을 거요!"라고 말한 것은 제임스 조이스다. 마찬가지로 이태준이 살아갔고, 그려냈던 시대의 인물들은 천지개벽을 마주하고 있는 것이다. 이런 인물들의 실패를 『시학』에서 논의하는 휴브리스나 하르마티아 때문이라고 설명하면 오만하고도 현학적이라는 비판에서 벗어나기 힘들 것이다. 그러나 이태준의 "레 미제라블"은 현실적이어서 더욱 서글프다. 이 비극의 주인공들은 각자 주어진 생의 조건 하에서 열심히 경주하는 필멸자들일 뿐이다. 그들은 열심히 살았다. 그러나 그 성과는 그렇게 아름답지 않았다. 그렇다면 모든 필멸자들이 아름다운 성과를 창출해야만 하는가? 이태준의 소설에서 우리는 그렇지 않다는 사실을 깨닫게 된다. 그들은 무자비한 시대에, 무자비한 조건 아래에서 열심히 살아간 「촌뜨기」들일 뿐이다. 더욱 안타까운 것은 기존의 사회 시스템이 급격히 붕괴하는 와중에서 허덕거리는 인물들을 보장해 줄 수 있는 체계가 부재하다는 것이다. 그렇기에 이태준의 약한 자들은 더욱 애닳고, 그렇게에 현실적이다. 그렇게 따지고 보면, 이태준은 누구보다 리얼리즘적 작가인 셈이다.

- 『동안』 2024년 여름호.

# 이국 정서와 고향에 대한 토포필리아
— 김동명론

**국원호**

## 1. 김동명과 장소—이국정서와 토포필리아

  1923년 『開闢』(통권 40호)에 시를 발표하면서 시인이 된 초허(超虛) 김동명(1900~1968)은 생애 내내 여러 장소들을 편력했던 시인이다. 그는 강원도 강릉에서 태어났지만, 9살이 되던 1908년 그의 부모님들은 동명에게 신교육을 시키기 위해 천 리 먼 원산(元山)으로 이주했다. 그 후 그는 원산에서 보통학교를 마치고, 형편이 어려워서 잠시 학업을 중단하다가 함흥(咸興)에서 중학교를 마쳤다. 형편상 대학교 진학을 포기한 채 북한 곳곳에서 교편을 잡았던 그는 당시 원산에서 인쇄소를 하던 강기덕의 도움을 받아서 일본의 청산학원(靑山學園)에 신학과에 유학을 하게 되었다.[1] 유학을 마치고서는 함흥 지방에서 교

---

1) 김동명은 가정 형편 때문에 소학교를 졸업하고 한동안 학업을 포기하는 등의 우여곡절 끝에 남들보다 늦은 나이인 26세에 원산에서 인쇄소를 하던 강기덕(康基德, 1886~?)의 도움을 받아서 일본 유학을 하게 되었다. 강기덕은 민족대표 48인의 한 명으로 3·1운동을 실질적으로 주도한 인물이었으

편을 맡다가 일제 말기 황국신민화 정책으로 우리말 교육을 할 수 없 게 되자 교편을 던지고 목상(木商)이 되어 큰돈을 벌기도 했다. 해방 직후에는 북한에서 교육자로 복귀하는 한편, 조선 민주당 함경남도 도 당 위원장을 맡아 북한 공산당에 맞서기도 했다. 이후 공산당과의 불 화 때문에 도당 위원장 자리에서 물러나고, 북한 공산당에 의해 소련 정치범 수용소(굴라크)로 보내질 수 있다는 위험 때문에 단신으로 월 남(越南)을 해서 남한에서 일생을 마쳤다. 이처럼 그의 생애는 남과 북의 장소를 편력한 삶이었다고 할 수 있다.

 김동명의 시에서는 그의 장소 편력에 맞게 다양한 장소를 배경으로 창작된 시가 많다. 특히 그의 첫 시집 『나의 거문고』(1930)에는 시인 으로 활동하기 이전과 이후에 여러 장소들을 배경으로 한 작품들이 수록되어 있다. 1920년대 정식으로 시인이 되기 이전이기에 습작으로 쓴 작품들도 있어서 수준이 뛰어난 작품들이 많지는 않지만, 그가 북 한과 일본의 다양한 장소를 경험하면서 느끼고 체험한 일과 그에 대한 정서들을 담담하게 쓴 시들도 있다. 이들 시 중에서는 특히 식민지 조선과 일본의 도시 생활에서는 피곤함을 느낄 정도로 적응하기 어려 워했음을 토로하는 시들이 주목을 요한다. 이는 그가 전원시를 많이 쓰게 된 계기를 짐작할 수 있는 토대가 되기 때문이다.

 김동명이 전원시를 많이 쓴 이유는 그가 활동했던 원산이나 함흥과 같은 도시에서는 일제의 수탈과 노동 착취로 인해 인간적인 삶을 살지 못했기 때문이었을 것으로 추정된다. 그런 연유에선지 이 시기 그는 1900년에 태어나 원산(元山)으로 이주하기 전 아홉 살 때까지 살았던

---

며, 이후 고향 원산에서 사회주의 계열의 지도자 역할을 했다. 김동명, 「나 의 文學修業時代 回想記」, 金東鳴文集刊行會, 『모래 위에 쓴 落書』, 신아사, 1965, 83쪽 참고.

고향인 강릉에 대한 향수에 시달렸다고 고백하고 있다.2) 김동명은 고향 강릉에 다시 돌아가지 못했지만 그의 첫 시집 『나의 거문고』에는 고향 강릉을 소재로 한 작품들이 많이 수록되어 있다. 아울러 일본 유학 시절을 배경으로 한 시에서는 일본의 장소들에 대한 이질감을 토로한 작품들도 상당수 있다. 이렇게 봤을 때 1920년대 김동명의 시에서는 원산이나 함흥과 같은 도시와, 일본의 장소들에 대한 이질감이 깔려 있고, 반대로 고향에 대한 그리움이 숨어 있다고 할 수 있다. 장소에 대한 이런 김동명의 태도는 모든 인류가 갖고 있는 공통적인 심성일 것이다.

이-푸 투안은 삶의 터전에 대한 사람의 정과 사랑을 '토포필리아(장소애, Topohilia)'라고 한다. 모든 인간에게 환경은 단순한 자원을 넘어 깊은 정과 사랑의 대상이자 기쁨과 확실성의 원천이라고 한다.3) 반면 레비나스에 의하면 장소에 대한 이국 정서(exostime)는 시인의 관조(觀照) 자체에 변형을 가져온다고 한다.4) 그에 의하면 이국 정서로 인해 시적 주체의 시선에 어떤 변화가 생긴다는 것이다. 이처럼 장소는 인간에게 다양한 감정을 유발하는 곳이기도 하다. 따라서 시인이 장소에서 어떤 정서를 느끼는지는 그 시인의 시 세계를 이해하는 데 중요한 역할을 한다. 이 글은 이런 시각을 참고하여 김동명의 첫 시집 『나의 거문고』에 나타나는 시적 주체의 시선을 따라가면서 장소에 대한 이

---

2) 김동명은 등단 무렵 구직난의 어려움에 힘들어하면서, 어린 시절에 대한 향수에 젖기도 했음을 고백하고 있다. 그래서 원산 이주 이후 한 번도 가보지 못한 고향 강릉에 가 보고자 계획을 세웠으나, 원산에서 교원으로 취직이 되어 계획은 무산되었다. 김동명, 위의 글, 같은 쪽.
3) 이-푸 투안, 이옥진 역, 『토포필리아-환경 지각, 태도, 가치의 연구』, 에코리브르, 2011, 12쪽 참고.
4) 에마뉘엘 레비나스, 서동욱 역, 『존재에서 존재자로』, 민음사, 2005, 84쪽 참고.

국 정서와 토포필리아를 살펴보고자 한다.

## 2. 일본의 장소와 장소에 대한 이국 정서

김동명은 1920년대 일본 유학을 하면서 낮에는 청산학원에서 신학을 공부하고, 밤에는 니혼대학에서 철학을 청강했다. 이 시기 일본 유학 경험은 그의 시 수준을 높이는 데 중요한 영향을 끼치게 된다. 특히 그는 일본의 이국적인 장소 경험을 통해 1920년대 일제 통치 체제의 실상에 대해 깨닫고 이를 시화(詩化)했다. 그에게 일제의 통치 체제는 개인들의 이기적인 욕구를 조장하여 생명을 파괴하는 체제이며, 민중들을 유교적인 봉건적 동일성으로 동일화는 전체성(全體性)의 체계였다.

> 내가 처음 이곳에 왓슬째에/제일 먼저 내눈을 쓰은 것은/쓸밋헤 서잇는 한그루 無花果나무엿습니다./그째 맛츰 無花果나무는/새팔한 입사귀를 내밀기 시작하얏습니다.//(중략)//쎄죽한 열매가 열리는 것을보고/나라에도라갓더가/찬바람이 쩌러지자 쏘다시 왓슬에는/아이들이 싸먹고 남은/누렇게 익은 無花果열매를 볼수 있었습니다.//(중략)//나는 쏘 나라에 갓더가/우리 江山에 힌눈이 덥히는것을보고/또다시 도라온 지금에는/無花果 나무의 말은가지 그 남아 간데 업고/독기에 쩍기인 그루만 외롭게 남아잇습니다.//(후략)
>
> ─ 「無花果樹」 부분

이 시의 시적 주체는 일본에 와서 제일 먼저 "쓸밋헤 서있"는 이국적인 "無花果나무"에 관심을 갖게 되었다. 그 당시 무화과나무는 "새팔한 입사귀"를 내밀고, "쎄죽한 열매"를 맺을 정도로 생명력 있는 대상이었다. 하지만 시적 주체가 "쏘다시 왓슬 때"에는 "아이들이 짜먹고 남은/누렇게 익은 無花果열매"만 남아 있었고, 마지막에는 "無花果 나무의 말은가지"도 남아 있지 않고 "독기에 찍기인 그루"만이 남아 있을 따름이었다. 여기에서 이 시기 도시의 일본인들은 무화과나무 열매만을 자신들의 이해 관심의 대상으로 삼고 있었음을 알 수 있다. 그러다가 무화과나무의 사용가치가 없어지자 도끼로 무화과나무를 잘라 버렸음을 짐작할 수 있다. 이는 일본의 민중들이 개인적인 이기심만 채우면, 타자의 생명을 함부로 파괴하는 자본주의적 동일성을 내면화하고 있음을 알게 한다. 김동명은 1920년대 일본 도시 체험을 통해서 일제의 통치가 이렇듯 이기적인 욕구들로 자아를 동일화하는 전체성의 체제였음을 깨달았다.

또한 김동명은 유학 시기 동경이나 동경 근처의 장소들을 경험하면서 일본의 근대화가 봉건적 동일성의 잔재를 청산하지 못하고 오히려 이를 답습하는 봉건적 체제였음을 간파하게 되었다.

  욱어진 대수풀은/보기에 유쾌한데/밧과벌 사잇길은/반갑기 그지업네//언덕우에 날근神社/새쏭이 무삼짓가/길아래 農家 집집웅은/어이그리 높은고.//밧가운데 늙은農夫/꼬장바지 우습구나/가든거름 머무르고/農夫불러 말을뭇네.//(후략)

-「茂長野逍遙」부분

  째는 一月 五日/日本 西쪽에는/큰눈이 왓습니다.//『집에 가야겟슴니다』고/그는 밥부게 행장을 수습하며/내게 말하엿습니다.//넘우도 갑자기 떠나는/밤길이 길래/이상하여 물엇더니,//『어머님께서 기다리신답니다』고/그는 순「가다가나」로 쓴 片紙 한 장을 뵈이며/웃고 對答하였습니다.//그리고 그는 汽車가 잘 단이지못한다는/西쪽을 向하여/

이밤에 길을 떠낫습니다.///(후략)

― 「아들의 마음」 부분

「茂長野逍遙」라는 시에서 시적 주체에게 자연스럽게 "욱어진 대수풀"은 "보기에 유쾌"하고 "밧과벌 사잇길"은 "유쾌"하고 "반갑기 그지 업"다. 그것들은 공동의 토대나 토지로, 누구도 소유할 수 없는 삶의 환경이기 때문이다.5) 반면에 일본 농촌의 "農家집집웅"은 높이 근대화되어서 그에겐 이국적인 정서로 다가온다. 하지만 일본의 농촌에는 집 주변에 "날근神社"와 같이 있어 어색해 보이는 실정이다. 게다가 "밧가운데 늙은 農夫"가 봉건적인 "쯔장바지"를 입고 일하는 모습은 시적 주체에게 우습기까지 하다. 이는 이 시기 일본의 근대화가 봉건주의적 동일성의 잔재를 청산지 못하고 유지하는 상태임을 알 수 있게 한다.6)

그러나 이 시기 김동명의 시에서 알 수 있는 중요한 사실은 1920년대 일제의 통치 체제가 봉건적인 유교 사상으로 민중들을 전체화하고 있다는 점이다. 「아들의 마음」이라는 시를 보면 "일본의 西쪽"에 고향이 있는 "그"는 도시에서 유학 생활을 하는 학생임을 짐작할 수 있다. 그런 그가 너무나 갑자기 "밤길"에 "汽車가 잘 단이지못한다는/西쪽"

---

5) 에마뉘엘 레비나스, 김도형 외 역, 『전체성과 무한-외재성에 관한 에세이』 그린비, 2018, 189쪽.
6) 가라타니 고진에 의하면 메이지 유신 이후 일본에서는 부국강병, 즉 산업자본주의화와 군사력의 강화가 급속히 진행되었다고 한다. 하지만 일본의 근대화는 국가=자본이었고, 그것은 천황이라는 고대적 '권위'에 의거 해 이루어졌다고 한다. 뿐만 아니라 1930년대 일본의 경제적 정치적 위기에서는 일본의 국가=자본은 천황이라는 권위를 다시 소환하였다고 한다. 그것을 그는 일본의 '천황제파시즘'이라고 부른다. 가라타니 고진, 조영일 옮김, 『제국의 구조』, 도서출판b, 2016, 330쪽.

고향의 "『집에 가야겠습니다』"하여 시적 주체는 이상해한다. 더군다나 그의 고향에는 "큰 눈"이 내려 더욱 고향으로의 여행이 어려운 사정이었다. 그랬더니 그는 "순「가다가나」로 쓴 片紙 한 장"을 보여주며 "『어머님께서 기다리신답니다』"라고 말해 준다. 여기에서 "순「가다가나」"로 쓴 편지로 보아 일본의 여성들은 근대화 교육에서 배제된 상태임을 알 수 있다. 그런 어머니의 "片紙 한 장"만을 보고 바로 귀향을 결정하는 아들은 근대식 교육을 받고 있는 지식인임에도 불구하고 유교적인 효(孝) 사상에서 분리되지 못한 상태임을 알 수 있다.7)

이렇듯 김동명의 일본 유학 시절의 장소 경험에서는 1920년대에도 일본의 근대화가 남성중심적이었고 유교적 봉건성을 유지하는 체제였음을 알 수 있다. 또한 일본의 근대식 교육에도 불구하고 일본의 지식인들과 민중들은 여전히 유교적 동일성에 전체화되어 있는 상태임을 알 수 있다. 김동명은 일본에서 느낀 이런 이국 정서들을 시화(詩化)함으로써 일본 근대화의 허구성을 비판하고 있음을 알 수 있다.

## 3. 고향에 대한 향수와 고향에 대한 토포필리아

1920년대 김동명은 이미 조선에서의 도시 생활과 일본 유학 경험을 통해 일제의 통치 체제가 자본주의와 유교적 동일성을 강요하는 전체주의적 체제였음을 직감하고 있었다. 그는 특히 식민지 조선과 일본의 도시 생활에서는 "마음의 여유"(「할머니」)를 잃고, "都會의 眩亂"하

---

7) 일본은 메이지 유신 이후 서양의 자유주의 사상을 견제하기 위해 유교의 충효(忠孝) 사상을 이용하여 사회 윤리체계를 확립했을 뿐만 아니라, 천황제를 강화하기 위한 장치로 활용하였다. 류미나, 「19c말~20c초 일본제국주의의 유교 이용과 조선 지배」, 『東洋史學硏究』 제111집, 2010, 131-132쪽 참고.

고 "불편한 音樂"(「異國風情」)에 피곤함을 느낄 정도로 적응하기 어려워했다. 아마도 이는 그가 이 무렵 활동했던 원산이나 함흥과 같은 도시에서는 일제의 수탈과 노동 착취, 그리고 일제의 유교적 동일성으로의 전체화로 인간적인 삶을 살지 못했기 때문이었을 터이다. 그런 연유에선지 이 시기 그는 1900년에 태어나 원산(元山)으로 이주하기 전 아홉 살 때까지 살았던 고향인 강릉에 대한 향수의 대상이었다. 그에게 고향 강릉은 1920년대 일제가 강요하던 유교적 동일성에서 벗어나 있는 인간적인 주체들이 살고 있었던 원시적인 공동체였던 것으로 추정된다. 김동명은 고향 강릉에 대한 기억을 시화(詩化)하면서 식민지 현실에서 초월하고자 하는 욕망을 표현하고 있다.

　마을 압헤는 百餘里 山ㅅ골물을/모하 흘으는 시내가 잇고/시내ㅅ가에는 째째로 이상한 소리를 내이며/도라가는 물례방아가 잇습니다.//마을 뒤에는/數百年 두고 자란 落落長松/바람이 지낼째면 우수수 소리내고/밤저녁 어쩐째면 부흥새가 와서 움니다.//南으로 十里는 鏡浦인데/東으로 十里는 시내ㅅ물을 짜라가면 바다나지고/그리고 서울은 西으로 五百五十里/大關嶺을 넘어서 간담니다.//

― 「故鄕」 전문

이 시에서 김동명의 고향 강릉은 "百餘里 산ㅅ골물을/모하 흘으는 시내"라는 삶의 요소가 있고, "시내ㅅ가에는 째째로 이상한 소리를 내이며/도라가는 물례방아"라는 삶의 도구가 있는 환경이다. 여기에서 물레방아라는 도구는 식민지 현실에서처럼 자본가의 소유물이 아니라, 공동체의 구성원들이 공유하는 원시적 생산수단이다. 또 마을 뒤에는 "수백년 두고 자란 落落長松"이 있고, "부흥새"가 규칙적으로 찾아와서 우는 것으로 보아 자연도 식민지 현실에서처럼 인간의 무차별한 착취 대상이 되지 않고 공동으로 향유되는 공간이다. 그 이유는 "大關嶺" 때문에 "서울"로부터 "西으로 五百五十里"로 가로막혀 있기 때문이다. 또한 그의 고향은 "東으로 十里" 정도 "시내ㅅ물을 싸라가면 바다"와 같은 삶의 요소에 노출되지만, "南으로 十里"는 "鏡浦"가 있어 삶의 요소에 위협받지 않는 공간이다. 이처럼 일제에 의해 식민지화되기 전 강릉 고향은 대관령이라는 지리적 경계의 특수성 때문에 조선의 봉건적 동일성에 노출되지 않은 공간이었고, '바다'와 같은 삶의 요소에 무방비하게 노출된 공간도 아니어서 인간들이 평화롭게 정주할 수 있는 공간이었다.

 식민화되기 전 고향 강릉의 민중들은 이런 환경 속에서 가난하지만 이웃들끼리 서로 음식을 나누어 향유하는 인간적인 공동체를 이루기도 했다.

  내 나히 일곱 살 되든 해 여름이외다/어머니와 함께 외가에 가더가 오던길에/우리는 문득 중로에서/한 조그마한 여윈개를 맛낫습니다./(중략)//잇흔날부터 나는 개에게서/베루기와 은양이 잡아주기를시작하엿습니다.//(중략)//이사이에 달은 기울고 물은 흘으고 해는 박귀엇습니다/역시 어쩐 여름날 호박꼿이 시들엇다가 다시피어난 저녁때엿습니다./긂방으로부터 도라온나는/마당에서 나를 반겨 마저주는 우리개를 볼수 업섯습니다/어대로 갓는고하고살필 겨를도업시 눈물은 쌤을 흘럿습니다.(아 독자여 나는참아 그때 우리개의거춰를 여기에 말할수업나이다)(필자의 강조)/(중략)/이것이 내가 이세상에와서 처음당한 비극이라고 생각하고보면/나는 더욱이 옛날의 우리개를 이즐수가업습니다.//
                      ― 「개」 부분

이국 정서와 고향에 대한 토포필리아

이 시의 시적 주체는 "일곱 살 되는 해 여름"에 "어머니와 함께 외가에 가더가 오던길"에 만나서 기르던 "개"의 죽음을 "처음당한 비극"으로 기억하고 있다. 원시 공동체에서 주인을 잃은 개는 아무나 주인이 될 수 있는 동물이다. 하지만 그 개를 일 년이나 길렀으므로 시적 주체는 "우리개"라고 여긴다. 여기에서 어린 시절 시적 주체가 주인 없는 개를 "우리개"라고 여기는 마음에는 이미 타자를 내 것으로 소유하고자 하는 이기적인 욕심이 있었음을 알 수 있다. 그러나 "아 독자여 나는참아 그째 우리개의거취"를 말할 수 없다는 말에 암시되듯이 원시 공동체의 차원에서 보자면 주인 없는 개는 식용으로 향유의 대상으로 전유 되기 쉽다. 공동체의 차원에서 보자면 떠돌이 '개'가 공동으로 향유되는 일은 공동체원들에게는 다수를 긍정하기 위해, 차이나는 것을 위해 되돌아오는 상태인 '영원회귀(永遠回歸, ewig wiederkehren)'로서의 비극이라고 할 수도 있다.8) 즉 이 시에서 공동체에서 음식을 나누는 향유의 행위는 타자들을 맞아들이고, 받아들이는 환대의 행위와 같다. 그리고 이와 같은 환대의 행위는 공동체의 질서를 유지하는데 기여한다. 원시적 형식의 잉여 가치들을 공평하게 나누는 행위는 더 큰 공동체적인 차원에서 공동체 내부와 외부의 갈등을 해소하는 장치가 되기 때문이다.9)

---

8) 질 들뢰즈, 이경신 역, 『니체와 철학』, 민음사, 2001, 101쪽.
9) 김동명이 시화(詩化)한 고향 강릉은 일제에 의해 식민화되기 전까지도 원시사회의 모습을 지니고 있었다고 추정된다. 가라타니 고진에 의하면 원시사회에는 '증여의 의무'가 있었다. 원시사회는 공동기탁이 이루어진다. 즉 모든 물건이 공동소유가 된다. 하지만 정주하여 개개의 세대에서 비축이 시작되면, 불평등이 생기고 싸움이 생긴다. 이것을 해소하는 방법이 증여의 상호성이다. 모스에 따르면 상호성을 뒷받침하는 것으로 세 가지 의무가 있다. '증여할 의무', '받아들일 의무', '답례할 의무'. 이 증여의 의무가 '강한 유대'를 만들고, 증여를 통해 세대 내부에 존재했던 '평등주의'가 큰 공동체

게다가 김동명의 시에서 고향 강릉의 민중들은 봉건적인 동일성으로 획일화되지 않았고, 자아의 단일성을 유지하고 있었다.

> 부흥새가 웁니다/저 건너 솔밧헤서/지금은 초생달이 밝아가는/어스름 저녁인데.//이저는 옛이야기외다/(중략)/우리집 뒤ㅅ솔밧헤선/부흥새가 울엇습니다/『부헝 부-헝』하고 부흥새가 울때면/삼 삼으려 왓든 이웃 각시들은/(그중에도 심술궂고 작란 조하하는)/『아비 부흥이 아이 잡어가는 부헝이』하고/나를 놀녀 주엇드람니다.//(중략)/이러케 혼저서 집을보고 잇을째에/뒷솔밧헤서 부흥새가 울면/아아 나는 얼마나 무서윗겟습니까/그적시면 문을 꼭 다다걸고/마당가에 발자최 소리만/눈이 빠지도록 강구엇드람니다.//(중략)//그런데 나는 지금 放浪의 길을밟아/우연이 뜻하지못하엿든 엇던 山舍에와서/부흥새의 울음소래를 듯슴니다/지금은 초생달이 밝아가는 어스름 저녁인데,//아, 심술 궂고 작란 조하하는/내 故鄕의 각시들이어.//

- 「부흥새」 부분

이 시의 시적 주체는 "放浪의 길을밟아/우연이 뜻하지못하엿든 엇던 山舍에" 온 것으로 보아 일제 식민지 질서에서 정주하지 못하고 방랑하고 있다. 그런 상황에 처한 "그"는 "山舍"의 "초생달이 밝아가는/어스름 저녁"에 우연히 "부흥새의 울음소래"를 향유 하면서 갑자기 옛 "故鄕의 각시들"과의 기억을 떠올리게 된다. 여기서 시적 화자가 기억해낸 인물들은 과거에 "삼을 삼기" 위해 화자의 집을 수시로 드나들던 동네의 처녀들이다. 어린 시절 고향 각시들과의 기억은 화자에게 "부흥새"에 대한 두려움을 심어 주었던 경험이었다. 그들 중 "심술궂

---

로 확대된다. 가라타니 고진, 조영일 옮김,『세계사의 구조』, 도서출판b, 2014, 92쪽.

고 작란 조하"하는 각시가 어린 화자에게 "『부형 부-형』하고 부흥새가 울"때면 "아비 부흥이 아이잡어가는 부형이하고/나를 놀려 주"었기 때문이다. 그럼에도 불구하고 어른이 된 시적 주체는 "아, 심술 궂고 작란 조하하는/내 故鄕의 각시들이어."하며 이제는 그들을 그리워하고 욕망하고 있다.

이 시에서 시적 주체가 그들을 그리워하는 이유는 아마도 그녀들이 1920년대 식민지 현실에서 그저 있음의 비인간적 현실에 처한 민중들과 달리 주체적 역량을 지닌 인물들이었기 때문일 것이다. 즉 이 시에서 그녀들이 삼을 짓기 위해 하는 노동에서는 잡담이 불가능한 식민지 공장 노동과 달리 잡담이 가능하다. 그리고 각시들이 노동하면서 하는 잡담은 노동을 방해하고 노동의 생산성을 떨어뜨리는 일이 아니라 오히려 노동의 피로를 덜어 주면서 공동체를 조성하는 역할을 한다. 잡담이란 함께 나눔의 행위이자, 공공성을 조장하는 활동이기 때문이다.10) 아울러 각시의 잡담을 들은 어린 화자에게 부엉새는 두려움의 대상이 되었지만, '불안(anguish)'과 달리 '두려움(fear)'은 인간을 인간적인 공동체 내부에 있게 한다.11) 따라서 각시가 한 부엉새에 대한 잡담은 공동체를 구성하고 유지하는데 필요한 일이었다. 이 시에서 주목할 점은 그런 잡담을 하는 각시가 "심술 궂고 작란"을 좋아한다는 사실이다. 여기에서 '작란'이란 단어는 아이들의 장난만을 의미하기보다는, 난(亂)을 일으키다는 의미의 한자어 작란(作亂)도 연상시킨다. 이런 사실에 착안한다면 어린 시절 고향의 각시들은 조숙함과 현모양처(賢母良妻)라는 유교적 동일성의 질서를 전복하는 주체들이라 할 수 있다.12) 이처럼 이 시의 시적 주체에게 고향 강릉은 이기적인 욕심

---

10) 마르틴 하이데거, 이기상 옮김, 『존재와 시간』, 까치, 1998, 231-232쪽.
11) 위의 책, 195쪽-232쪽 참고.

과 유교적 동일성으로 전체화된 1920년대의 식민지 현실과 달리 자아들의 단일성을 유지한 인간적인 공동체를 연상시킨다. 그러나 이 기억은 공시(共時)적으로 재현할 수 있는 현재의 기억이 아니라, 현재에서는 사라져 버려서 더 이상 재현 불가능한 시간의 '경과(laps)'이다.13) 즉 이 과거는 더 이상 현재에는 볼 수 없고 사라져 버린 과거, 현재와 통약(通約)불가능한 통시(通時)적인 과거의 기억일 뿐이다. 그러므로 이 시의 시적 주체는 1920년대 식민지 도시 현실에서 찾아볼 수 없는 과거의 각시들을 욕망하고 있다고 보아야 한다. 이렇듯 그에게 고향 강릉은 도시화된 식민지 현실에서는 다시 보기 어려운 장소애의 공간이었다.

김동명의 시에서 특히 할머니의 죽음은 일제에 의한 식민화로 인해 이와 같은 과거의 원시적인 공동체와 공동체의 리더들이 파괴되어 사라지게 되었음을 독자들에게 환기시키는 역할을 하고 있다.

그째 우리가 살게된 바다ㅅ가는/故鄕을 쩌난 一千里엿습니다./낮이면 처음사교는 동무들과 놀기에/마음의 여유가 업섯스나/밤이면 나

---

12) 1920년대 일제는 조선인을 일본인으로 만들기 위한 수단으로 학교에서 여성들에게 현모양처(賢母良妻) 교육을 하였다. 무엇보다 여성들에게 '국민적 자질'을 육성시켜서 조선인을 일본 국민으로 통합하려고 하였다. 홍양희, 「일제시기 조선의 여성교육-현모양처교육을 중심으로」, 『동아시아문화연구』 제35집, 2001, 239-240쪽 참고.
13) 레비나스는 지성의 능동적 종합으로 재현 가능한 기억을 '회복 가능한 시간, 되찾을 수 있는 시간, 되찾아지는 상실된 시간'이라고 한다. 반면에 '현재의 동시성에 저항하는 것, 재현 불가능한 것, 기억될 수 없는 것, 전-역사적인' 시간을 시간의 경과(laps)라고 한다. 시간의 경과는 감성에 의한 수동적인 종합에 의해 떠오른다. 에마뉘엘 레비나스, 문성원 역, 『존재와 달리 또는 존재성을 넘어』, 그린비, 2021, 85-90쪽 참고.

는 째째로 우리할머니를 생각하고/눈물로 베개를 적시엇습니다.//(중략)//그리고 잇해가 지낸뒤 엇던날에/우리는 고향을 써난 千里 他鄕에서/놀라울사 할머니의 訃音을 밧게되엇습니다./이리하여 나는 마츰내 내어릴때에 끔찍이 조하하는/우리 할머니의 줄음살 가득한 얼골을/다시는 이세상에서 뵈울수업게 되엇습니다.//

— 「할머니」 부분

이 시의 시적 주체는 "故鄕을 써난 一千里" 밖의 타지에 살고 있는 이주민이다. 낯선 세계의 타자성은 자아를 변화시키기 마련이다.14) 그래서 그는 고향에서와 달리 "낫이면 처음사교는 동무들과 놀기에/마음의 여유가 업"는 불안한 상태이다. 타지에서 낯선 친구들을 사귀는 사교 활동도 노동일 수 있기 때문이다. 그런데 타지에서 마음의 여우가 없는 '불안(anguish)'은 주체를 공동체 바깥에 놓이게 한다.15) 그 결과 사교의 시간인 '낮에는 "마음의 여유"가 없던 시적 주체는 밤이면 "우리할머니를 생각하고/눈물로 베개를 적시엇"다.

그러던 어느 날 "南쪽으로부터 오는 손"에게서 "千里 他鄕"에서 전해 듣게 된 "할머니의 訃音"은 손주로서는 커다란 비극이 아닐 수 없다. 고향의 할머니란 나이로 보아 그가 속한 공동체의 리더 격에 해당하는 인물이라 할 수 있다. 그런 "할머니의 訃音"을 듣게 된 이 시의 시적 주체는 특이하게도 할머니의 신체 중 유독 "할머니의 줄음살 가득한 얼굴"을 다시 볼 수 없게 된 사실을 슬퍼한다. 공시적 차원의 현재에서 보자면, "할머니의 줄음살 가득한 얼굴"은 아름답지 않아서 욕망의 대상이 될 수 없다. 하지만 통시적 차원의 과거에서 보자면,

---

14) 『전체성과 무한』, 33쪽 참고.
15) 『존재와 시간』, 254쪽.

"할머니의 줄음살 가득한 얼굴"은 할머니가 오랜 시간 고향에 이주하여 갖은 행복과 불행을 맞아들이고 받아들이면서 정주한 결과로 생겨난 역사의 산물일 터이다. 따라서 온갖 타자를 맞아들이고 받아들인 환대의 주체인 할머니의 주름살은 손주에게 욕망의 대상이 될 수 있다. 그런 할머니의 죽음은 1920년대 현재의 시간 속에서는 사라져 버려 다시 볼 수 없는 시간의 '경과(laps)'를 나타낸다고 할 수 있다. 즉 "할머니의 訃音"을 "잇해" 뒤에 듣게 되었다는 점을 참고한다면, 1920년대 식민지 도시에는 식민화 이전 고향에는 존재했던 공동체의 리더와 환대의 주체가 사라져버렸다는 사실이 암시되고 있음을 알 수 있다.16)

이렇듯 김동명에게 고향 강릉은 1920년대의 식민지 질서처럼 민중들을 자본주의나 유교적 동일성으로 전체화하는 세계가 아니었다. 그의 고향은 1920년대 식민지 현실과 달리 가난하지만 공동으로 노동하고 음식을 서로 향유하는 인간적인 공동체였다. 그리고 각시들에게서 볼 수 있듯이 고향 강릉은 1920년대처럼 봉건적 동일성이 강화된 세계가 아니라, 민중들이 자아들의 단일성을 유지하면서 다수성들의 무정부적인 공동체를 이루는 사회였다. 김동명은 1920년대의 식민지 현실 속에서 그런 인간적인 민중들의 공동체를 욕망하면서, 일제의 식민화가 고향 강릉과 같은 인간적인 공동체, 공동체의 리더들, 그리고 환대의 주체들이 사라지게 했음을 시를 통해 독자들에게 환기하고 있다.

---

16) 김동명은 일제 강점기가 시작되기 전인 1908년 원산으로 이주하였고, 그 두 해 뒤에 할머니가 돌아가셨다면 이는 1910년 일제 강점기가 시작된 해이다.

## 4. 에레혼?—자유와 평등의 장소로 남겨둔 고향 강릉

김동명의 첫 시집 『나의 거문고』는 1920년대 일제 식민지 시기 3·1운동의 좌절과 전 세계적 대공황으로 인해 도시에서의 노동 소외 및 경제난을 경험하던 시기를 배경으로 하고 있다. 우리 민족의 좌절기에 시인이 된 그는 열악한 정세 속에서도 불구하고 그저 있음의 현실에서 홀로서기를 통한 주체들의 자유와 타자를 환대하는 주체들의 사랑을 꿈꾸는 시를 창작했다.

그러나 1920년대 식민지의 민중들은 전 세계적인 경제난과 일제의 수탈로 인간적인 삶을 살지 못하고 있었다. 민중들은 열악한 주거 공간에 살면서 주체적인 활동을 하지 못하는 그저 있음의 비인간적 현실에 처해 있었다. 그리고 김동명은 일제는 이기적인 자본주의적 욕구와 유교적인 봉건적 동일성으로 민중들을 전체화하고 있었음을 일본의 여러 장소 경험을 통해 깨닫게 되었다. 김동명은 일제가 강요하는 동일성에 길들어져서는 식민지에서 해방될 수 없었다고 인식했다. 그는 이를 일본과 도시 생활에서의 느낀 이국 정서로 시화했다.

반면에 김동명에게 고향 강릉은 1920년대 식민지적 현실과 달리 인간적 주체들이 살고 있었던 공간이었다. 그에게 고향의 민중들은 1920년대 식민지 현실이 강제했던 획일화된 정체성을 지니지 않았고, 공동체의 구성원들이 자아의 단일성을 유지하면서 다수성을 이루는 무정부적인 공동체였다. 김동명은 1920년대 도시의 현실에서는 볼 수 없게 된 고향의 타자들을 욕망하면서, 일제의 식민화가 그런 인간적인 공동체와 그 구성원들이 사라지게 했음을 독자에게 시로 환기시키고 있다. 따라서 그의 시에서 고향 강릉은 토포필리아의 공간이었다.

이렇듯 김동명의 첫 시집 『나의 거문고』는 고향에 대한 장소애로 가득 차 있다. 그는 비록 고향에 다시 돌아가 보지는 못했지만, 이는 불행한 일이라 할 수 없다. 아마 그에게 고향 강릉은 어쩌면 1900년대 초기 일제에 강점되지 않는 자유롭고 평등한 무정부적인 공동체의 장소로 남아 있는 편이 더 나았을지도 모른다. 그의 인생 여정을 전부 살펴보면 그가 끊임없이 저항한 것은 해방 이후에도 여전히 남아 있는 유교적 봉건성과 자본주의적 이기심과 같은 전체주의적 억압의 잔재들이었다.17) 그는 이런 전체성이 작동하는 장소들이 우리나라의 민주주의와 자유를 해치는 가장 부정적인 요소임을 마지막 시집인 『目擊者』(1957)에서까지 끊임없이 고발하고 있다. 그런 이유에서 그의 첫 시집 『나의 거문고』에 담겨 있는 고향 강릉은 그가 고발하는 장소들과 다른 '에레혼Erewhon'과 같은 전(前)개체적이고 잠재태적인 장소의 원형(原形)은 아닐까 상상해 본다. 즉 그에게 고향 강릉은 지금-여기에는 아직 부재하지만 "'지금들'과 '여기들'이 항상 새롭고 항상 다르게 분배되는 가운데 무궁무진하게 생겨나야 할"18) 어떤 에레혼과 같은 잠재적인 반복의 장소는 아닐지? 하는 그런……*

---

17) 김병우 교수는 김동명이 민주주의 사회를 위해 거부하고자 한 것은 해방 이후에도 이어져 온 '조선 왕조시대의 의식구조'라고 했다. 그에 의하면 조선 왕조시대의 의식구조는 수구적이고 폐쇄적이며, 수직적인 상하 구조에 엄격한 신분적 계층의 사회를 만들어 냈다고 지적하고 있다. 김동명은 이와 같은 조선 왕조시대의 의식구조를 온몸으로 거부한 사람이었다고 밝히고 있다. 김병우, , 253-256쪽 참고.
18) 질 들뢰즈, 김상환 옮김, 『차이와 반복』, 민음사, 2004, 21쪽.
* 이 글은 『국제한인문학연구』 제36호(국제한인문학회, 2023. 8)에 실린 글 중 일부를 발췌하고 수정하여서 평론 형식으로 재구성했음을 밝혀둔다.

# 강원문학의 정전, 박인환과 김수영의 차이

이민호

## 1. 궁핍한 시대 두 시인

　박인환과 김수영의 관계는 우리 시의 '현대성'과 관련이 있다. 누가 더 현대 시의 정전성(canonicity)을 띠는가의 문제이기 때문이다. 정전(Canon)의 어원은 그리스어 Κανών(카논)이다. 광주리나 측량 자 등을 만드는 관 모양의 긴 줄기를 의미했다. 점차 규범, 완전한 형상, 추구할 만한 가치가 있는 목표 등으로 의미가 전유되면서 신성한 책들, 즉 성서의 확정과 해석의 잣대로 사용되었다. 그러므로 기독교에서 신성한 책으로 삼은 목록이기도 하고 신앙의 기준과 법칙이기도 하다.[1] 이렇게 볼 때 정전은 한 집단의 기억과 정체성과 관련이 있을 뿐만 아니라 정치, 이념, 담론의 함의를 지니고 있다.
　이와 관련해 미국 문학에서 벌어진 '정전 논쟁'은 우리 문학의 현대성과 관련 시사하는 바가 크다. 1960년대 미국의 진보적 성향은 미국의 정체성을 다문화성에 두고 기존 백인 중심의 정전중심론에 균열을

---

1) 고규진, 『문학 정전』, 연세대학교 출판문화원, 2012, 4쪽.

가한다. 그러다 1980년대 들어 보수화된 미국 정체성을 반영하듯 다문화성에 문제를 제기한다. 이러한 양 극단의 정전 논쟁은 미국 교육 현장에서 무엇을 가르치는가 문제와 관련을 맺고 있다. 그러나 이보다 흥미로운 것은 정전 논쟁은 "무엇을 가르칠 것인가"의 문제이기도 하지만 "어떻게 읽을 것인가"의 문제이기도 하다. 같은 작가의 같은 작품이라 하더라도 정전을 어떤 콘텍스트에 두고 읽느냐에 따라 전혀 다른 의미를 생산해 내기 때문이다.2)

이러한 점에서 이번 심포지엄의 주제인 '강원문학의 장소와 심상지리'가 함의하는 로컬로티와 관련 재고해야 할 점이 있다. 박인환과 김수영을 강원 문학의 정전으로 삼으려는 뜻은 자연스럽게 정전비판, 혹은 정전중심주 비판과 관련이 있기 때문이다. 나아가 현 문학 제도를 비판하는 일이기도 하다. 즉 특권 계급의 문화와 이념의 재생산 기존의 정전적 텍스트들에서 이데올로기, 사람에 대한 억압의 구조를 폭로하는 것이다. 그러나 여기에 한계가 있음을 고려해야 한다. "정전 비판자들이 기존 정전의 문제를 부각시키는데 급급하여 텍스트 해석을 왜곡시키는 부작용을 낳았다. 조금이라도 전복적인 부분이 있으면 침소봉대하는 경향이 있었고 비문학적인 요소를 기준으로 텍스트를 평가하려는 경향도 있었다. 문학적 비평보다는 정치적 비평이 되어 버리는 경우도 있었다. 따라서 어떤 읽기는 끝내 제도권 주류에서 받아들여지지 않고 냉소의 대상으로 남아 있는 것도 많다.3)" 정전 비판 측면에서 박인환과 김수영의 관계를 언급하는 데는 '무엇을 가르칠 것이' 있느냐 없느냐의 논쟁과 다를 바 없다. 그러므로 박인환과 김수영

---

2) 김지연, "미국의 다문화주의와 정전논쟁", 이화여대 석사논문, 2003, 34쪽.
3) 송 무, 「문학교육의 정전 논의-영미의 정전 논쟁을 중심으로」, 『문학교육학』 1집, 1997, 306쪽.

을 둘러싼 기존 논의에서 벗어나 '어떻게 읽을 것인지'로 방향 전환하는 것이 생산적이라 할 수 있다.

박인환과 김수영의 관계는 대부분 비문학적 층위에서 논의되었다. 경쟁 관계, 열등감, 콤플렉스, 피해의식, 대타 의식 등으로 고정관념, 혹은 편견을 표출하는 수준은 아니었나 반성해야 한다. 여기에 상대편 시에 대해 폄훼했던 단편적 언급이나 사후 인물평을 곧이곧대로 수수하여 감정적 상승 작용을 일으킨 결과라 할 수 있다.

박인환과 김수영은 모두 해방기 시 문학을 통과한 주체다. 해방기는 식민지 시대 기성 시인과 변별되는 신진 시인들의 문학장이다. 비록 그 공간성을 기억 속에 묻으려 하지만 언젠가 수면 위로 떠 오를 중요한 정체성을 지니고 있다. 바로 탈식민적 '전위성'이다. 세 부류로 나눌 수 있는데, 첫째는 조선문학가동맹에 소속했던 시인들로 소위 '전위시인'으로 지칭되었던 김광현, 김상훈, 박산운, 유진오, 이병철 등이다. 둘째는 '신시동인' 혹은 '새로운 시민과 도시의 합창' 그룹에 속했던 김경린, 김수영, 박인환, 양병식, 임호권 등 이다. 셋째는 한국청년문학가협회 소속의 신진시인들이다. 즉, 공중인, 김윤성, 김춘수, 조남사, 정한모, 홍윤숙 등이다. 이들 중 김윤성, 정한모 등은 '백맥(白脈)' 동인으로 활동한다. 이들 신진시인들은 정치적 성향을 떠나 해방기에 등단하여 새로운 시 문학의 지평을 열었다는 공통점이 있다. 기존 연구는 해방기 정치상황과 역사적 현실을 문학적 내용으로 환치시킴으로써 해방기 시문학의 성격을 규명하는 데 미흡했다. 그러므로 이들이 갖는 차이와 동일성을 통해 단순히 첨예한 이데올로기의 대립과 무질서한 정세국면에 초점을 맞추는 것에서 벗어나 해방기 시문학을 새로운 각도로 조명할 수 있는 장점이 있다.4) 이를 살펴볼 때 전후 50년대

---

4) 이민호, 「해방기 '전위시인'의 탈식민주의 성향 연구」, 『우리말글』 37,

상황에 집중된 두 시인의 관계는 이미 전위성을 탈각하였기에 큰 의미가 없다. 적어도 이 두 시인은 궁핍한 시대에 자기 존재성을 찾아 헤맸던 시인으로서 동일성을 지니고 있을 뿐이다.

박인환과 김수영의 관계는 박인환이 1956년 요절하기까지 시기만 유효하다. 그 시기는 모든 시인들이 전위성을 상실한 시대로 보수적 정전화의 과정으로 회귀하는 때였다. 그러므로 박인환이 늘 상수였으며 김수영은 변수에 지나지 않았다. 하지만 그 이후 이 관계는 역전돼 김수영이 상수가 되었고 박인환이 변수로 전환된다. 여기에 문학제도와 정전화 작업은 다분히 신역사주의적 시각에 좌우됐다 할 수 있다. 다시 말해 그만큼 구조적이지도, 역사적이지도 않다. 단지 당대 역사적 변화 상에 우연을 강조하고 있다. "별로 알려지지 않고 관련이 없는 듯한 특정한 일화(anecdote)를 글의 전반부에 서술하고 이어서 이 일화를 작품 분석에 연결시키는 특이한 방법을 취한다.5)"

박인환과 김수영은 궁핍한 시대 시인이다. 자기 존재를 증명할 근거를 상실했다는 점에서 그렇다. 횔덜린이 시「빵과 포도주」6)에서 노래했듯, "신들은 살아 계시나, 우리의 머리 위 저 세상 높이 머물고 있을 뿐이야…궁핍한 시대에 시인들은 왜 존재하는가를 나는 모른다." 그들도 신 혹은 신성이 사라진 시대에 시인의 사명은 무엇인가 고민했던 시인이다. 하이데거는 "궁핍한 시대인 세계의 밤에 신들의 흔적인 '성스러운 것'을 노래하면서 그 궁핍한 시대로부터 전향의 길을 마련하는 자가 바로 시인인 것이다. 그리고 이러한 역할이 바로 시인의 사명7)"

---

2006,
5) 정해룡,「신역사주의 개관」,『오늘의 문예비평』겨울, 1993, 99쪽.
6) 횔덜린, 박설호 옮김,『빵과 포도주』, 민음사, 1997.
7) 문동규,「궁핍한 시대의 시인의 사명-릴케의「즉흥시」에 대한 하이데거의 해석」,『범한철학』제66집, 2012, 157쪽.

이라고 말한다. 이때 '성스러운 것'을 하이데거는 '자연'이라 말한다. 이는 '존재'와 바로 연결된다.8)

그러므로 "궁핍한 시대의 시인은 시(Dichtung)의 본질을 고유하게 시 지어야 한다.9)"고 말한다. 이제 박인환과 김수영의 차이는 이 시의 본질에서 바라보았으면 한다. 즉 존재와 신과 자연의 층위에서 그들의 작품을 바라봄으로써 우리 시의 현대성에서 제대로 규명되지 않은 철학과 종교와 근원의 문제를 다루었으면 한다. 이는 몸과 시간과 장소와 짝을 이루는 것이다. 몸은 존재의 거처이며, 시간은 죽음과 결부된 신의 문제이며, 장소는 우리가 발원했던 고향과 같은 의미이기 때문이다.

## 2. 박인환과 김수영의 존재의 시 쓰기

인환! 너는 왜 이런, 신문 기사만큼도 못한 것을 시라고 쓰고 갔다지? 이 유치한, 말발도 서지 않는 후기. 어떤 사람들은 너의 「목마와숙녀」를 너의 가장 근사한 작품이라고 생각하는 모양인데, 내 눈에는 '목마'도 '숙녀'도 낡은 말이다. 네가 이것을 쓰기 20년 전에 벌써 무수히 써먹은 낡은 말이다. 이 '원정(園丁)'이 다 뭐냐? '베코니아'가 다 뭣이며 '아포롱'이 다 뭐냐?

이런 말들을 너의 유산처럼 지금도 수많은 문학청년들이 쓰고 있고, 20년 전에 너하고 김경린이 하고 같이 낸 『새로운 도시와 시민들의 합창』이라나 하는 사화집속에서 나도 쓴 일이 있었다10).

---

8) 위의 글, 158쪽.
9) 「무엇을 위한 시인인가?(WozuDichter?)』 272쪽(위의 글, 157쪽에서 재인용).
10) 「박인환」, 『김수영 전집』, 민음사, 2018, 162쪽.

「묘정의 노래」가 《예술부락》에 실리지만 않았더라도-「묘정의 노래」가 아닌 다른 작품이 《예술부락》에 실렸거나, 「묘정의 노래」가 《예술부락》이 아닌 다른 잡지에 실렸더라도-나는 그 당시에 인환으로부터 좀 더 '낡았다'는 수모는 덜 받았을 것이라고 생각되고, 나중에 생각하면 바보 같은 콤플렉스 때문에 시달림도 좀 덜 받을 수 있었으리라고 생각된다.

(…중략…)

『새로운 도시와 시민들의 합창』에 수록된「아메리칸 타임지」와「공자의 생활난」은 이 사화집에 수록하기 위해서 급작스럽게 조제남조(粗製濫造)한 '히야까시' 같은 작품이고, 그 이전에 나는「아메리칸 타임지」라는 같은 제목의 작품을 일본말로 쓴 것이 있었다.11)

위 글은 박인환과 김수영의 관계를 드러내는 글로 자주 인용되고 있다. 그런데 여기서 짚어야 할 것이 있다. 모두 김수영의 생각이라는 것이다. 박인환이 김수영의 시에 대해 낡았는지 여부를 언급했다고 단정할 수 없다. 그와 같은 전적이 없기 때문이다. 그처럼 박인환의 작품을 폄훼하고 자기 작품을 낮춰 본 것 모두 김수영의 판단일 따름이다. 특히 박인환이 탓했다고 한「묘정의 노래」에 대해 김수영은 극구 옹호하고 있는 점이 눈에 띈다. 그런 측면에서「목마와 숙녀」,「공자의 생활난」은 오히려 박인환의 최후 작품으로서, 김수영의 처녀작으로서 오히려 중요한 의미를 지니는 것이라 할 수 있다. 두 가지 점에서 그러하다. 하나는 김수영이 이들 시의 상징적 가치를 역설적으로 표현한

---

11)「연극하다가 시로 전향-나의 처녀작」, 위의 책, 423쪽.

것은 아닌지, 애증의 감정이라 할까. 다른 하나는 후대 사람들이 김수영의 말에 의지해 이 두 시의 비중을 소홀히 여긴 것은 아닌지 되돌아봐야 한다. 어쩌면 이들 시인과 어울리지 않는 시가 그들의 존재성을 드러내는 실마리가 되는 것은 아닌지.

> 한 잔의 술을 마시고
> 우리는 버지니아 울프의 생애와
> 목마를 타고 떠난 숙녀의 옷자락을 이야기한다
> 목마는 주인을 버리고 거저 방울소리만 울리며
> 가을 속으로 떠났다 술병에 별이 떨어진다
> 상심한 별은 내 가슴에 가벼웁게 부숴진다
> 그러한 잠시 내가 알던 소녀는
> 정원의 초목 옆에서 자라고
> 문학이 죽고 인생이 죽고
> 사랑의 진리마저 애증의 그림자를 버릴 때
> 목마를 탄 사랑의 사람은 보이지 않는다
> 세월은 가고 오는 것
> 한때는 고립을 피하여 시들어가고
> 이제 우리는 작별하여야 한다
> 술병이 바람에 쓰러지는 소리를 들으며
> 늙은 여류작가의 눈을 바라다보아야 한다
> … 등대(燈臺)에 ……
> 불이 보이지 않아도
> 거저 간직한 페시미즘의 미래를 위하여
> 우리는 처량한 목마 소리를 기억하여야 한다
> 모든 것이 떠나든 죽든

거저 가슴에 남은 희미한 의식을 붙잡고
우리는 버지니아 울프의 서러운 이야기를 들어야 한다
두 개의 바위 틈을 지나 청춘을 찾은 뱀과 같이
눈을 뜨고 한 잔의 술을 마셔야 한다
인생은 외롭지도 않고
거저 잡지의 표지처럼 통속하거늘
한탄할 그 무엇이 무서워서 우리는 떠나는 것일까
목마는 하늘에 있고
방울 소리는 귓전에 철렁거리는데
가을 바람소리는
내 쓰러진 술병 속에서 목메어 우는데
— 박인환,「목마와 숙녀」전문

    1956년 죽기 몇 달 전에 쓴 시로서 그의 마지막을 장식하기도 했지만 지금까지 박인환 시의 대명사로 여기고 있다. 김수영의 말처럼 이 퇴락한 정서와 현실과 유리된 관념과 과도한 센티멘털리즘은 박인환의 우울한 정신 의식을 단적으로 드러내는 것이기도 하다. 모든 것이 부재한 이 궁핍한 사태 속에서 시인은 어떻게 시인의 사명을 다하려 하는지 알 수 없다. 다만 횔덜린의 시「빵과 포도주」를 경우를 빌리면 이 시는 비가의 형식을 띠고 있다. "시대의 모순, 인간의 모순, 그리고 세계의 모순이 끊임없이 그로 하여금 방황하게 만들었으며, 프랑스 혁명과 그 여파에서 그는 자유와 해방을 갈망하는 사람들 가운데 있으면서도 자신은 행동으로 나서지 못하고 마음과 정신으로만 자유를 갈구하였기 때문에 시인으로서의 문제가 심각하지 않을 수 없었다.[12]"는

---

12) 권금순, "횔덜린의 비가 <빵과 포도주> 연구-세계상과 시인의 사명을 중심으로", 전북대 독문과 석사논문, 1993, 2~3쪽.

횔덜린의 고뇌를 생각한다면 박인환의 심적 흐름도 그와 같은 선상에서 생각할 수 있다. 그의 초기 시에서 보였던 역사의식이 드러나지 않기 때문이다.

이 존재의 상실감이 비가적 형태로 드러난 것이라 할 수 있다. 김수영이 이 작품을 탓했던 것도 삶의 문제에만 경도되어 역사의식을 제대로 담지 못했다는 측면에서 시인의 사명을 방기했다는 판단이었을 것이다. 이 시가 담고 있는 비탄과 상실과 궁핍한 심상에서 신성을 저버린 인간을 어떻게 구원할 것인가. 이러한 슬픔 속에서도 시인은 '청춘'을 찾은 존재로서 희망을 놓지 않는다. 박인환의 존재 의식은 그러한 신화적 자아가 아직도 신성한 것과 소통하고 있다는 것에서 찾을 수 있다. 그리스 로마 신화에 등장하는 트로이 목마처럼, 헬레나를 구원하려 했던 메신저로서 목마와 숙녀와의 관계는 끊어지지 않았다. 이 비가의 유일한 희망이다. '가을 바람 소리'가 신의 존재를 증명하고 있기 때문이다. 그러한 측면에서 이 시는 박인환이 슬픔 속에서도 시인의 사명을 아예 저버리지 않았다는 존재 의식을 담고 있다.

    꽃이 열매의 상부에 피었을 때
    너는 줄넘기 작란(作亂)을 한다

    나는 발산한 형상을 구하였으나
    그것은 작전 같은 것이기에 어려움다

    국수—이태리어로는 마카로니라고
    먹기 쉬운 것은 나의 반란성(反亂性)일까

> 동무여 이제 나는 바로 보마
> 사물과 사물의 생리와
> 사물의 수량과 한도와
> 사물의 우매와 사물의 명석성을
>
> 그리고 나는 죽을 것이다
>
> — 김수영,「공자의 생활난」전문

 이 시는「묘정의 노래」와 더불어 김수영의 처녀작이다.「묘정의 노래」가 1946년『예술부락』에 발표됐는데 시를 완성한 것은 두 시 모두 1945년이다. 발표를 달리했을 뿐이다.「묘정의 노래」는 박인환에게 핀잔을 많이 들어서인지「공자의 생활난」은 한참 지나 1949년『새로운 도시와 시민들의 합창』에 싣는다. 이 시가 김수영에게 문제적인 것은 공자를 언급했기 때문이다. 너무 현실에 어울리지 않은 소재였으며 전통에서 벗어나려는 그의 존재 의식과는 사뭇 멀다. 그래서 김수영도 스스로 이 시가 보잘 것 없고 그냥 한번 써 본 것이라 애써 변명하기도 했다. 그럼에도 이 시는 김수영 시의 바탕을 이루고 있는 점이 있다.
 공자와 김수영은 서로 어울리지 않는 사람처럼 보인다. 공자는 이천 년 전에 '인(仁)'을 주장한다. 즉 사람이 갖추어야 할 가장 근본적인 덕목으로서 '어질어'야 한다고, 한마디로 착해야 한다고. 이와 달리 김수영은 '불온(不穩)'해야 한다고 주장한다. '온순'해서는 안 된다는 것이다. '작란(作亂)'과 '작전(作戰)'과 반란(反亂)같은 어휘 때문에 시 이해는 쉽지 않다. 공자의 생활을 소재로 삼았으니 공자에게서 무엇을 발견했는지 보아야 할 것이다. 두 가지이다. "이제 나는 바로 보마".

"나는 죽을 것이다"에 담긴 뜻이다. 앞은 공자가 현실을 어떻게 보는가 문제이고, 뒤는 나는 누구인가 깨달은 내용이다. 공자는 전쟁터 같은 생활의 불안(이를 김수영은 '작란 같다고 했다.)과 입신양명, 즉 출세하여 이름을 세상에 떨쳐야 하는 길을 막는 불공정('작전')과 맞서고 있다. 공자가 살았던 춘추 전국 시대는 혼란의 구렁텅이였다. 이 또한 궁핍한 시대다. 죽음을 피하기 어려운 현실에서 공자가 스스로를 무엇이라고 사람들에게 보여줘야 했을까. 이때 공자는 세상을 지배하고 있는 정의롭지 못한 논리와 대결했다. 시 속에 나오는 '반란성'이다.

김수영은 우리가 알고 있던 공자를 지우고 새롭게 발견한 것이 분명하다. 그러므로 이 시에 대해 말했던 상투적인 판단은 멈춰야 한다. 마찬가지로 이 지점에서 김수영을 '바로 보게' 된다. 공자는 패배자다. 갑골문과 한자학의 대가 시라카와 시즈카[13]는 공자를 실패한 인물로 평전을 썼다. 그는 말한다. 이름 없는 무녀의 사생아로 태어나 일찍이 고아가 돼 무당 무리 틈에서 비천하게 성장한 삶이 공자라고. 그랬기에 인간이란 무엇인가 생각했고 살고 죽는 것이 무엇인가 고민했다고. 그러면서 사상은 부귀하고 지체 높은 신분에서 생기는 것이 아니며 빈천이야 말로 위대한 사상을 낳는 고향이라고 말한다.

중국 한나라 이후 지배자들은 공자의 이름을 가져다 규범으로 만들어 이것이 공자의 정신이라 널리 퍼뜨렸다. 공자의 제자 맹자가 말한 '의(義)'다. 공자의 '인'을 실천하는 행동 강령으로 엄격하게 만든 것이다. 오히려 그렇게 되니 공자의 정신은 사라지고 규범을 넘어서는 자유는 묶이게 되었다. 공자는 벼슬길에 나아가지 못해 전전긍긍하는 자로 이미지화 되었고 오늘날 공자는 잔소리하는 노인처럼 여겨진다.

김수영이 바로 보게 된 공자의 실체는 실패자이다. 그것은 김수영의

---

13) 시라카와 시즈카, 장원철·정영실 번역, 『공자전』, 펄북스, 2016.

실체이기도 하다. 시인은 시 속에 나오는 '상부에 핀 꽃도, 발산한 형상이 아니다. 김수영이 새롭게 깨달은 '사물의 생리'는 '수량과 한도와 우매와 명료성'을 바탕으로 하는 새로운 세상 읽기이다. 수량과 한도에 눈을 두는 것은 현실적인 눈으로 세상을 바라보려는 것이고, 우매와 명료성을 판단 기준으로 삼는 것은 한 가지만 생각하지 않고 그 반대편도 생각하는 균형 잡힌 태도를 말한다.

공자는 『논어』를 쓰지 않았다. 후대 사람들이 공자의 말을 모아 놓은 것이다. 그러니 공자의 뜻과 정확히 같을 수는 없다. 공자는 경전 속에서 사회를 옭아맨 채 한 방향으로 나아가라 하지 않았으며 인간적 감정을 지닌 존재였다. 규범과 원리의 파괴자이며 다양성을 추구한 열린 존재다. 그래서 그의 실패는 위대하다. 김수영이 비로소 바로 보게 된 지점이다. 김수영은 "그리고 나는 죽을 것이다" 선언한다. 이 죽음은 실체적이기보다 기존의 상투적인 생각에 대해 이제 끝났다고 단호히 말하는 것이다. 이 말은 『논어』 「이인(里仁)」편에 나오는데, "아침에 도를 들으면 저녁에 죽어도 좋다(朝聞道夕死可矣)"라고. 죽음을 무릅쓰는 것은 삶을 더 풍요롭게 하려는 것이다.14) 여기에 궁핍한 시대 시인으로서 김수영이 지향하는 사명이기도 하다.

## 3. 미연의 정전

박인환과 김수영의 시적 여정은 완결됐다. 그럼에도 아직 미완 상태다. 두 시인의 차이는 시인의 도정에서 판가름 났다. 박인환이 존재와 신과 자연 속에서 자신을 밀고 나가지 못하고 존재 차원에서 끝을 맺

---

14) 「공자의 생활난」 관련 언급은 다음에서 원용함. 이민호, 『시인의 얼굴』, 북치는소년, 2023.

었기 때문이다. 그만큼 시인의 사명을 완연히 수행하지 못했다. 이에 반해 김수영은 적어도 이 세 길을 걸어 죽음에 이르렀다. 박인환의 시에서 신성과 마주하지 못한 것이, 그래서 궁극적으로 자연과 합일돼 근원으로 돌아가는 모습을 보지 못한 것이 아쉽다. 그것은 박인환 개인으로서도 서글픈 일이며 한국 시 문학의 입장에서도 불행한 일이라 하지 않을 수 없다. 그럼에도 박인환의 역사의식은 살아 있다.

    사진잡지에서 본 향항(香港) 야경을 기억하고 있다
    그리고 중일전쟁 때
    상해 부두를 슬퍼했다

    서울에서 삼십 킬로를 떨어진 곳에
    모든 해안선과 공통되어 있는
    인천항이 있다

    가난한 조선의 프로필을
    여실히 표현한 인천 항구에는
    상관(商館)도 없고
    영사관도 없다

    따뜻한 황해의 바람이
    생활의 도움이 되고자
    냅킨 같은 만내(灣內)에 뛰어들었다

    해외에서 동포들이 고국을 찾아들 때
    그들이 처음 상륙한 곳이

인천 항구이다

그러나 날이 갈수록
은주(銀酒)와 아편과 호콩이 밀선에 실려오고
태평양을 건너 무역풍을 탄 칠면조가
인천항으로 나침을 돌렸다

서울에서 모여든 모리배는
중국서 온 헐벗은 동포의 보따리같이
화폐의 큰 뭉치를 등지고
황혼의 부두를 방황했다

밤이 가까울수록
성조기가 퍼덕이는 숙사와
주둔소의 네온사인은 붉고
정크의 불빛은 푸르며
마치 유니언잭이 날리던
식민지 향항의 야경을 닮아간다

조선의 해항 인천의 부두가
중일전쟁 때 일본이 지배했던
상해의 밤을 소리 없이 닮아간다

— 박인환, 「인천항」 전문

"나는 인환을 가장 경멸한 사람의 한 사람이었다. 그처럼 재주가 없고 그처럼 시인으로서의 소양이 없고 그처럼 경박하고 그처럼 값싼

유행의 숭배자가 없었기 때문이다.…인환! 너는 왜 이런, 신문 기사만큼도 못한 것을 시라고 쓰고 갔다지?15)"라고 김수영은 일갈했다. 이렇게 보니 두 시인은 무슨 불구대천 원수처럼 보인다. 박인환이 김수영보다 다섯 살 터울 아래인데도 둘은 친구였다. 사람들은 둘을 문단사의 라이벌로 꾸미기도 한다.

과연 그럴까. 조금만 다시 생각해 보면 그렇지 않다. 누가 친구를 증오하여 후대에 남을 악담을 글로 쓸까. 오히려 김수영은 박인환을 진실로 아낀 것 같다. 노자가 말했듯 사랑은 아낌이라고 하더니 우정도 그런 것이다. 박인환은 전후 시단에서 거만하다 잰 채한다 미움 받았다. 전에 보지 못한 새로운 시인이었기 때문이다. 이러한 편견이 문단과 강단에서 아직도 정설처럼 남아 그를 폄하하고 있다. 김수영은 그것이 못마땅했을지도 모른다. 박인환은 그런 시인이 아닌데 왜 남들에게 그런 평가를 받는 시를 쓰고 네 본령을 스스로 망가뜨리는가 한탄한 것이라 생각할 수 있다. 애초에 1949년 사회집『새로운 도시와 시민들의 합창』을 묶어 낼 때 그들이 의기투합한 것이 있기도 하며, 박인환과 김수영은 동지였다.

박인환은 유일한 시집『시선집』후기에 "나는 지도자도 아니며 정치가도 아닌 것을 잘 알면서 사회와 싸웠다."고 적는다. 김수영이 되찾고자 했던 박인환이 아닐까. 그러한 모습이 시「인천항」에 잘 담겼다. 박인환의 역사의식은 협소하지 않다. 홍콩과 상해와 인천을 동아시아 역사의 악몽 속에 일체화(identification)시키고 있다. 화려한 불빛 속에 가려진 인천항의 그림자를 눈 부릅뜨고 지켜보고 있다. 일제의 사슬에서 벗어났지만 진정한 해방은 요원하다. 물러간 제국주의 자리에 새로운 식민 자본이 똬리를 틀었기 때문이다. 이 시에 박인환은 모리배처

---

15)「박인환」, 앞의 책.

럼 살 수 없다는 의지를 새겼다. 시 「목마와 숙녀」에서 애타게 그리워했던 버지니아 울프의 생애다. 사람들은 박인환의 요절을 방탕한 최후처럼 입에 올리지만 "모든 것이 떠나든 죽든/그저 가슴에 남은 희미한 의식을 붙잡고" 명멸했던 시인이다.16)

김수영은 미국 시인 휘트먼을 추앙한다. 이 단계에 이르러 자기 존재의 생활에서 벗어나 신과 합일을 통해 신성의 초인적 힘을 새롭게 깨닫는다. 이는 자유와 해방의 메시를 전하는 시인의 사명과 연결된다. 4.19혁명을 기점으로 그의 시는 거대한 역설을 보여 준다. 그것은 성경 속 요나가 부여받은 재생의 소명이기도 하다. 그리고 마침내 자연 합일에 이르게 된다.

> 풀이 눕는다
> 비를 몰아오는 동풍에 나부껴
> 풀은 눕고
> 드디어 울었다
> 날이 흐려서 더 울다가
> 다시 누웠다
>
> 풀이 눕는다
> 바람보다도 더 빨리 눕는다
> 바람보다도 더 빨리 울고
> 바람보다 먼저 일어난다

---

16) 「인천항」 언급 내용은 다음 기사에서 원용함. 이민호, 「나는 지도자도 아니며 정치가도 아닌 것을 잘 알면서 사회와 싸웠다」, 『독서신문』, 2023. 8.14. <https://www.readersnews.com/news/articleView.html?idxno=109470>(검색 일자: 2024. 7. 1.).

날이 흐리고 풀이 눕는다
발목까지
발밑까지 눕는다
바람보다 늦게 누워도
바람보다 먼저 일어나고
바람보다 늦게 울어도
바람보다 먼저 웃는다
날이 흐리고 풀뿌리가 눕는다

— 김수영, 「풀」 전문

지금 시인은 자연과 대면하고 있다. 바람이 불고 풀이 눕고 일어서는 모습을 보며 시인도 함께 쓰러지고, 일어서고, 웃고, 울기를 반복한다. 그러한 가운데 상실했던 뿌리에 가 닿는다. 인간과 사물과 자연을 매개하는 시적 상상력에 천착했던 바슐라르처럼 김수영도 대지의 몽상가로서 자연 속에서 변화를 꿈꾼다. 서로 이끌리고 상호 교호하는 작용 속에서 독단적 의지를 버리고 관계적 존재로 새롭게 태어난다. 이는 시인이 사명으로 여기는 시적 상상력의 궁극적 종착지다. 바슐라르는 "많은 몽상가들에게 뿌리는 깊이로의 축이다. 뿌리는 우리를 먼 과거로, 우리 인류의 먼 과거로 돌려 보낸다.17)"고 말한다. '풀뿌리'까지 상상력의 뿌리를 펼친 김수영도 그 경지를 체험한 것이다.

박인환과 김수영의 차이는 명백하다. 박인환의 시적 여정은 미연에 그치고 말았지만 김수영은 가까스로 그 최후 단계까지 다다른 것이다.

---

17) Gaston Bachelard, *La terre et les rêveries du repos*, José Corti,1948, p.300(김윤재·박치완, 「바슐라르의 대지의 시학에 나타난 상상력의 두 축」, 『철학·사상·문화』 17호, 2014, 204쪽에서 재인용.)

요절하지 않았다면 박인환도 김수영처럼 자기 존재의식을 거쳐 신을 만나 자연으로 회귀했을 것이다. 그러므로 강원 문학의 정전으로서 박인환과 김수영의 시는 아직도 변신 중이어야 한다. 그것은 다분히 남은 자, 혹은 읽는 이의 몫이다.

# 강원도의 심상지리와 공간의 실천
― 이성교론

**최도식**

## 1. 강원도의 시인, 삼척의 시인

1930년대 김유정과 이효석의 소설을 필두로 강원도의 지정학적 특수성과 강원인의 삶과 세계를 반영한 작품이 발표된다. 그리고 이 시기 시에서는 강릉 출신 김동명이 문단에서 활동하며, 1950년을 전후로 박인환, 황금찬, 이성교 등의 강원 출신 작가들이 문단에서 작품 활동을 하게 된다. 그런데 김동명과 박인환은 출생과 관련하여 강원도의 작가로 거명되는 인물이며, 황금찬은 출생과 더불어 잠시 교편생활을 강릉 일대에서 한 경험과 관련하여 강원도의 지정학적 특수성과 강원인의 삶이 다소 배어나는 작품을 창작하기도 한다. 하지만 황금찬을 비롯해 김동명, 박인환의 작품을 볼 때 대개 강원도와 영동지역을 소재로 한 작품이 거의 없으며, 시어에서도 강원지역의 토속어를 찾아보기란 극히 드물다. 더욱이 강원지역의 정서를 보여주는 작품은 몇 편에 불과하다. 그런데 강원지역의 지정학적 특수성과 역사성, 지역민의 삶과 세계관, 생활양식과 사유방식을 작품의 소재, 제재로 삼아 한

결같이 작품을 쓴 시인이 있다. 그가 바로 월천 이성교(李姓敎)다.
　월천 이성교 시인은 1932년 음력 2월 초하루 강원도 삼척시 원덕읍 월천리 234번지에서 부(父) 이덕필, 모(母) 김옥련 사이의 오남매 중 장남으로 태어난다. 그의 본관은 흔치 않은 우계(羽溪)이며, 아호는 월천(月川)이다. 그의 아호는 그가 태어나고 성장한 월천(月川)에서 따왔다. 월천에 따르면 누군가 월천(月川)보다 월천(月泉)이 나으니 한자를 바꾸어보는 것은 어떻겠느냐는 말에도 불구하고 그는 태어나 성장했던 월천(月川)이 더 정감 있게 느껴져 여전히 월천(月川)이라는 아호를 즐겨 썼다. 이러한 시인의 성정은 고향을 떠난 지 반세기가 훨씬 지났음에도 불구하고 여전히 고향과 함께 한 시인의 의지의 표명이다. 그런데 사실상 월천 이성교도 1954년 이후부터 주요 거주지는 서울이었다.
　이성교는 11세가 되던 1942년 이천간이학교에 입학한 후 호산보통학교에 편입하며, 1948년 호산보통학교를 졸업한다. 그리고 그 해 9월 강릉공립상업중학교에 입학하며, 1954년 강릉상업고등학교를 졸업한다. 졸업과 함께 그는 서울로 상경해 국학대학을 졸업하고 1960년 성신여자중학교 교사가 되었다가 성신여자고등학교로 옮겨 교편을 잡게 된다. 이성교는 교사가 된 이후 줄곧 서울에서 생활한다. 이런 면을 보면 이성교도 강원도 삼척에서 태어났을 뿐이며 유년 시절과 청소년기만을 강원도 영동지역에서 보낸 것에 불과할 수도 있다. 그런데 강원지역 문학을 비롯해 전후 한국문학사에서 이성교 시인에 주목하는 이유는 그의 시에 내재한 강원도와 영동지역을 배경으로 한 그의 시세계 때문이다. 이성교는 줄기차게 강원도를 시적 소재로 삼아서 강원도 사람과 영동지역 사람들의 특수한 정서와 이미지를 시로 형상화하고자 했다.

이성교는 1952년 고등학교 2학년 때 대학입학 수험지 『수험생』 문예현상 공모에 「남매」가 당선되면서부터 본격적으로 시 습작을 시작한다. 그 습작의 지난한 노력으로 1956년 9월 서정주의 추천으로 『현대문학』에 「윤회(輪回)」가 초회 추천되며, 그 해 12월 서정주의 추천으로 『현대문학』(12월호)에 「혼사(婚事)」가 2회 추천되고, 이듬해 2월 『현대문학』에 「노을」이 3회 추천 완료되어 정식으로 문단에 이름을 올리게 된다.

　강원도의 시인으로 알려진 이성교는 공간을 시로 형상화하고자 한 대표적 시인이다. 그는 강원도 삼척시 원덕읍 월천리가 고향이다. "내가 고향을 떠나서 서울에서 산 지 오래 되었다. 한 40여 년을 살고 있는 터이지만 내 정신은 그곳과 한번도 떨어진 적이 없다. 내 시의 배경과 소재는 강원도적이다. 몸은 비록 고향과 떨어져 살고 있지만 눈과 마음은 언제나 강원도 생활에 집착되어 있다."라고 그는 표백한다. 이처럼 그의 정신세계에는 강원도의 공간이 자리한다. 그는 고향의 공간인 강원도 영동지역을 그의 시의 배경이자 시적 대상으로 삼았다. 더욱이 그에게 고향인 영동의 지역 공간은 시적 대상과 배경을 넘어 그의 일상생활과 일상 공간에도 자리한다. 그가 비록 고향과 떨어져 살았지만 그의 '눈과 마음'이 언제나 '강원도 생활에 집착되어' 있었던 것처럼 그는 사회적 공간 안에서 사회적 생산물, 곧 총체성이라고 하는 특성을 지닌 생산물로 강원도의 공간을 시로 생산한 것이다.

　이성교 시의 특징은 전통적 정서와 한국적 서정성이라 할 수 있다. 이 특징은 오랜 시작 활동을 통해 고향의 산야와 바다를 노래하고 강원도 사람들의 소박한 삶과 인정(人情), 풍속을 향토의식과 토속적 정조로 보여준 결과다. 이성교는 강원도 사람들의 삶의 애환과 전통적

정한의 세계를 전통적 정서로 시화하였으며, 강원도와 영동지역을 시적 소재로 한국적 서정성을 이미지로 형상화해왔다. 그런데 강원도와 영동지역만을 시적 소재로 한 그의 오랜 시작(詩作) 활동으로 그의 시작세계가 그다지 다양하지 못하며, 그의 시세계가 폭넓지 못하다는 지적도 없지 않다. 하지만 일생을 살아가면서 사람은 누구나 변화의 과정을 겪으면서 살아간다. 이성교도 예외일 수는 없다. 비록 오래도록 하나의 시적 대상으로 시작을 하였다 할지라도 그의 시적 공간은 몇몇 변화와 확장된 양상을 보인다.

이성교는 초기 주로 강원도 영동지역을 시적 대상으로 삼았다. 특히, 고향 월천과 강릉 일대의 공간을 산, 비, 바다 등의 이미지로 이미지화하며, 이 객관적 상관물을 통해 자기동일성의 세계를 보여준다. 그리고 그가 중기시에서 주로 다룬 시적 대상은 영동 지역과 고향 월천을 중심으로 바람, 새, 물소리, 아이들 등의 이미지를 선보이며 이 이미지를 통해 고향을 이미지화하여 공동체의 이상을 보여준다. 그런데 이 시기 그의 공간은 영동지역뿐만 아니라 영서지역으로도 확장되며, 더 나아가 한국 전역과 일본, 중국 등까지 확장되는 경향을 보여준다. 그리고 후기시에서는 다시 영동 지역과 동해안 해안 지역으로 그의 시적 공간이 좁혀진다. 이러한 시적 대상에서 중요한 이미지는 임이며, 임을 감각적 이미지로 그려내어 귀소본능과 구원의 세계상으로 그의 시는 형상화된다.

## 2. 산과 바다의 이미지와 시적 재현 공간

이성교는 강원 영동지역을 대표하는 시인이다. 그 이유 중 하나는 그가 1932년 11월 강원도 삼척시 원덕읍 월천리에서 태어났다는 것과 또 다른 하나는 그의 시가 대개 이 강원 영동지역을 소재와 배경으로 삼았다는 것을 들 수 있을 것이다.

이성교는 유년을 월천에서 보낸다. 그는 남들보다 2년 늦게 월천에서 조금 떨어진 이천간이학교에 입학하게 되며, 3학년 때 호산공립보통학교로 편입하는 우여곡절을 겪는다. 그리고 보통학교를 졸업한 후 강릉에서 유학을 한다. 그는 강릉 박월리에서 하숙을 하며, 그곳에서 중고등학교를 졸업한다. 이처럼 이성교의 유년기와 성장기는 강원 영동지역이 체험의 공간으로 자리한다. 이 시기에 있었던 공간의 체험은 그의 시의 소재가 되었으며 배경이 되었다. 그래서 그는 "내 시는 막상 고향을 떠나 살지만 항상 고향과 밀착되어 있다."라고 밝힌다.

이성교는 1958년 대학을 졸업하고 군대를 갔다 온 후 1960년 서울의 성신여자중학교 교사가 되면서 줄곧 고향을 떠나 서울에서 생활한다. 그런데도 그는 "지금도 고향에 부모님이 살아계시고 형제들이 그곳에 살고 있는 이상, 고향을 떠나왔다고는 한 번도 생각해 본적이 없다."라고 표백한다. 이렇듯 그는 늘 고향을 그의 심중에 품고 살아왔으며, 그것이 의식적이든 무의식적이든 유년의 원초적 체험 공간으로 자리해 그의 시의 하부구조를 이뤘다.

체험의 공간은 사람다운 삶이 구현되는 공간을 구성한다. 또한, 체험의 공간은 체험을 통해 전인격적이고 실존적인 삶의 조건이 실현되는 공간이다. 이 체험 공간은 사람들의 상상 혹은 예술과 문학을 통해 살아 있고 또한 접근되는 공간이다. 바로 이성교는 이 체험의 공간을 시로 형상화한다.

아흔 아홉 굽이마다 눈물이 서렸나니,/ 얼켰던 머리카락 눈빛에 새로워라.// 소복하고 오실 님의 머나먼 구름밭./ 정왕산에 비만 내려 산천만 푸르렇다./ 해발 八白米. 돌아가면 千里. 올라가면 萬里./ 봄바다 멀리 산앵두 핀다./ 내려다보면 어찌도 푸른 짐승이/ 높디 높은 하늘처럼 둥둥 떠서 놀까.// 갈매골의 喪家는 비에 그치지 않고/ 바위 바위마다 피가 맺혀 통곡을 한다./ 솔바람에 젊은 가슴도 애타거니,/ 굽이 굽이 몇 千里를 산새는 울고 갔나.

— 「대관령을 넘으며」 중에서

이성교는 체험한 바를 바탕으로 '대관령'을 상징과 이미지로 재현한다. '대관령'은 시인뿐만 아니라 영동지역 사람들에게는 넘어서야만 영동에서 영서로 나아가 중앙(서울)으로 진출할 수 있는 험준한 영(嶺)이다. 다시 말해, 그들은 대관령을 넘어서야만 자신의 이상과 꿈을 실현할 수 있었다. 이성교도 예외는 아니었다. 시인 역시 "장차 그 고개를 넘어 서울에 가서 이상을 실현할 것을 생각할 때 감회가 깊었다."라는 술회를 통해 대관령을 넘어설 때 자신의 이상과 꿈을 그가 실현할 수 있음을 진술한다. 하지만 대관령의 험준한 산맥은 넘어서기가 녹록하지 않다. 그래서 시인도 "대관령이 그렇게 높을 수 없었다. 과연 뜻한 대로 대관령을 넘을 수 있을지 마음 한 구석엔 의심의 안개 같은 것이 피어오르기도 했다."라고 표명한다. 그만큼 대관령은 영동지역 사람들에게 막힘과 닫힘의 이미지로 공유되어 왔다. 반면에 '대관령'은 산을 넘었을 때 다가오는 이상과 꿈의 실현이라는 트임과 열림의 이미지로 공유되기도 한다. 그렇기에 시인도 대관령을 "지배받는 공간, 곧 상상력이 변화시키고 자기 것으로 길들이려고 시도하는 공간"으로 형상화하며, 이 공간을 막힘과 열림이라는 지역공동체의 사회적 생산물로 형상화한다.

그 형상화는 먼저 대관령에 얽힌 설화를 통해 재현된다. 대관령은 아흔아홉 굽이로 이루어져 있다. 옛 설화에 따르면 과거(科擧)를 보러 가는 어느 선비가 대관령을 넘을 때 곶감 한 접을 지고 가다가 산굽이를 돌 때마다 한 개씩 빼어 먹었는데 산꼭대기에 도착하니 곶감이 한 개만 남아 대관령이 아흔아홉 굽이였음을 알게 되었다고 한다.

그런데 대관령에 얽힌 설화의 재현은 단순히 대관령의 험준함만을 의미하지는 않는다. 이 설화의 재현은 영동지역 사람들이 자신의 이상과 꿈을 실현하기 위해 넘어서는 그 길이 얼마나 어렵고 힘든가를 통해 막힘과 닫힘의 이미지로 그려진다. 더욱이 그 이상과 꿈을 실현하려는 당사자도 힘들지만 주변 사람들도 힘든 고통과 고난의 과정임을 보여준다. 그래서 시인은 상상적인 것과 상징주의의 개입을 통해 민족의 역사를 비롯해 영동지역의 역사와 그 민족(영동지역 공동체)을 구성하는 각 개인의 역사를 근원으로 '아흔 아홉 구비마다 눈물이 서려' 있다는 언술을 한다. 이 언술은 지역 공동체에 내재된 고달픈 삶의 역경과 시련을 상징적으로 시화한 것이다. 이처럼 산의 이미지에 투사된 그 역경의 공간은 '아흔 아홉 구비', '갈매골 상가', 8연의 '점텃골', 9연의 '선자령' 등 물리적 공간화를 통해 역경과 시련이라는 상징적 재현 공간으로 형상화되고 있으며, 4연에서는 "어떤 입술은 피에 젖고/ 어떤 입술은 불에 그을려"와 같이 지역민을 '입술'이라는 몸으로 상징해서 재현 공간을 형상화한다.

강릉에서 대관령을 오르는 사람에게 대관령 너머의 땅은 이상과 꿈을 실현할 수 있는 이상향의 세계이다. 반면에 서울에서 대관령을 내려오는 사람에게 대관령 아래는 여유와 안식이 있는 평안의 땅이다. 그들에게 이 안식과 여유의 공간은 열림의 이미지다. 그래서 시인은 "내려다보면 어찌도 푸른 짐승이/높디 높은 하늘처럼 둥둥 떠서 놀까"라는 언술을 통해 대관령 아래에서 살아가는 영동지역 사람들의 순박함과 소박함, 여유와 안식을 더불어 노래한다. 그것은 2연의 '정왕산, 5연의 '능경산, 6연의 '초막골', 8연의 '약천 삼포암' 등 대관령 아래로 뻗어있는 물리적 공간화를 순수와 소박, 생산과 풍요, 그리움(동경)과 평화로움이라는 상징으로 재현하고 있다.

산은 또 다른 세상으로 나가는 통로이지만, 한편으로는 또 다른 세상과의 만남을 가로막는 장애 요소이기도 하다. 하지만 인간은 다른 세상과의 만남을 가로막는 장애를 극복하고자 길을 만들었으며, 또 다른 세상과의 만남을 위해 고갯길을 만들었다. 그 길은 하나의 문이 되어 열림의 세계를 이룬다. 사람들이 나루를 만들어 물을 건너듯이 영동지역 사람들은 고갯길을 만들어 산과 산을 넘었다. 고개(재)는 삶의 울타리인 동시에 세상과 통하는 관문이다.

인간의 삶에서 문은 바깥으로 나가기 위해 통과해야 할 과정이며, 세상으로 나가기 위한 하나의 통과의례이다. 그러나 다른 한편에서 문은 외부 세계로부터의 불순한 것들의 침입을 막고 내부의 안녕을 유지하기 위한 장치이기도 하다.

강릉 박월리 그 푸른 바람/ 내가 사는 바람이었다./ 내 사랑이 싹트는 큰 바람이었다.// &lt;중략&gt; 비록 서러운 땅이었지마는/ 다시 눈물을 씻고/ 토담가에 풀꽃으로 피어 있었다.// &lt;중략&gt; 내 마음 속 깊은 골에/ 시퍼렇게 시퍼렇게 이는 바람./ 그 바람은 내겐 큰 약이었다./ 사랑병을 고치는 큰 약이었다.

— 「박월리 바람 2」 중에서

이성교에 따르면 강릉 박월리는 모산봉 아래에 위치한 낭만적인 마을이며, 강릉 사람들이 일러 '죽어서는 성산, 살아서는 모산'이라 했다고 한다. 이성교는 고향을 떠나 이곳 박월리에서 하숙을 하며 유학을 한다. 이성교는 "내 시가 자란, 내 생각이 열린 강릉 박월리는 내 일생 영원히 잊을 수 없는 추억의 마을이다."라고 표백한다. 이처럼 시인에게 고향 월천이 순수한 유년의 공간이었다면 박월리는 그가 처음 시에 눈을 뜨게 되는 성장의 공간이며, 그의 인생 향방이 어렴풋이 형성되는 열림의 공간이다. 더 구체적으로 말하자면 이성교의 육체적 성장을 이끌었을 뿐 아니라 그의 정신세계가 열리게 되는 성장의 공간이었다.

이성교에게 강릉 박월리의 지정학적 장소성은 '비록 서러운 땅이었지'만 그 서러움과 고통을 이겨내고 다시 그를 성장시키는 사회적 공간이라는 상징성을 지닌다. 이성교는 「박월리 바람」 연작을 비롯해 몇몇 시에서 강릉, 박월리, 그 외 강릉 일대를 시적 대상으로 자주 삼는다. 그가 강릉과 박월리를 시적 대상으로 삼고 있는 이유는 바로 이 물리적 공간이 그의 성장과 안식의 공간으로 자리하기 때문이다. 시 「박월리 바람」 연작은 그런 성장과 안식의 공간으로 노래된다.

「박월리 바람·2」는 실재하는 '강릉 박월리'라는 지리적, 물리적 공간과 상처와 고통, 고뇌로 얼룩진 체험의 공간으로 각각 재현된다. 시인에게 실재하는 지리적, 물리적 공간은 그의 육체적 성장의 공간이다. 반면에 상처와 고뇌의 체험된 공간은 정신적·심리적 성숙의 공간이다. 그런데 「박월리 바람·2」에서 가장 주목되는 시어는 "푸른 바람"이다. '푸른 바람'의 이미지는 시인의 이상과 꿈을 상징한다. "푸른 바람"은 여느 곳이 아닌 "강릉 박월리"라는 장소성을 통해 재현된다. 반면에 상처와 고뇌의 체험된 공간인 강릉 박월리는 "서러운 땅"과 같은 상징으로 재현된다.

강릉은 영동지역의 여러 도시 중 제일의 도시이다. 문화적으로도 그렇고 교육적으로도 이 지역의 중심 도시이다. 주변의 많은 소도시 사람들이 문화적 향수를 누르고자 강릉으로 모여들고 교육의 질적 향상을 위해 강릉으로 유학을 온다. 그리고 그들은 대관령을 바라보며 이상과 꿈을 실현하고자 대관령을 넘어야 할 고갯길로 여겨왔다. 그런데 주변 시골이나 소도시에 살다가 번잡한 도시에서의 삶은 문화적 충격과 여러 환경적인 요인들로 인해 그들의 일상생활을 바꾸어 놓았다. 그 삶의 변화는 "깊은 못에 빠진" 것과 같은 좌절과 절망을 맛보기 충분했기에 시인에게는 '서러운 땅'으로 비유된다. '서러운 땅'은 단순히 중앙에서 멀리 떨어진 물리적 공간, 변방으로서의 의미도 있지만 그보다는 시적 주체가 사회구성원으로서 사회로부터 분리되고 외화 estrangement되어 느끼는 소외와 불안의 심리적 공간이다. 따라서 '서러운 땅'으로 상징화되는 소외의 공간, 불안의 공간은 영동지역 공동체의 사회적 생산물인 셈이다. 이 소외와 불안의 공간이 "다시 눈물을 씻고/토담가에 풀꽃으로 피어"날 수 있는 동인(動因)은 강릉 박월리의 '푸른 바람' 때문이다. 푸른 바람의 이미지는 '사랑이 싹트'며, '내 손을 잡아'주며, '사랑병을 고치는 약'인 것처럼 사랑과 보호와 의지(依支)와 치유라는 상징성을 띤다.

이성교의 시에 나타난 재현 공간은 크게 산의 이미지와 바다의 이미지로 재현된다. 그런데 「박월리 바람」 연작과 같이 산과 바다의 경계에 놓인 공간의 분할은 산의 이미지와 바다의 이미지를 동시에 내포한다. 이런 경계 이미지는 산의 이미지에 내재된 상징들, 곧 소외와 불안의 사회적 생산물과 바다의 이미지에 내재된 상징들, 곧 사랑, 보호, 의존, 치유 등과 같은 사회적 생산물을 상호적으로, 관계적으로 동시에 생산한다. 이렇게 상호 관계적인 재현 공간은 이성교 시에서 전자는 극복의 대상, 초극의 대상, 탈구(脫口)의 대상으로 작동하며, 후자의 이미지는 대상 극복의 동인으로 작동함으로써 의미작용을 전환시키는 계기가 된다.

생명의/ 창조자./ 항시 그 곁엔/ 싱싱한 냄새가 풍겼다.// 외로울 때면/ 겉으로 파란 얼굴을 하고,// <중략> 겨울바다는/ 언제나 골고루/ 은혜를 베풀며/ 금방 떠밀리듯/ 눈썹 위에 찰랑이고 있다.
― 「겨울바다 1」 중에서

떠나는 사람이나/ 돌아오는 사람이나/ 항구는 늘상 아쉬움 속에/ 눈이 充血되어 있다.// <중략> 그저 보기엔 아무렇지도 않아도/ 속으로 뒤틀리는 속살로/ 바다는 한시도/ 속편할 날이 없다.
― 「묵호항구 2」 중에서

서울 한복판에서/ 생선국을 마시며/ 바다를 생각하였소/ 파란 바닷물이/ 항시 남실거리는 마을.// <중략> 도무지 바다를 잊을 수 없어/ 꿈에도 눈에 차오르오// <중략> 서울 한복판에서/ 생선국을 마시며/ 새삼 바다를 그려보오.
― 「고향 바다」 중에서

이성교의 시에서 '푸른 바람의 이미지가 사랑, 보호, 의존, 치유의 상징으로 나타난다면 이 푸른 바람의 이미지는 바다의 이미지로부터 유추된 것이라 할 수 있다. 대개 바람의 이미지는 문학에서 시련과 역경을 가져다주는 존재로서의 매서운 바람과 자유, 생명력, 소통, 가변적인 영원성·역동성을 형성하는 무정형으로서의 바람으로 그려진다. 또는 고난의 환경, 극복해야 하는 어려움의 요소들을 상징하는 개념으로 사용되기도 한다. 그런데 이성교의 시에서 푸른 바람과 같이 일반적으로 바다의 소유물처럼 인식되는 푸른 색채 이미지로 재현될

때 바람은 바다의 이미지를 담지하고 있는 것으로 볼 수 있다. 그럼 이성교의 바다 이미지는 어떠한가?

이성교의 바다 이미지는 '푸른', '시퍼런', '파란' 등의 푸른 색채 이미지로 나타난다. 가령, 「겨울바다·1」처럼 "파란 얼굴"로 형상화된다든가 「고향 바다」처럼 "파란 바닷물"과 같이 푸른 시각 이미지를 지닌다. 이성교는 푸른 바다 이미지를 통해 바다를 사랑, 보호, 의존, 치유, 생명의 공간으로 재현한다. 특히, "생명의 창조자"라는 언술을 볼 때 시인에게 바다는 생명을 창조하고 잉태하는 이미지이다. 그렇게 생명이 창조되고 잉태되는 바다는 감각기관(후각)을 통해 느낄 수 있는 "싱싱한 냄새"로 재현된다. 이성교에게 바다는 "언제나 골고루/은혜를 베"푸는 은혜로운 대상으로 상징화된다. 이런 감각기관을 통한 이미지로의 재현과 상징은 그의 유년의 경험에 의한 사회적 생산물이다. 체험에 의한 공간의 사회적 생산은 「묵호항구·2」에서도 여실히 재현된다. 항구는 삶의 공간이다. 그 공간은 떠나는 사람과 돌아오는 사람들이 교차되는 만남과 이별의 공간이기도 하다. 항구를 끼고 살아가는 사람들에게는 사람들이 떠나든 돌아오든 "아쉬움"이 남을 수밖에 없다. 더욱이 "눈이 충혈되어 있다."는 언술은 항구를 일상생활의 공간, 삶의 터전(공간)으로 살아가는 뱃사람들의 모습을 형상화하고 있는 것이다. 항구를 여행하는 여행자는 쉽게 알 수 없는 그곳 사람들의 모습인 것이다. 이런 점을 미루어 짐작해볼 때 뱃사람들의 충혈된 눈에 대한 시인의 언술은 생생한 체험된 삶으로부터 유추된 것이라 할 수 있다. 바다로 나가 밤샘 작업을 하고 돌아와 다시 그물 손질을 하고 바다로 나가는 고달픈 뱃사람들의 생활상에 대한 재현이다. 바다에 의존하는 뱃사람들의 삶은 '그저 보기엔 아무렇지도' 않아 보이지만 실상은 고달프고 힘든 삶이기에 속이 뒤틀리는 삶으로 그려진다. 그런데 그들을 품에 안고 있는 바다 역시 그들에 대한 걱정과 근심으로 '한시도 속 편할 날이 없다.' 이러한 언술을 통해 바다가 품고 있는 자애로움을 시인은 어머니의 품성으로 재현한다.

　이성교 시인에게 바다 이미지는 어머니의 품성으로 현현된다. 그가 회상하는 어머니는 어려운 살림을 일구는 강직함과 주변 사람들에게 사랑을 베푸는 자애로움, 아들을 뒷바라지 하는 보호와 희생으로써의 어머니다. 그런 어머니는 그가 그리워하고 동경하는 고향의 모습과도 닮았다. 그의 고향 월천은 바다의 이미지와 산골의 이미지를 지니고 있다. 그래서 그는 서울 타지 생활에서도 고향에 대한 그리움을 잊지 못한다. 그것은 그의 일상생활 속에 그대로 녹아 "생선국을 마시면서도 고향의 '푸른 바다'를 떠올리게 하는 매개가 된다. 바다는 그에게 잊을 수 없는 존재, 곧 어머니와도 같은 존재이다. 어디에 있든 늘 그리움으로 재현되는 공간이다. 그런 점에서 박월리를 배경으로 한 그의 시 역시 바다의 이미지의 연장이라 할 수 있다. "왕산골 어머니는 내 수양 어머니다.……그곳은 내 고향 마을과 같은 분위기여서 우선 정신적으로 안온했다."라는 그의 표백에서 엿볼 수 있듯이 그에게 고향과 어머니는 박월리로 전이된다.

## 3. 공간의 확장과 민족의 애환

　이성교는 강원도 사람들의 소박한 생활과 특유의 토속미를 노래하면서도 시적 변화에 대한 고심을 계속해 왔다. "나는 이 무렵에 강원도 산골 사람들의 생활이 식상해졌다. 한 10여 년 노래하고 나니, 밑천이 바닥이 날 정도였다. 더욱 나에게 충격을 준 것은 내 시와 경향을 달리하는 몇 사람들이 '서정주아류'라고 몰아붙인 점이었다.// 이런 점을 감안해서 나는 종전의 그 배경에다 하나 더 보태어 바닷가 사람들의 생활도 노래해보려고 했다.…이 무렵 시가 달라진 것이 있다면 종전의 주정적인 세계에다 지적인 것을 조금 가미하려고 한 점이다. 그래서 종전의 단조로운 시의 분위기에 조금 이야기 같은 것을 더 넣으려고 한 점이 다르다고 할까? 그것도 서사적인 시세계 추구가 아닌 이상 어느 한계에 부딪혀 또 갈등을 일으켰다."1) 이처럼 이성교는 시적 변화를 고심했으며 그 변화의 한 양상으로 첫째 주정적인 세계에 지적인 것을 가미하는 것, 둘째 단조로운 시의 분위기를 벗고자 이야기 시, 서사적 시세계에 대한 추구였지만 사실상 초기시에서 이 두 변화의 양상은 두드러지게 나타나지 않았다. 오히려 중기시에 접어들어 연작 형식을 통해 이야기(서사성)가 더해지고 있으며, 시적 경향도 주정적인 세계에 지적인 것이 가미되어 나타난다. 그 대표적인 시가 바로 「동해안 서정」과 「광도 연가」다.

울진 장씨가/ 씨글거리는 죽변/ 먼 바다엔/ 새아기의 간절한 바람으로/ 시퍼런 시퍼런 다랭이들이/ 펄펄 뛰고 있다.// "꽃방우 아재. 바람쇠러 왔니더"/ 아주머니의 인정이/ 물 위에 시퍼렇게 풀린다.
　　　　　　　　　　　－ 「동해안 서정 1-죽변에서」 부분

우리 어머니/ 늘 눈물이 날 때면/ 예 와서 속을 묻었단다.// 그리운 얼굴이 떠 있는 바다./ 태봉골의 역사가 흐르는 바다.
　　　　　　　　　　　－ 「동해안 서정 3-나곡에서」 부분

---

1) 이성교, 「내가 추구하는 시정신」, 『구름 속에 떠오르는 생각』, 형설출판사, 1992, 348쪽.

얼마나 발버둥쳤으면 날도 미쳐/ 새지 않았을까./ 할무개에는 항상
어둠이 드리우고 있었다. … 눈을 크게 뜨고 아래구석을 보면/ 시꺼먼
시꺼먼 구름이 물려든다./ 세상에 더 없는 미역 숲이 다가온다// 애 낳
다가 죽은 바위들도/ 한꺼번에 살아나고 있었다.

― 「동해안 서정 4-고포에서」 부분

「동해안 서정」 연작은 10편의 연작시로 이루어져 있다. 이 연작시
는 죽변에서부터 장호에 이르는 동해안 해안 마을을 시로 형상화하고
있다. 지금은 경상북도 울진군에 속하는 죽변, 부구, 나곡, 고포2)와 강
원도 삼척시에 속하는 고포3), 월천, 호산, 작진, 용화, 초곡, 장호가
시의 소재다. 이성교는 죽변부터 차례로 이어지는 동해안 어촌 공간을
통해 그곳에서 살아가는 사람들의 삶의 애환을 주정적인 세계에 지적
인 것을 가미하여 이야기로 형상화한다.

「동해안 서정 1-죽변에서」는 울진 장씨들이 집성촌을 이루며 살고
있는 지역적 특성을 "울진 장씨가/ 씨글거리는 죽변"으로 묘사한다.
지금도 울진과 죽변에는 4,000여 명이 넘는 울진 장씨들이 모여 살고
있다. 그렇게 그들이 모여 거칠고 가쁘게 살아가는 삶을 "씨글거리다"
라는 동사를 통해 그들의 역동적 삶을 그려냈다. 또, 죽변항에는 다랭
이를 비롯해 여러 잡어들이 많이 잡히는 것으로도 유명하다. 이런 지
리적 특성을 기반으로 장씨 집안에 시집온 며느리를 등장시켜 시인은
그곳 사람들의 간절한 바람이 풍어라는 것을 언술한다. "먼 바다엔/
새아기의 간절한 바람으로/ 시퍼런 다랭이들이/ 펄펄 뛰고" 있는 역동

---

2) 울진군은 강원도에 속했으나 1963년 경상북도 울진군으로 행정구역이 바뀐
다. 울진군은 이성교가 유년기와 청소년기를 보낼 때까지 강원도에 속했다.
3) 고포는 내(川) 하나를 두고 남북에 따라 경북과 강원으로 행정구역이 나누
어진 마을이다.

적 이미지를 통해 풍어를 기원하는 이곳 사람들의 소망을 형상화한다. 또한, 대화체와 집성촌의 특성에 따른 "꽃방우 아재", "아주머니" 등의 시어를 통해 인정이 넘치는 이곳 어촌 마을 사람들의 형상을 지역 특유의 언어와 문화로 노래하고 있다.

「동해안 서정 3-나곡에서」는 "굴곡이 진 나곡"이라는 언술을 시작으로 굴곡진 나곡의 해안 정경을 묘사한다. 나곡 마을 뒷산은 태봉산이다. 산줄기를 따라 여러 골이 있는데 그 골 중 태봉골이 있다. 태봉골은 이성교의 모친 김옥연 여사의 고향으로 시인은 "우리 어머니/ 늘 눈물이 날 때면/ 예 와서 속을 묻었단다."라는 언술을 통해 어머니의 고된 삶과 애환을 시로 형상화한다. 그리고 "그리운 얼굴이/ 떠 있는 바다./ 태봉골의 역사가 흐르는 바다."라는 언술은 두 개의 바다로 의미화된다. 하나는 그리움과 연결되어 어머니를 소환하는 바다이며, 다른 하나는 어머니의 삶과 태봉골로 상징되는 이곳 마을 사람들의 역사적 삶을 반영하는 바다다. "그리운 얼굴이/ 떠 있는 바다"는 시인이 이곳 바다를 통해 어머니의 얼굴을 연상하며 위안을 얻는 자기 정화의 바다다. 이 바다는 시적 자아와 어머니의 추억이 담긴 공간이기도 하다. "태봉골의 역사가 흐르는 바다"는 태봉골에서 자라던 어머니의 이야기를 비롯해 이곳 해안가 마을 사람들의 삶의 애환이 고스란히 담긴 역사로 상징된다. 이처럼 이성교는 바다를 통해 자기 정화와 위안, 해안가 마을 사람들의 삶의 애환의 역사성을 연작 형식을 통해 형상화하고 있다.

「동해안 서정 4-고포에서」는 슬픈 해안가 마을 사람들의 이야기를 형상화하고 있다. 고포는 개울(川) 하나를 두고 아랫동네와 윗동네가 경북, 강원으로 각각 나뉜다. 이런 해안가 마을의 형편을 시인은 "조그마한 개울 하나를 두고./ 어디 붉다 희다 하랴."라고 언술한다. 한 공간에서 살아가는 이들 마을 사람들은 자연의 계절을 같이 맞이한다. 하지만 행정구역이 나누어진 까닭에 반상회를 따로 하고 어촌 관리도 따로 하는 등 인간의 행정이 인간을 나뉘었다. 그러나 이성교는 "풍채 좋은 박영감은" "하루에도 몇 번 울진, 삼척을 드나들었다."라는 발화를 통해 인간의 행정구획이 고포 마을 사람들에게는 무의미한 구획임을 언술한다. 이처럼 시인은 윗동네, 아랫동네 할 것 없이 한 공간에서 더불어 살아가는 공동체적 삶을 그려내고 있다. 더욱이 고포에는 할무개 이야기가 전해지고 있다. 고포를 이르는 다른 명칭이 "할무개"4)다. 러일 전쟁 때 해안가로 밀려온 어뢰를 어뢰인 줄 모르고 도끼로 찍어 마을 사람 모두가 한꺼번에 죽었다고 하여 할무개(한모개)라 했다. 그래서 고포 마을은 제삿날이 한날인 집들이 많다. 이런 슬픈 이야기를 지닌 고포 해안 마을도 "눈을 크게 뜨고 아래 구석을 보면/ 시꺼먼 시꺼먼 구름이 물려든다. 세상에 더 없는 미역 숲이 다가온다."라는 언술을 통해 이성교는 고포의 명물 고포 미역이 그들 삶의 희망이자 희구임을 노래한다. 이처럼 이성교는 연작 형식을 통해 동해안 해안가 마을의 삶과 애환을 주정적이면서도 주지적으로 그려내며, 여기에 이

---

4) 러일 전쟁 때 고포 바다에 던져 놓고 다니는 어뢰가 해안가로 밀려들어 왔다. 마을 사람들이 아침 식전에 깨서 나가 보니 바닷가에 시커먼 고래 같은 것이 3~4개 떠다녔다. 그것을 보러 마을 사람들이 하나둘 모이다 보니 전체가 다 모였다. 어뢰를 살피며 이러쿵 저러쿵 이야기를 하는데 젊은 놈 하나가 그냥 그것을 보고만 있지 못하고 집에서 도끼를 들고 나와 어뢰인 줄도 모르고 그것을 때렸다. 그러자 어뢰가 터져 모두 전멸했다. 거기서 나온 말이 할무개이다. 할무개는 하루 묵어 가지고 다 죽어 버려서 할무개(한무개)다. 한꺼번에 죽었다고 하여 할미개(한모개)라고도 한다.(최도식, 「할무개」, 『디지털삼척문화대전』, 한국학중앙연구원.
http://samcheok.grandculture.net/samcheok/search?keyword=%ED%95%A0%EB%AC%B4%EA%B0%9C)

야기가 내재한 시로 시적 변화를 가져왔다.

　　廣島 우리 동포들/ 어떻게 어떻게 살다가/ 그리움이 하얀 소금되어/ 까치 설날도 잊었다.// 旭橋 건너/ 己斐길 香月 婦人은/ 자꾸 웃고 있는데,/ 평화는 저들의 것뿐/ 늘 강바람이 차다.// 우리 동포들 뚝 아래/ 바람집을 지어놓고// 또 다른 세상 기다린다/ 또 다른 세상 기다린다.// 배추뿌리 캐먹던/ 그날의 악몽 太田川에 씻으면서/ 아직까지 倭말이/ 찬바람에 서툴다.
　　　　　　　　　　　　　　　　　　　― 「廣島 戀歌・2」 부분


　　광도에/ 눈이 온다는 것은 옛말/ 검은 비 내린 후/ 눈물이 땅속 깊이/ 스며들었기 때문이다.
　　　　　　　　　　　　　　　　　　　― 「광도 연가・8」 부분


　　그 옛날/ 불비 내리던 날의 환영이/ 구름 속에 일렁이고 있다.
　　　　　　　　　　　　　　　　　　　― 「광도 연가 9」 부분


　이성교는 1990년 교환교수로 히로시마에 가게 된다. 그곳에서 그는 원폭피해자들을 만난다. 원폭피해자 중에는 일본인만 있었던 것이 아니다. 히로시마와 나가사키에는 조선인 노동자들이 수만 명 거주하고 있었다. 전후 일본은 원폭이 투하된 곳에 평화의 공원을 만들었으며, 원폭피해자에 대한 의료지원 및 생활비 지원을 한다. 그런데 일본인이 아니라는 이유로 조선인들은 원폭피해에 따른 육체적·정신적 고통뿐만 아니라 생활비 지원은 고사하고 의료지원마저 받지 못한 실정이었다. 그 이중(二重)의 피해를 고발한 시가 『광도 연가』다.
　「광도 연가 2」는 히로시마에 살고 있는 우리 동포들의 서럽고 비참한 삶을 형상화하고 있다. 더욱이 "평화는 저들의 것뿐/ 늘 강바람이 차다.// 우리 동포들 뚝 아래/ 바람집을 지어놓고// 또 다른 세상 기다린다"라는 언술을 보면 한국인을 소외시키고 배제한 '일본인만의 평화'라는 시인의 인식이 내재하고 있다. 더욱이 우리 동포들의 생활 참상(바람막이 집)을 사실적 기법을 통해 묘사함으로써 그들이 겪어야 했던 육체적·정신적 아픔과 고통을 시화했다. 그 아픔과 고통 속에서도 희망을 잃지 않고 "또 다른 세상"이 오기를 기다리는 우리 동포의 눈물겨운 삶을 미래지향적 의지로 노래한다.

「광도 연가 8」과 「광도 연가 9」는 원폭 투하 후 히로시마의 참상을 그려내고 있다. "검은 비"로 상징되는 방사능 재와 그 참상을 겪은 사람들의 눈물이 히로시마에서의 삶이 얼마나 혹하고 비참한 삶이었는가를 "눈이 온다는 것은 옛말"로 형상화되고 있다. "눈"으로 비유된 희망과 아름다움은 옛말이 되어 더 이상 희망과 아름다움을 찾아볼 수 없는 히로시마가 그려진다. 더욱이 원폭이 투하된 상황을 "불비"로 상징하면서 아비규환의 절망적 현실, 극한의 인간 상황을 통해 전쟁의 참혹함과 함께 원자폭탄의 가공할 만한 파괴가 인류의 죄악이라는 것을 현재화한다.

이처럼 이성교는 연작 형식을 통해 주정적인 세계에 지적인 것을 가미해 나갔으며, 단조로운 시의 분위기로부터 벗어나 이야기가 내재한 시로 변모해 나갔다. 그로 인해 연작 형식의 시들이 대거 늘어나게 되었으며, 시편의 수도 5편 이상의 연작이 상당수 창작된 결과를 가져왔다. 이성교는 이런 연작 형식을 통해 지역적 공간에서 펼쳐진 인간 삶의 애환을 보편적인 인간 삶의 애환으로 의미화했다. 또한, 그는 연작시를 통해 민족과 인류의 아픔과 참상을 적극적인 극복 의지로 형상화하여 미래지향적인 희망을 시에 담는다.

이성교는 강원도적인 것이라는 시의 분위기를 바꾸지 않고 그 속에서 새로움을 추구하기란 참으로 어려운 것이라고 표백한다. 더욱이 "종전의 시세계에서 얼마 발전하지 못하고 앉은뱅이 걸음을 한 것이 바로 제3시집 『보리필 무렵』과 제4시집 『눈온 날 저녁』이었다.// 시단 데뷔 30년만에 낸 제5시집 『남행 길』도 이 범주에서 크게 벗어나지 못했을 것이다. 단지 한 가지 이색적인 것이 있다면 기독교적인 색채가 심심치 않게 깔려 있었다고 할까?"5) 이처럼 이성교의 초기시는 '강원도적'이라는 시적 분위기를 벗어나지 못했다. 특히, 초기시의 소재들은 대부분이 고향 삼척과 강릉 일대가 주된 소재로 영동지역에 한정된 소재성을 보여주었다. 그런데 제5시집 『남행 길』에 와서 그의 시적 분위기는 시의 소재와 시상을 확대하면서 변모를 가져온다. 게다가 그의 표백처럼 기독교적 색채가 몇몇 시들에 드리워지면서 그의 시세계는 변모를 맞는다.

우선 기존의 고향 월천, 삼척, 강릉 등 영동권 일대를 비롯해 「주음치리」(강원 홍천), 「수하리 비가」(강원 홍천), 「정선별곡」(강원 정선), 「온양별곡」(충남 아산), 「부석리」(경북 영주), 「보길도 소묘」(전남 완도), 「천원별곡」(충남 아산), 「흑석동」(서울), 「제주도 생각」(제주), 「청주의 부름」(충북 청주), 「평택에서」(경기도 평택), 「장항선에서」(전북 장항), 「거제도에서」(경남 거제) 등 전국으로 월천은 시의 소재와 배경을 확대한다. 더욱이 백두산(「백두산 가는 길에」), 북간도(「북간도 생각」), 중국 서안과 상해, 일본 히로시마 등 해외지역으로까지 그의 시적 소재와 배경은 확장된다. 이러한 시의 소재와 배경의 확장은 몇몇 특수한 목적시(행사시)를 제외하고는 주정적인 세계와 전통적인 정서가 더해지면서 지적인 면이 흡수되고 여기에 일부 시에서는 기독

---

5) 이성교, 앞의 책, 349쪽.

교의 색채마저 짙게 깔리게 된다.

> 안개가 걷히기 전/ 중국은 진흙 속에서/ 새로 태어났다./ 하이얀 연꽃으로……// 옛날 세력 다툼하던/ 연안로(延安路)에도 이슬이 핀다/ 회한의 눈물이……// 중국은 끝없이/ 진흙 속에서/ 꽃을 피우고 있었다.
> ― 「중국 인상-상해에서」 부분

> 장안에 낡은 소문이 떠돌더니/ 햇비 많이 쏟아졌다. <중략> 잠시 구름/ 속에/ 바람이 지난 후/ 또 하나의 역사가 흘렀다./ 자유가 마구 흘렀다./ 이제 흙으로 빚은 사회주의도/ 자유 속에 다 갔다./ 모택동도 주은래도 등소평도/ 햇비 속에 다 갔다.
> ― 「해지는 서안·2」 부분

이성교의 시상 확장은 중국으로까지 확대된다. 중국 상해와 서안을 여행하고 쓴 시편을 보면 당시 중국은 사회주의의 변화를 겪고 있었다. 이성교는 억압과 통제, 권력 다툼을 하고 있던 사회주의 국가 중국을 진흙에 놓인 상태로 이미지화한다. 또 중국의 사회 상황을 흐릿하고 안개 자욱한 이미지로 묘사한다(「해지는 서안·1」). 그리고 중국식 사회주의라고 하는 수정사회주의로 변화된 중국을 "하이얀 연꽃"으로 상징화하면서 진흙 속에서 핀 꽃으로 현재의 중국을 이미지화한다.

「해지는 서안·2」에서는 "햇비 많이 쏟아졌다"라는 시행에서 보듯 개혁이 일어나고 있는 상황을 햇비로 상징화한다. 그리고 "구름", "바람" 등 자연물을 통해 과거 중국의 사회주의, 공산주의의 어두운 정치, 경제 체제를 이미지화한다. 반면, 중국식 사회주의로 변화한 상황을 "또 하나의 역사가 흘렀다"로 발화함으로써 역사의 변화를 자연의 자연스러운 흐름으로 형상화한다. 이러한 역사 인식은 시대의 흐름처럼 자유마저 자연의 자연스러운 흐름으로 형상화하여 중국 내 자유의 물결을 강조하고 있다.

이처럼 이성교는 서정적인 서경을 통해 중국의 사회주의 변화와 자유 중국으로의 변화 과정, 그리고 그에 따른 국제 정세를 주지적으로 시화한다. 이러한 시적 변화는 그의 시적 소재가 초기시에서 본 영동 지역의 향토성, 토속성에서 벗어나 새로운 소재로 확장되어 나갔기에 가능하다.

오죽했으면/ 고향산천 버리고/ 그 험한 길/ 떠났을까.// 북간도로 간/ 소 울음소리가/ 늘 귀에 들렸단다.// 단단히 살 길 찾아놓고/ 다시 온다던 맹세./ 어느 날/ 황토 흙을 보고/ 그렇게 울었다지.// 어느 추운 날/ 수수깡으로 엮은/ 뒷간에 갔다가. 피눈물을 쏟고// 영 거지로 돌아왔다지./ 꿈에 시퍼렇게 일던/ 풀의 유혹도 뿌리치고/ 결국 돌아왔다네.// 그때 허수아비도/ 영 초라한 모습 보고/ 허옇게 웃었다네.

- 「북간도 생각」 전문

「북간도 생각」은 이성교 부친의 이야기다. 젊은 시절 부친이 북간도로 갔다가 다시 고향 집으로 돌아온 이야기다. 마치 성경에 나오는 탕자의 비유처럼 기독교적 이미지를 통해 시가 전개된다.[6] 그의 부친은 결혼 후 살길이 막막하여 북간도로 가 살길을 찾고자 한다.[7] "오죽했으면/ 고향산천 버리고/ 그 험한 길/ 떠났을까."의 언술처럼 부친은

---

6) 제7시집 『동해안』의 「돌아온 탕자」를 비롯해 탕자의 비유 이미지는 부친이나 외삼촌과 관련하여 시화된다. 대개 이때 성경에 나오는 탕자의 비유는 기독교적 이미지로 형상화된다.
7) 이성교, 「나의 문학적 자서전(1)」, 『창조문예』 2007. 1월호, 창조문예사, 2007.1, 133~134쪽.

일제의 수탈과 핍박(逼迫)에서 벗어나 살길을 찾아 고향 월천마저 버리고 북간도로 간다. 당시 일제의 수탈과 핍박이 극에 달하자 수많은 조선인들은 새로운 살길을 찾아 북간도로 갔다. 그러나 북간도에서의 삶도 녹녹하지만은 않았다. "단단히 살 길 찾아놓고/ 다시 온다던 맹세"는 그곳에서의 험하고 가혹한 삶에 좌절을 겪는다. 결국 시의 화자는 "피눈물을 쏟고" 거지가 되어 돌아온다. 새로운 삶에 대한 부푼 꿈, 드넓은 땅에서 새롭게 정착을 하고자 했던 실낱같은 희망은 그곳에서 혹독한 고초를 겪고서 "거지로", "초라한 모습"으로 돌아오게 된다. 이처럼 이성교는 부친의 이야기를 통해 일제의 수탈과 핍박을 피해 북간도로 간 조선인의 혹독한 고초를 시로 형상화했다. 고향 산천마저 버리고 떠나간 그곳은 희망의 공간이 아니라 또 다른 핍박과 가혹한 삶의 공간이었다. 그나마 고향 산천의 공간이 위로와 위안의 공간이자 새로운 시작과 희망의 가능성이 내재하는 공간인 셈이다. 이성교의 부친은 고향으로 돌아온 후 밤낮으로 일해 논마지기를 사 가족을 건사할 수 있는 자립 농가가 된다. 이렇듯 이 시에서 이성교는 향토성, 토속성에서 벗어나 북간도 이주를 소재로 고향이야말로 안정과 안락, 평안과 평온을 가져올 수 있는 삶의 공간임을 시사한다.

  이따금 숲속/ 쓰러져가는 고산목이/ 몸을 비틀며/ 아픈 소리를 하고 있었네.// 해도 반 밖에/ 떠오르지 않는다는/ 깊은 산골 이도백하/ 백두산 오른다는 흥분으로/ 눈을 다 열어놓았네/ 가슴을 다 열어놓았네// 그렇게 취할 수 있을까/ 그렇게 힘이 날 수 있을까// 새삼 해방되었을 때/ 땅을 치며 우시던/ 어머님 생각이 났네.// 백두산 가는 길은/ 안개에 묻힌 길이었네.

                - 「백두산 가는 길에」 전문

「백두산 가는 길에」는 우리 민족에게 놓인 분단의 아픔과 현실을 극복하고자 하는 의지를 보여준다. 시인은 민족 분단의 현실을 "쓰러져가는 고산목이/ 몸을 비틀며/ 아픈 소리를 하고 있"는 형국으로 상징화한다. 나아가 남북으로 대치된 위기의 상황을 "쓰러져가는 고산목"에 비유하고 있으며, "몸"으로 비유되는 우리 민족의 분단 현실을 "아픈 소리"로 형상화한다. 그러나 민족의 영산 백두산을 오른다는 화자의 흥분과 기대감은 "눈"으로 비유되는 지각과 경험의 세계와 "가슴"으로 비유되는 감정과 정서의 세계를 열어 하나되게 한다. 하나된 지각의 세계와 감정의 세계는 우리 민족 누구에게나 백두산이 갖는 의미를 되새기게 한다. 그렇기에 백두산을 오르는 일은 취할 수밖에 없고 힘이 날 수밖에 없는 민족 통일의 염원이다. 그 민족 통일의 염원은 마치 일제로부터 해방되던 그 기쁨과 다를 바 없다. 그래서 화자는 "해방되었을 때/ 땅을 치며 우시던/ 어머님"의 그 기쁨과 동일한 기쁨으로 비유한다. 다시 말해, 분단 현실을 극복하고자 하는 시인의 의지의 표현이자 바람이다. 하지만 "백두산 가는 길은/ 안개에 묻힌 길"이듯이 민족 통일은 안개에 묻힌 길처럼 어렵고 힘든 일이며 불확실한 상황이다. 이처럼 이성교는 우리 민족에게 백두산이 갖는 상징성을 통해 분단의 현실과 그 극복에 대한 통일 염원을 그동안 그가 다루지 않았던 소재를 통해 시로 형상화하고 있다.

이처럼 이성교 중기시의 소재는 추상적인 것이 없다. 직접 생활에서 그가 체험한 시의 소재와 제재를 가져왔다. 그 대표적인 사례가 공간, 곧 지리·지명적인 소재다(서안, 북간도, 백두산 등). 이 시의 소재는 이성교의 경험에 내재한 체험의 소산이며, 그 지역의 지리·지명적 특색을 통해 그는 시의 소재에 마을 공동체의 애환이나 민족의 애환을 담아낸다. 더 나아가 향토성, 토속성에서 벗어난 소재들도 대거 나타나는데 이 경우 그는 우리 민족의 현실적 상황과 기독교적 이미지 등을 통해 민족이 겪은 아픔과 좌절, 염원과 희망을 시로 승화시킨다.

## 4. 공동체의 동심(童心) 공간과 공간적 실천

작가가 자신의 체험 공간을 시의 배경으로 재현해서 창작하는 행위 그 자체는 이미 공간적 실천의 한 양식이다. 르페브르는 우리의 공간 지각이 이미 일종의 실천이며, 사회적 가치를 재생산하고 있다는 사실을 우리에게 주지시킨다. 이런 점에서 우리가 이성교의 시에 주목해야 하는 이유는 그가 처녀 시집 『산음가』에서부터 지속적으로 강원도, 특히 강원 영동지역에 대한 공간 지각을 시로 승화시키고 있다는 점이다. 이성교 시의 배경이자 소재가 되고 있는 강원 영동지역은 그의 공간적 실천을 간파하게 하는 대목이라 할 수 있다.

이성교는 대관령에 담긴 여러 이야기를 풀어 '대관령'이라는 공간에 내포된 강원 영동지역의 애환을 막힘과 트임, 닫힘과 열림으로 재현한다. 그리고 그 가운데 구성된 애환을 공간 재현으로 형상화하여 부성 공간과 모성 공간, 만남과 이별의 공간이라는 보편적 주제로 시화함으로써 공간적 실천을 이루고 있다.

작년 봄 우리 님 이 산을 넘을 제/ 아흔 아홉 굽이마다 눈물이 서렸나니,/ 얼켰던 머리카락 눈빛에 새로워라.// 소복하고 오실 님의 머나먼 구름밭./ 정왕산에 비만 내려 산천만 푸르렇다./ 해발 八白米. 돌아가면 千里. 올라가면 萬里./ 봄바다 멀리 산앵두 핀다./ 내려다보면 어찌도 푸른 짐승이/ 높디 높은 하늘처럼 둥둥 떠서 놀까.// <중략> 仙子

嶺을 따라서 국수당에 오르면/ 피에 젖은 옷조각, 마르지 않는 눈물./ 귀신나무 소나무만 애처러이 자랐거니,/ 목이 말라도 목이 말라도 이 산을 부르면/ 눈 앞엔 시원히 海圖가 열린다.

― 「대관령을 넘으며」 부분

　　이성교는 「대관령을 넘으며」를 창작하기 위해 『강원도지』를 살피고 조사하면서 공간을 구상했다. 특히, 이성교는 강원 영동지역 사람들에게 대관령이라는 지배적 공간이 갖는 지각을 통해 지리적 위상과 심리적 위상, 물리적 공간과 정신적 공간을 상호 연결함으로써 공간적 실천을 간파한다. 더욱이 영동지역 사람들의 일상적인 현실(일상생활)과 중앙으로의 진출을 향한 이상과 꿈(도시 공간)을 밀접하게 연결함으로써, 이것들을 하나의 관계망 안에 내포시켜서 공간적 실천을 직조한다. '대관령'은 영동과 영서를 연결하는 채널이며, 지방과 중앙을 연결하는 채널로써 공간적 실천의 한 양식이다. 이성교는 「대관령을 넘으며」에서 관계로서의 연결망을 통한 공간적 실천을 보여준다.

　　「대관령을 넘으며」의 1연은 설화라는 이야기의 공간이자 과거의 공간을 통해 '대관령'이 만남과 이별의 공간임을 재현해낸다. 그런데 이 이야기는 과거의 이야기이지만 과거일 수만은 없는 현재의 이야기이기도 하다. 그리고 동시에 현재의 공간이기도 한 것이다. 따라서 시인은 과거의 공간, 과거의 이야기를 현재의 공간 속 현실의 이야기로 구상함으로써 과거의 일상 공간과 현재의 일상 공간을 서로 연결한다. 이처럼 그는 과거와 현재의 공간을 잇는 연결망을 인식(지각)함으로써 공간적 실천을 직조한다. 그리고 2연 역시 '해발 팔백미터, 돌아가면 천리, 올라가면 만리'라는 고도와 거리의 위상학적 공간을 공간으로 재현하고 있을 뿐 아니라 그 물리적 고도와 거리를 심리적·정신적 공간으로 재현(공간 재현)하여, 영동지역 사람들이 받는 일상의 아픔과 고통, 이상 실현의 한계 상황 등을 재현(재현 공간)함으로써 공간 재현과 재현 공간의 연결망을 공간적 실천으로 직조한다.

그런데 이성교의 공간적 실천은 그가 가진 공간 능력, 곧 젊은 시절 대관령을 넘는 경험과 어울려 시 창작으로 수행되고 있다. 이러한 시인의 수행 자체는 바로 공간적 실천이라 할 수 있다. 더욱이 공간적 실천을 통해 그는 자신의 일상적 현실(자본주의에 의한 소외, 불안)과 영동지역을 떠나 살아온 도시 현실(고향에 대한 동경, 유년 시절에 대한 추억)을 서로 연결하는 연결망을 통해 일종의 일관성 있는 시적 세계를 생산한다.

이성교의 공간적 실천은 '영동지역'이라는 특정한 장소, '강원도'라는 고유한 공간의 총체성으로 나아간다. 그는 처음부터 강원도의 시인이 되려고 마음먹은 것은 아니다. "자네는 강원도 사람이니 강원도 사람의 생활을 노래해야 하네."라는 서정주의 격려에 힘입어 강원도의 생활과 정서를 재현하고자 했다. 물론 일부에서 그의 시에 대한 비판이 일자 그는 도시를 배경으로 도시적 감수성을 담아「서울 사람」이라는 시를 발표하기도 한다. 그가 지향한 시적 세계에서 벗어나 다양한 시의 세계를 보여주고자 했다. 공간적 실천은 어느 정도 응집성을 지녀야 하지만 그 응집성이 반드시 일관성을 의미하지는 않는다. 비록 시인에게 여러 우여곡절도 있었지만 그것도 잠시, 이를 극복하고 그는 강원도를 시적 대상으로, 배경과 소재로 삼아 강원도의 향토적 정서를 줄기차게 시로 승화시켰다. 이처럼 이성교는 강원도, 영동지역을 시적 대상으로 삼아 강원도의 생활과 정서를 시(공간적 실천)로 생산과 재생산하였으며, 지속적으로 강원도를 시의 대상으로 유지시켜주는 데 필요한 사회적 훈련을 통해 그의 초기시가 산의 이미지에서 바다의 이미지로 전환되는가 하면 향토적 정서에서 전통적 정서로 그 범위를 확장해 나가는 계기가 된다. 또한, 그는 "이제 나는 처음 마음먹었던 그 정신대로 방황하지 않고 강원도 생활이라는 무대를 대전제로 하여 산골이든 어촌이든 가리지 않고 폭넓게 전통 정신을 노래하련다."와 같이 공간적 실천을 표명한다. 그의 '강원도'라는 시적 응집력은 사회적 공간과 주어진 사회의 구성원으로서 공간과 맺는 관계에 있어서 확실한 시적 능력과 이 시적 능력을 실제로 사용해 작품으로 공간적 실천을 수행하고 있다. 더욱이 사회 구성원 각자에게 고유하게 주어진 공간 능력과 공간 수행은 어디까지나 경험에 의해서만 검증된다고 할 수 있다. 그런 점에서 「강원도」 연작, 「흑석동」 연작, 「동해안 서정」 등의 시에서 그의 경험에 기초해 시시각각 달라지는 강원도 영동지역 사람들의 애환에 담긴 정서를 그는 '인정(人情)'의 노래로 실천한다.

    살다보면 억한 심정도 있지만/ 강산이 좋은 약이 되어준다/ 강산이 좋은 약이 되어준다.// 동으로 가도 집이 있고/ 서로 가도 집이 있고/ 남으로 가도 집이 있고/ 북으로 가도 집이 있어/ 강원도는 경계가 없다/ 어디고 인정의 줄이 닿아 있다.
— 「강원도·2」 부분

그런데 공간적 실천이 시인의 일상적인 실천 양식이라 할 수 있는 시 창작의 수행 행위만으로 이루어지는 것은 아니다. 시인의 언술 행위는 이미 하나의 실천 양식이라 할 수 있다. 더욱이 텍스트의 언술 행위와 언표 내용은 언술 행위의 주체와 언표 내용의 주체라는 이중적인 주체를 구성하고 있다. 따라서 텍스트의 언술은 시적 주체의 몸을 구성한다. 그러므로 공간적 실천은 텍스트의 언술 행위를 통해 지각된 공간으로 나타날 수 있으며 주어진 사회의 공간적 실천이 자신의 공간을 해독함으로써 그 모습을 드러낼 수 있듯이 텍스트의 언술 행위는 언표 내용을 해독함으로써 그 공간적 실천을 드러낼 수도 있는 것이다.

　인간이 사회적 공간 안에서 사는 이상 누구나 "살다보면 억한 심정"이 있기 마련이다. 자의든 타의든 사건에 휘말려 분하고 노하여 감정이 북받쳐서 가슴이 꽉 막히는 것같이 답답함을 겪지 않은 사람이 있겠는가. 그런데 그 억한 감정을 다스리는 명약이 강산이다. 산을 오르면서 마음을 다스리고 유유히 흐르는 강을 바라보면서 강물과 함께 그 억한 감정을 떠나보낸다. 이렇게 모든 세상사 번민을 다스리고 떠나보내는 풀린 마음, 트이고 열릴 수 있는 마음이 "인정"이다. 이성교가 줄기차게 강원도를 그의 시의 배경과 소재로 삼아서 공간적 실천을 생산하고 재생산하고자 한 연유가 여기에 있다. 그는 동서남북 어디로 가든 집이 있고 사람이 있다(관계망)는 언술 행위를 통해 오늘날 사회적 공간에서의 인간의 의미를 언표화 한다. 그리고 그 인간의 의미를 '강원도=인정'이라는 공간적 실천을 통해 보여준다. 도시(서울)에서 멀리 떨어진 강원도 사람, 곧 영동지역 공동체의 순수하고 순박한 열린 마음(동심)은 이방인과 대면할 때 경계가 없다. 이들에게는 경계가 없기에 집과 집끼리, 사람과 사람끼리, 마을과 마을끼리, 상호 관계망 속에서 인정의 줄을 이으며 살아갈 수 있는 것이다. 이것이 시인이 체험한 강원 영동지역의 삶이자 그가 공간적 실천을 통해 보여주고자 하는 바이다.

　공간적 실천은 일상적 생활과 일상적 공간이 그 자체를 위해 재생되어야 하며, 결정적으로 "체험된 계기"로써 재생되어야 한다. 체험된 계기는 어떻게 해서든 일상생활을 탈소외화 해야 한다. 일상생활을 탈

소외화할 수 있는 것이 바로 축제이다. 축제는 일상생활과 분리되지 않는다.

> 둥둥 북소리에/ 만국기가 오르면/ 온 마을엔 人花가 핀다.// 청군 이겨라./ 백군 이겨라./ 연신 터지는 출발신호에/ 땅이 흔들린다.// <중략> 온갖 산들이/ 모두 다 고개를 늘이면/ 바람은 어느 새 골목으로 왔다가/ 오색 테이프를 몰고 갔다.
>   ─ 「가을 운동회」 부분

시골 축제는 "인간적 재희열"과 관련이 있다. 특히, 몸의 즐거움이 전유되면서 느리지만 확실하게 공간을 생산한다. 바로 시 「가을 운동회」는 시골 축제의 공간이다. 이 시골 축제의 공간은 학생들만의 행사가 아니라 지역 주민들 모두가 인간적 희열을 느낄 수 있는 공간이자 몸의 즐거움을 전유하는 공간이며, 넘치게 먹고 마시는 무의식이 허용되는 공간이다. 그렇기에 가을 운동회와 같은 축제는 무심결에 기억을 활성화하여 그 어린 시절 또는 그 시절 운동회의 추억 공간을 분비한다. 즉, 각자의 체험에 기초하여 가을 운동회를 재현해낸다. 그런데 이 축제는 어른들의 축제나 도시의 축제와는 그 성격이 다르다. 성인들의 축제, 도시의 축제가 자본주의적 생산 양식에 걸맞게 소비적이고 향락적이며, 소외와 불안의 성질을 내포한 축제라면, 이와는 대조적으로 어린 학생들이 중심이 되는 운동회는 순수하고 순박하며, 건강한 동심과 인정이 소비되는 공간이다.

이성교는 수필에서 「가을 운동회」에 대해 "둥둥 북소리가 울리고, 운동장 위의 하늘 가득히 만국기가 휘날리는 시골학교의 운동회 날이면 학교가 있는 마을로 곱게 차려입은 사람들이 모여들어 사람의 꽃이 핀다."라고 회고한다. 이것은 마을 사람들의 일상적 생활과 시골 학교의 일상적 공간이 운동회라는 축제 그 자체로 재생되고 있을 뿐만 아니라 시인의 체험된 계기로서 재생되고 있는 것이다. 그것은 "청군 이겨라/백군 이겨라/연신 터지는/출발신호"처럼 응원과 경기가 서로 어우러져 마을 주민 각자가 축제의 공간에 관계하면서 "땅이 흔들"릴 정도로 서로서로 관계망을 이룬다. 다시 말해, 마을 사람들의 일상과 특정한 장소인 학교의 공간이 관계망을 이루며, 청군과 백군으로 나누어 집단의 승부를 가르는 경기임에도 불구하고 마을 주민들이 한 공간 속에 서로 어우러져 관계망을 이루고 있는 것이다. 이러한 관계망은 그 어느 하나 소외됨 없이 일상생활을 탈소외화 하는 공간적 실천으로 나타난다. 이처럼 탈소외화된 가을 운동회의 축제 공간은 순박하고 건강한 동심, 인정과 풍요로 서로 어우러진 공간적 실천이라 할 수 있다.

　이처럼 이성교는 강원도와 강원 영동지역에 대한 공간적 실천을 강원도의 정서를 내면화해 강원도의 정서를 어질고 훈훈한 '인정'으로, 순수하고 순박한 동심으로 시화했다. 더욱이 축제를 통해 소비적이고 향락적이며 소외와 불안의 성질을 내포한 자본주의적 축제가 아니라 순수하고 순박하며, 건강한 동심과 인정이 한데 어우러진, 탈소외화된 축제로 그는 공간적 실천을 노래한다.*

---

＊「이성교 시의 이미지 연구」(『인문과 예술』 5, 인문예술학회, 2018), 「이성교 시의 공간분석 연구」(『한국민족문화』 61, 부산대 한국민족문화연구소, 2016), 「이성교의 중기시 연구」(『어문연구』 118, 어문연구학회, 2023) 등을 요약하여 재수록.

| 신작시

## 붉은 메밀밭 외 1편

성시하


영월 동강변 메밀밭에 섰습니다
척박한 모래밭에 미처 자라지 못한 크고 작은 메밀대들
까치발 들고 핏대를 세우며 안간힘으로 붉은 꽃을 피우고 있습니다
강가 물수제비뜨던 아이들이 메밀밭 속으로 뛰어듭니다
형형색색 포토존으로 몰려갑니다
나 꼬마였을 때 송아지 한 마리 보는 듯합니다
노을이 산봉우리에 내려앉으면
풀 뜯기던 소를 몰고 집으로 향했더랬습니다
갑자기 송아지가 꽃이 한창인 메밀밭으로 뛰어들었습니다
평화로운 밭에 아름다운 회오리를 마구 일으키며
흰 메밀꽃 파도타기 서퍼라도 된 양 날뛰었습니다
가까이 갈수록 더 날뛰는 송아지를
속수무책 바라만 볼 수밖에 없었습니다
아, 산골 적막이 깨지는 소리가 났습니다
어쩌면 좋아, 미칠 듯한 이 통쾌함 속에
검붉게 물들어 가는 하늘로 불꽃이 활활 타올랐습니다
송아지 한바탕 헤집고 나온 메밀밭은 순식간에

거센 물결 깊숙이 들어찼다가 빠진 여울목이 만들어진 듯했습니다
아침 식사를 하시던 할아버지가
송아지 코뚜레 해야 하네 그냥 뒀다간 낭패 보네
며칠 더 키워서 하지요 아직 어려서요 아버지 대답하셨습니다
다음 날 메밀밭과 먼 산으로 소를 몰아갔습니다
송아지가 그만 멧돼지 올가미에 걸렸습니다
마을 이장이 아직도 따뜻한 송아지를 업고 갔습니다
만취한 아버지 안방에 비슥이 앉아 밤새도록 송아지를 불렀습니다
붉게 타오르고 있는 그 서러운 메밀밭에 서녘바람이 다시 살아납니다
맑고 순한 눈으로 나를 바라보던 송아지와
그 송아지 쫓아다니다 지친 나를 측은하게 바라보신던 아버지가
뗏목을 타고 청청한 동강을 건너가는 듯합니다

## 달을 먹다

새벽에 열리는 삼척 번개시장,
빛바랜 파라솔 밑엔 생선 좌판 벌려놓고
할머니 서너 분 모여 앉아 닭고기회무침에 막걸리 한 잔씩 마신다

마, 꼭 돈 벌러 나왔나 이래 이래 나눠 먹고 살자고 안 나왔드나

바다 심연에서 반짝이던 달들
할머니 철쟁반 위에 가득 누워 반짝인다

머시 그리 바쁘나 사는 건 다 맘에서 나오는 거 아나

닭고기 구멍 같은 할머니들 입속으로 달들이
달그락 짜그락 잘도 넘어 간다

달은 밝고 잠은 안 오고 이제 딱 미쳤으면 하는 날도 안 있드나

복닥이는 나날 속에 때론 벚꽃 날리듯
확 풀어지는 마음도 있었겠지

삼척역에서 들려오는 기적소리 팔십이 넘어도 새파란 꿈 이고
어딘들 떠나고픈 마음이 아직도 남아있을까

무작정 청량리행 첫차를 타고 간 소녀
오십이 넘어서야 이곳에 앉아 달고기 한 점 계면쩍게 얻어먹는다

한쪽 구석에 대파가 달의 씨앗 같은 꽃대를 힘차게 밀어 올리고 있다
삼월 벚나무 우듬지에 낡아 가는 달이 정갈하게 걸려 있다

# 3부

## 강원문학의 현재와 미래

# 강원 근현대사의 쟁점

장경호

## 1. 머리말

그동안의 한국사학계에서는 중앙사 위주의 논문이 제출되는 한편, 최근 들어 각 지역의 사례 연구를 통해 지방사뿐만 아니라 한국사를 재조명하려는 시각에서 연구가 활발하게 전개되고 있다.[1]

하지만, 근현대 강원 지역사는 그동안 연구가 미흡했던 것이 현실이다. 1876년 개항을 거쳐 갑오개혁~대한제국기의 강원 지역사 연구는 동학농민운동과 의병 관련 연구가 진행되었을 뿐 갑오개혁 이후 지역 개편에 따른 특징과 그 변화를 살펴본 연구는 진행되지 않았다. 이는 자료적 한계에 기인한 것으로 향후 관보와 대한제국기 신문 자료 등을 통해 전환기 강원 지역의 변화에 대해 조명될 필요가 있어 보인다.

최근, 일제강점기 3·1독립운동을 거쳐 민족운동 및 사회운동에 대한 연구가 일부 진행되었고, 도시개발사 연구가 진행되었지만, 여전히 연구가 미진한 점이 보인다. 춘천, 원주, 강릉 등 강원에서 읍으로 성

---

[1] 최근 한국 근대사와 관련한 쟁점 사항은 한승훈 외, 『한국 근대사 연구의 쟁점』(한국학중앙연구원 출판부, 2023)을 참조.

장한 지역과 공업지대인 삼척지역 연구만 진행되었다. 강원 지역은 인구가 적었고, 부(府)가 설치되지 않았기 때문에 상대적으로 그 중요성이 간과되어온 측면이 있다.

이 글은 두 가지 목적을 가지고 있다. 하나는 지금까지 진행되었던 강원 지역 근현대사 연구를 정리해보고 이 중 쟁점이 되는 상황과 향후의 전망을 조망해보고자 하는 목적이 있다.

다음으로 이를 통해 강원 지역 내 문학과 어떻게 접목할 수 있을지를 살펴보고자 하는 목적이 있다. 강원 지역에 등장하는 여러 유력자들과 독립운동가들의 면모들은 판결문과 신문 등에 많이 등장한다. 이러한 자료들을 토대로 문학적 상상력을 가미하여 강원 지역 문학의 새로운 지평을 열 수 있을 것이다.

따라서 글의 구성은 일제강점기 독립운동사 및 교육사, 도시개발사 및 도회, 읍회 연구, 해방 이후 강원 지역 내 현대사를 차례로 살펴보고 마지막으로 문학과의 접목 가능성에 대해 살펴보고자 한다. 이를 통해 강원 지역 근현대사와 문학 간 협제 연구의 가능성을 제고하는 기회로 삼고자 한다.

## 2. 독립운동사

강원 지역 근현대사에서 가장 많이 연구된 분야로는 독립운동을 들 수 있다. 그중 시기상 가장 이른 의병 연구를 살펴보면 다음과 같다. 강원 지역 의병 연구는 최근 제출된 심철기의 연구가 대표적이다. 그는 을미의병부터 정미의병기 원주 지역을 중심으로 한 강원 지역 의병의 활동상에 대해 폭넓게 다룬 바 있다.[2] 특히 삼척지역 의병과 관련

---

2) 심철기, 『근대전환기 지역사회와 의병운동 연구』(서울: 선인, 2019).

된 연구는 영동지역 의병을 다루면서 부차적으로 다루어졌다. 을미의 병기에 민용호의 관동의진이 대표적인데, 관동의진에는 강릉을 중심으로 한 영동 의병과 지방 포수들이 함께 활동하였다. 1896년 4월에는 삼척으로 가는 경군과 교전을 벌여 13명을 사살하였고, 이 당시 이건필이 전사하였다. 정미의병의 경우 일본 측 보고에 의하면 1907년 11월 삼척지역 의병 300명이 근덕면 영은사를 근거로 활동하였다는 보고, 성익현, 연명태 등이 이끄는 의병이 원덕면 가곡동에 모여 있었다는 보고가 있고, 1908년 5월 8일 삼척 도계에서 20명의 의병이 전사하고, 9일 도계 남쪽 30리에 의병 500명이 일본군과 전투하여 62명의 의병을 포함하여 다수가 부상당했고, 삼척 남쪽 50리에서 400명의 의병이 전투하였다는 기록과 6월 1일 삼척 서남 90리에 50명의 의병 등이 전투하였다는 기록 등이 보인다.3) 삼척지역에서 활동하였던 의병장 김성삼(金成三)은 관동소모장으로 1908년 12월 삼척에서 활동한 바 있다. 향후 의병장과 이 지역 의병들의 활동들에 대해서 일본 측 보고서와 신문 자료를 통하여 자세히 살펴볼 필요가 있다. 하지만, 북강원 지역에서의 의병에 관한 연구는 미진한 상태다.

두 번째로 3·1운동이다. 조동걸에 의해 1970년대 강원 지역 3·1운동 연구가 진행되어 온 이래4) 강원 지역 내 3·1운동과 관련된 연구는 개설적인 연구가 주를 이루었다. 장경호는 『강원도사』에서 강원 지역 내 각 3·1운동의 전개 양상을 개괄적으로 정리한 바 있었다.5) 이는 연구라고 하기보다는 판결문을 토대로 강원 내 각 지역의 3·1운동을

---

3) 해당 내용은 『한국독립운동사자료 의병편Ⅳ』, 국사편찬위원회의 내용을 토대로 작성.
4) 조동걸, 「三·一運動의 地方史的 性格-江原道 地方을 中心으로-」(『역사학보』 47, 역사학회, 1970).
5) 장경호, 『강원도사 20권(의병·독립운동)』(강원도사편찬위원회, 2017).

살펴보고, 여기에 참여한 인물을 정리하였다는 점에서 의의가 있지만, 개별 지역의 연구를 살펴보지 못했다는 한계가 있다. 엄찬호 역시 강원 지역 내의 3·1운동 전개 과정에 대해 살펴보았는데, 이 글에서 주목할 점은 강원 지역 3·1운동 발상지가 철원이 아닌 춘천 지역이었다는 점을 새롭게 밝혔다는 점이다. 이후 강원 지역에서 3·1운동의 특성과 전개 과정을 개설적으로 밝혔다.6) 최근, 강원 지역에서도 미진한 연구 지역이었던 북강원도 지역인 이천 지역에서 3·1운동의 발발 과정을 밝힌 최용준의 석사학위논문이 제출되었다.7) 최용준의 연구는 향후 강원 지역 내의 3·1운동 특성을 살필 수 있는 사례 연구라는 측면에서 의의를 지닌다. 최용준 연구뿐만 아니라 영동, 영서, 각 지역 내 3·1운동이 어떻게 전개되었는 지를 살필 필요가 있어 보인다.

세 번째로 비밀결사운동이다. 3·1운동 이후 대한민국임시정부가 수립되자 국내외에서 청년외교단, 애국부인회, 조선민족대동단 등의 비밀결사 단체들이 생겨났다. 이들은 국내에서 조직되거나, 상해 대한민국임시정부의 인사들과도 연계되어 있었기 때문에 그 면모를 밝히는 것에는 어려움이 있었다.

강원 지역의 경우 대한독립애국단의 활동이 철원지역을 중심으로 전개되어 강원 영동지역으로 확대되었다. 엄찬호는 이 애국단의 활동에 대해 최초로 밝힌 바 있고,8) 장경호는 여기에 참여한 인물들이 영동지역 및 평창으로 확대되어가는 과정을 판결문을 통해 살펴본 바

---

6) 엄찬호, 「강원지역 3·1운동의 특성에 대한 재조명」,『강원사학』 33, 강원사학회, 2019).

7) 최용준, 「강원도 이천군 3·1운동 전개와 역사적 의미」(강릉원주대학교 석사학위논문, 2022).

8) 엄찬호, 「대한독립애국단 강원도단에 대하여」(『의암학연구』 19, 한국의암학회, 2019).

있다. 그리고 철원지역에서 애국계몽운동을 주도하던 인물들이 비밀결사운동까지 이끌었다는 측면에서 의의가 있다고 밝혔다.9) 향후 비밀결사운동과 관련된 인물들에 대한 정보 발굴이 선행된 이후 추가적인 연구가 진행되어야 할 것으로 보인다.

넷째, 민족운동 및 사회운동이다. 3·1운동 이후 일제에 의해 이른바 문화통치 시기가 전개되던 시기인 1920~30년대는 다수의 민족운동 단체가 만들어졌는데, 청년운동, 여성운동, 신간회 등이 바로 그러하다. 또한 청년운동과 신간회에 참여하였던 이들을 중심으로 사회주의 단체들이 생겨났다. 청년운동과 1930년대 사회운동을 살펴본 연구는 2001년에 제출된 조성운의 연구가 선구적이며10) 각 지역 청년, 사회, 민족운동 관련 연구들이 다음과 같이 진행되었다.

우선 청년운동의 경우 1920년대 보통학교를 졸업한 이들을 중심으로 전개되었다. 삼척지역을 예로 들자면, 삼척청년동맹에 참여한 이들 중 다수가 삼척농민조합을 조직하여 이 지역의 사회운동을 주도하였다. 이러한 활동에 참여한 삼척 출신 인물 중 서훈을 받은 인물들을 예로 들어보면 다음과 같다. 정의찬의 경우 삼척청년동맹 간부로 북삼면 쇄운리에서 삼운수성회 교양부로 선임되어 1931년 12월부터 이듬해 1월 29일까지 야학을 진행하면서 『농민독본』을 가르쳤다. 1932년 1월 제도 타파 및 사회개혁 관련 연설을 하였다. 1932년 2월 미신타파를 위해 쇄운리 성황당 4개소를 파괴하였고, 이로 인해 징역 10개월을 언도받았다. 석방 이후 1933년 북삼면농민조합을 조직하였고, 북삼면 농민조합 재건위원회 조직을 통하여 사회운동을 이어갔다. 영서지역

---

9) 장경호, 「대한독립애국단 강원도단의 결성과 영동지역으로의 확대」(『국학연구』 44, 한국국학진흥원, 2021).
10) 조성운, 『일제하 농촌사회와 농민운동』(혜안, 2001).

의 경우에는 횡성지역을 연구한 조규태의 연구11)와 춘천지역에 주목한 정병배의 연구가 있다.12)

영동지역의 경우 1920~30년대 강릉지역 사회운동에 대해 임호민의 연구가 제출된 바 있다.13) 이 연구를 기반으로 양양지역을 중심으로 한 장경호의 연구가 제출되었다.14) 신간회 역시 양양지역에 관한 성주현의 연구가 있고,15) 강릉지역에 관한 장경호의 연구가 있다.16)

그 외에도 강원 지역 내 동학농민운동에 관한 원영환과 엄찬호의 연구가 있고,17) 애국계몽운동기 국채보상운동과 관련된 김형목의 연구가 있다. 김형목의 연구는 강원 지역이 국채보상운동기 모금액이 타 지역에 비해 비교적 많지 않음에도 불구하고, 신문 자료와 기존 강원 내 각 지역의 국채보상운동 선행연구를 종합한 연구18)로 강원 지역 유일한 국채보상운동 연구라는 점에서 의의가 있다.

---

11) 조규태, 「1920년대 강원도 횡성지역 청년의 민족운동」(『한성사학』 23, 한성사학회, 2012).
12) 정병배, 「1920-30年代 春川地域의 靑年·學生運動」(한림대학교 석사학위 논문, 1995).
13) 임호민 외, 「1920~1930년대 강릉지역 사회운동의 전개양상」(『세계의 역사와 문화 연구』 51, 2019).
14) 장경호, 「1920~30년대 양양지역 청년운동」(『인문과학연구』 76, 강원대학교 인문과학연구소 2023).
15) 성주현, 「양양지역 신간회 조직과 활동」(『한국민족운동사연구』 73, 한국민족운동사학회, 2012).
16) 장경호, 「신간회 강릉지회의 조직과 활동」(『한국민족운동사연구』 111, 한국민족운동사학회, 2022).
17) 원영환, 「강원도 지방의 동학과 동학혁명」(『강원문화사연구』 5, 강원향토문화연구회, 2000) ; 엄찬호, 「차기석계 동학농민혁명군의 활동과 이후 동향」(『강원사학』 24·25합집, 2010).
18) 김형목, 「강원도 국채보상운동의 전개양상과 지역운동사에서 위상」(『한국민족운동사연구』 82, 한국민족운동사학회, 2015).

마지막으로 북강원도 지역은 거의 연구가 되어 있지 않은 미개척 분야라고 할 수 있다. 북강원도 지역에서 활동한 독립운동자들 중 미서훈 된 이들의 현황을 살펴보고 서훈 가능성을 살펴본 장경호의 연구만이 제출되었을 뿐[19] 상기한 이천 지역 3·1 독립운동을 살펴본 최용준의 연구 외에는 이 지역 연구가 이루어지지 않았다.

## 3. 교육사(학교사)

다음으로 교육사에 관한 것이다. 일제강점기 교육사 연구는 공립보통학교, 고등보통학교뿐만 아니라 사립학교에 대한 전반적인 연구가 진행되었고, 최근 개별 학교에 대한 사례 연구가 진행되고 있다.

일제강점기 교육사 부분은 강원 지역뿐만 아니라 타 지역에서도 현재 사례 연구가 진행 중에 있다. 고등보통학교뿐만 아니라 상업학교, 농업학교, 직업학교 등과 관련 연구들이 다수 제출되고 있는 가운데, 최근 일제강점기 강원 지역 중등학교를 살펴본 김헌의 박사학위 논문이 주목된다. 여기에서는 강원 지역 내 14개 중등학교의 설립 배경을 살펴보고, 이 학교가 설립되는 배경에 대해 살펴보았다. 먼저, 춘천농업학교가 갑종농업학교로 승격하는 과정과 1930년대 중등학교 확충계획 시행 이후 농업과, 임업과, 수의축산과로의 학과 개편 이후 양적 팽창 과정을 살펴보았다. 다음으로 춘천고등보통학교의 설립 배경을 살펴보았다. 1도 1고등보통학교 정책 하에 설립된 춘천고등보통학교는 1920년 춘천-강릉 간의 유치 문제를 겪은 끝에 춘천지역에 설립되었다. 다음으로 강릉농업학교와 춘천고등여학교가 설립되는 과정,

---

[19] 장경호, 「북강원도 미지정 독립유공자 현황과 서훈의 필요성」(『강원문화연구』 46, 강원문화연구소 2022).

1930년대 후반 강릉상업학교와 삼척공립직업학교 설립과정 등을 살펴보았다.[20] 이 연구는 향후 강원 각 지역 내 개별 학교 연구의 지향점을 제공하였다는 점에서 의의를 지닌다. 하지만 개별 학교의 설립 배경에만 주목하여 그 학교의 운영과 구성원, 졸업생의 활동 등에 대해서는 살펴보지 못했다.

강원 지역 내 사례 연구는 을사늑약 전후 세워진 강원 영동지역 사립학교의 연구가 진행되었다.[21] 이 연구에서는 대한제국기 신문을 통하여 각종 학교에 참여하였던 인물들을 토대로 학교의 운영 상황을 살펴보았지만, 자료적 한계상 그 실체에 정밀하게 접근하지는 못하였다는 한계가 있다.

직업학교의 유일한 사례 연구로 삼척공립직업학교에 대한 연구가 최근 제출되었다. 김헌의 연구가 삼척공립직업학교의 개교 배경을 살펴보았다면, 이 연구에서는 삼척공립직업학교의 개교 현황을 살펴보고, 이 학교 운영에 참여하였던 인물들과 졸업생들을 살펴보았다.[22] 하지만, 앞서 사립학교의 연구에서도 보이듯 자료적 한계로 인하여 학교의 운영을 정밀하게 살펴보지는 못했다는 한계가 있다.

요컨대, 중등교육 연구 단계에서는 김헌의 연구를 통해 학교의 배경에 대해 살펴보았지만, 초등교육 단계인 보통학교와 관련된 사례 연구는 그 배경조차 전혀 연구가 진행되지 않았다. 향후 강원 지역 중등학교를 포함하여 강원 지역 내 보통학교의 개별 연구가 진행되어야 할

---

20) 김헌, 『일제강점기 강원도 지역 중등학교의 설립 양상과 특질』(강원대학교 역사교육과 박사학위논문, 2024).
21) 장경호, 「1905~1910년 전후 강원 영동지역 사립학교 설립 현황과 졸업생들의 행보」(『한국교육사학』 43-1, 한국교육사학회, 2021).
22) 장경호, 「일제강점기 삼척공립직업학교의 운영과 졸업생의 활동」(『강원사학』 41, 강원사학회, 2023).

필요가 있다.

## 4. 근대 도시개발과 도회(도평의회), 읍회(면협의회)

근대 도시개발연구는 2009년 이후 전개되어 오고 있는 상태다.[23] 먼저, 영서지역 도시개발과 관련한 최근의 연구성과로는 고준성의 연구가 주목된다. 석사학위논문[24]을 발전시킨 해당 논문은 수부도시로의 춘천 지역이 경춘선 개발을 통해 그 위치를 위협받다가 다시금 도시개발을 통해 그 위상을 회복하는 과정을 신문 자료 및 총독부 문서를 통해 살펴보았다.[25]

원주 지역은 심철기에 의해 진행되었다. 일본군 헌병부대의 주둔 이후 감영 자리를 중심으로 일본 거리 조성이 된 측면과 이후 철도 부설 및 42번 국도의 연결을 통한 근대도시로의 성장 과정을 살펴보았다.[26] 이는 상기한 그의 저서 마지막 장에도 수록되어 있다. 또한 강릉지역의 도시개발 연구도 김흥술과 임호민에 의해서 연구된 바 있다.[27]

한편, 영동지역의 도시사와 관련해서는 삼척지역을 연구한 고태우

---

23) 장규식, 「일제 식민지기 연구의 현황과 추이」 역사학보』 199, 역사학회, 2008) Ⅵ장 도시·지역사 연구의 부상과 여성사 연구에서 확인할 수 있으며, 2009년 이후에도 수많은 도시사 연구가 축적되고 있다.
24) 고준성, 「조선말기~일제시기 춘천의 강원도 '수부(首府)도시화 과정과 의미: 강원도청 이전 논의를 중심으로」(서울시립대학교 석사학위논문, 2018).
25) 고준성, 「근대 춘천의 강원도 수부도시화 과정과 의미」, 『도시연구: 역사사회·문화』 34(도시사학회, 2023).
26) 심철기, 「강원감영의 이전과 원주의 근대도시 형성과정」(『강원사학』 29, 강원사학회, 2017).
27) 김흥술, 『강릉의 도시변천사 연구』(경인문화사, 2015) ; 임호민, 「근·현대 강릉 중심부 공간 활용 추이와 그 요인」(『강원사학』 29, 강원사학회, 2017).

의 연구가 주목된다. 그는 1937년 강원도개발위원회 및 삼척지역의 공업화 추진, 그에 수반한 여러 회사들의 등장 등에 주목하였다.28) 고태우의 연구를 통해 영동지역의 일면을 살펴볼 수 있지만, 여전히 수많은 자료가 산재함에도 불구하고, 영동지역 도시 개발사 연구는 진행되지 않았다는 한계가 있다. 2021년부터 삼척시립박물관에서 발간한 『삼척근현대자료집』은 신문 자료에 나타난 삼척지역의 모습을 통하여 향후 삼척지역의 근현대 모습을 조망해볼 수 있다.

특히 『삼척근현대역사자료집』 1권(1900~1927)의 발간과 2권(1927~1931)(2024), 3권(1931~1937)(2025년 발간 예정), 4권(1938~1945)(2026년 발간 예정) 등은 조선총독부 기관지인『매일신보』를 비롯하여 재조일본인들이 주도하여 발간한『부산일보』,『경성일보』를 비롯, 민족지인『동아일보』,『조선일보』등에 나타난 도시발달사의 내용들을 번역하여 수록하고 있다. 상기 자료집에 보이는 도시개발 내용은 향후 영동지역 도시 개발사 연구에 큰 도움이 될 것으로 기대된다.

마지막으로 강원 지역의 도시개발과 관련해서는 당시 춘천, 원주, 강릉의 읍회 연구가 반드시 이루어져야 할 것으로 생각된다. 일제강점기 지역 내 주요 현안을 논의한 부회, 도회, 읍회, 면협의회 연구는 이미 상당 부분 진행되어 오고 있음에도 불구하고, 강원 지역 연구는 장경호의 춘천지역의 읍회 연구가 유일하다. 이 연구에서는 국가기록원 소장 읍회 자료 및 신문 자료를 통해 정리한 바 있지만,29) 읍회 자료가 한정적이라는 점에 있어서 한계를 지니고 있다. 신문 자료에

---

28) 고태우,「1930년대 중후반 강원도 개발계획과 삼척지역의 식민지 공업화」(『역사문화연구』 85, 한국외국어대학교 역사문화연구소 2023).
29) 장경호,「일제강점기 춘천지역 면협의회·읍회의 구성과 활동」(『춘천학연구』 3, 춘천문화원 춘천학연구소 2021).

나타난 춘천지역의 내용에 대해서는 춘천문화원 디지털기록관에도 국역 후 탑재되었다.

하지만, 강릉지역, 원주지역 읍회 연구는 전혀 진행되어 있지 않아서 역시 진행되어야 할 부분이고, 강원도회 연구도 진행되어야 할 필요가 있다.30) 강릉지역과 원주지역 역시 『삼척근현대역사자료집』과 마찬가지로 『원주근현대역사자료집』 『강릉근현대역사자료집』 등이 발간될 필요가 있다.

그 외에 이권침탈에 대응한 것이 확인된다. 일본인들의 이권침탈에 삼척민들이 대응한 사례로는 삼척지역의 원덕면 임원리 임야측량사건을 들 수 있다.31)

## 5. 현대사

최근 한국사학계에서는 다양한 시각의 현대사 논문들이 제출되고 있다. 특히 해방 이후 3년사인 미군정기부터 시작하여, 1950~80년대까지 확장해오고 있다.

먼저 해방 이후 3년사 연구를 살펴보면 삼척시립박물관에서 발간한 김남현의 『삼척해방전후사』가 주목된다. 이 책에서는 일제강점기 삼척지역에서의 산업시설 등장과 사회운동에 대해 서술한 이후 1945년 8월 15일 9월 6일 인민위원회가 전국적으로 각 동, 리, 면 단위에 조직

---

30) 동선희에 의하여 강원도회에 참여한 인물들의 면모를 살펴볼 수 있지만(동선희, 『식민권력과 조선인 지역 유력자-도평의회 도회의원을 중심으로-』(선인, 2011), 강원도회에서 논의된 사항을 직접적으로 살펴본 연구는 아직 없다.
31) 임호민, 「삼척군 원덕면 일대 임야측량사건과 산림자원의 약탈」(『지방사와 지방문화』 19-1, 역사문화학회, 2016).

된 이후의 10월 항쟁, 농민운동, 미군정 삼척 첩보 활동 등과 관련된 자료들이 소개되었다.32)

하지만, 강원 지역의 인민위원회 구성은 영동지역에 사회주의 세력이 많았다는 단선적인 연구만 되어 있을 뿐 인적구성이 어떠했는지, 이러한 인적구성이 생기게 된 연원은 무엇인지와 관련된 연구는 전혀 되어 있지가 않다.

다음으로 강원 지역 현대사에서 주목을 많이 받아온 분야는 6·25전쟁이다. 국내 유일한 분단도가 강원도라는 점에서도 보이듯이 6·25전쟁기 강원 지역에서의 특수한 지역적 위치상 DMZ에 대한 역사가 많이 다루어진 한편,33) 강원 각 지역에서의 연구도 최근에 진행되어 오고 있다. 김동정은 학도들의 참전을 다루었고,34) 이외에 춘천지역 에티오피아 한국전 참전기념관에 대한 분석 또한 김도민에 의해 진행된 바 있다.35)

해방 이후 강원 지역 현대사에서 가장 주목되는 것 중의 하나는 영동지역 탄광이다. 이미 사북탄광 및 석탄 산업에 대한 다수의 연구가 진행되고 있는 가운데, 정선·태백·도계 지역에 남아있는 탄광 자료는 현재 그 수량도 정확하게 파악되고 있지 않은 현실이다.

최근 1980년 사북항쟁과 관련된 연구성과가 제출되었다. 김아람은 「1960~70년대 석탄산업 정책과 동원탄좌」에서 광복 이후 석탄 산업의 구조가 어떠했는지를 개괄적으로 파악하고, 석탄 수급 대책의 한계

---

32) 김남현, 『삼척해방전후사』(삼척시립박물관, 2019).
33) 한모니까, 『DMZ의 역사 - 한반도 정전체제와 비무장지대』(돌베개, 2023).
34) 김동정, 「6·25전쟁시 강릉학도 참전과 활동」(『강원문화연구』 48, 강원문화연구소 2023).
35) 김도민, 「춘천 '에티오피아 한국전 참전기념관'의 전시 분석과 개선 방향」(『강원사학』 39, 강원사학회, 2022).

를 지적한 이후 정선군 고한읍(현 사북읍)에 설립되어 2004년까지 존속한 ㈜동원탄좌의 설립 및 운영을 살펴보았다. 문민기는 「탄광의 '죽음'들과 사북항쟁의 발발」에서 사북항쟁에 대한 여러 가지 시각을 소개하고, 1980년 4월 21일 사북항쟁의 시초, 사망자 현황을 비롯한 당시 광산의 고된 업무 실태 등을 여러 구술자료를 통해 실증하였다. 장용경은 「1980년 4월의 사북, 광부들의 폭력과 폭력 앞의 광부들」에서 사북사건의 구체적 과정과 지부장 문제, 지부장 부인 린치 등에 대해 살펴보았고, 장미현은 「사북항쟁의 여성들: 사라진 억센 여자들과 말하는 여성들」에서 사북항쟁에 참여하고 수습했던 여성들에 주목하였다. 김세림은 「사북항쟁 이후의 사북: '복지'라는 외피를 쓴 일상적 감시」에서 사북항쟁 이후 지역 변화의 실상이 어떠했는지를 1980~86년을 중심으로 살펴보았고, 「사북의 기억: 구술이 역사학에 주는 가능성」에서는 구술 자료를 통해 노동자-간부와의 관계, 탄광촌 분위기 속에 사북항쟁이 일어났던 배경을 살펴보았다.36)

## 6. 맺음말: 강원문학과 근현대사의 접목

지금까지 강원 지역 근현대사의 쟁점과 연구되지 않은 분야를 살펴보았다. 해당 내용을 요약하는 것 대신에 강원 지역의 문학과의 접목 가능성을 통해 맺음말을 대신하고자 한다.

첫째, 자료가 더욱 축적되어야 한다. 향후 독립운동 관련 인물들(삼척에서 활동한 인물, 삼척 출신)의 심문조서와 신문 자료 등을 통해 이들의 활동이 밝혀져야 할 것이고, 장기적으로 이들이 국가보훈처 공

---

36) 역사문제연구소 민중사반 사북팀, 『1980년 사북 항쟁과 일상의 사회사(사북항쟁연구총서1)』(서울: 선인, 2021).

훈록에 등재될 필요가 있다. 인물뿐만 아니라 여러 사건, 애국계몽기 (1905~1910년대), 일제강점기 설립된 사립학교, 관련 인물들을 정리하는 것도 중요한 작업이다.

둘째, 근현대 강원 지역 지역성을 상징하는 여러 인물은 문학과의 융합을 꾀할 계기를 마련하게 한다. 강원 지역에 등장하는 독립운동가들의 면모는 스토리텔링을 가능케 한다. 예컨대, 광복회 강원지부장 김동호는 삼척면의 유지이자 면장이었던 인물이었다. 그러한 인물이 광복회 강원지부장을 맡으며 강원 영동지역의 유력자들로부터 독립운동 자금을 탈취하려고 하였다는 사실은 매우 흥미로운 점이다.

셋째, 강원 지역 내의 장소성을 살펴볼 필요가 있다. 강원 지역은 지형상 산이 많았고, 이러한 장소적 특성상에서는 의병 활동뿐만 아니라 3·1독립운동이 전개되기 용이하였다. 영동지역은 바다와 접해 있어 해안 지역에 있던 노동자들의 삶이나, 지역 개발에 따라 원주민들이 일본인들에 의해 쫓겨가는 모습도 『삼척근현대역사자료집』에서 확인된다. 이러한 모습도 근현대 강원문학에서 주목할 부분이 아닌가 한다.

정리하면, 근현대 강원 지역 내의 다양한 쟁점들을 토대로 한 연구뿐만 아니라 자료를 토대로 강원 지역 내 새로운 문학의 지평이 열릴 수 있다. 즉, 근대 '인물', '장소'를 통한 강원문학은 근현대 여러 자료를 통해 재탄생 될 수 있다고 생각된다.

# 강원문학에 나타난 분단 인식과 장소성

정연수

## 1. 민족의 분단, 강원의 분단

일본으로부터 해방과 동시에 생겨난 38선이 잊혔다. 양양·춘천 등 38선이 그어졌던 곳을 찾다 보면 흔적조차 지워졌다. 휴전선은 아직도 사나운데, 그 원죄를 감당해야할 38선은 있었던 자리를 잊었다. 작정하고 김구를 암살하고 홍범도 동상을 치우듯, 누군가 지우고 있는 것일까?

> 1945년 미국 정부는 일본 항복에만 정신이 팔려서 한반도에 대한 명확한 전략을 수립하지 않은 상태였다. 그런데 소련군의 이동이 포착되자 미 백악관은 한밤중에 다급하게 회의를 열었으며, 오로지 ≪내셔널 지오그래픽≫에서 발간한 지도만을 지참한 두 명의 하급 관리가 북위 38도선을 손으로 찍었다.[1]

남북의 분단이라든가, 38선은 진지한 검토 후에 만들어진 것이 아니

---

1) 팀 마샬 지음, 김미선 옮김, 『지리의 힘』, 사이, 2020, 167쪽.

다. 세계를 전쟁의 놀이터로 만들던 일본과 미국, 소련(러시아)이 전리품을 주고받듯 나눠 가지던 중에 그은 선일 뿐이다. 초등학생들이 짝꿍과 책상을 반반 나누듯. 간도를 중국에 내어준 적이 있던 일본제국은 선심 쓰듯 한반도를 또 다른 제국에 넘겨주고, 미국과 소련은 그걸 반씩 나눠 챙겼을 뿐이다. 소련은 떠나도 미국은 남았다. "시장 생선 대가리에도/원산지 표시하는 세상/분단 철조망에도/Made in USA 표시해야 한다"(정춘근, 「원산지 표시제」)2)는 목소리는 분단을 공고히 한 미국의 영향력을 보여준다. "쏘비에트가 조국으로 오고/쓰따린 대원쑤가/구세주가 되어 해방의 나발을 불며/어린 가슴에 태양으로 오르더이다//그 광란의 여름"(「화진포 초상」)3)을 고백한 임건택의 아버지 형제 5명 중 2명이 북으로 갔다. 풍광이 아름다운 고성군 화진포 마을 사람들은 남북이 서로 끌고 당기는 분단 이데올로기 속에 몸도 마음도 다 찢었다.

  8월 15일을 광복절이라 하여 국경일로 제정한 나라가 있다. 친일파들은 청산하지 않고 요직에 앉히거나, 돈과 권력을 승계할 자유를 준 탓에 친일의 목소리가 점점 당당해지는 나라가 있다. 8월 15일이면 해방 만세를 외치는 옛 흑백자료를 텔레비전에서 보여주는 나라가 있다. 해마다 8월 15일에만 해방을 외치는 그 나라의 방송을 볼 때마다 슬펐다. 미국 하급 관리 두 명이 그어놓은 38선이 식민지 36년보다 더 원망스럽다. 식민지는 독립투사만 죽였지만, 38선은 사상이 뭔지도 모르는 사람까지 죽였다. 청군 백군 나누듯, 인민군 편 국군 편으로 나눠 죽이고 또 죽였다. 1950년부터 3년간 3백만 명의 피를 뿌리고도 성찰하지 못하고 여전히 총부리를 겨누고 있다. 해방 이후 80년간 식

---

2) 정춘근, 『반국 노래자랑』, 푸른사상, 2013, 97쪽.
3) 임건택, 『돌구지의 노래』, 야콥, 2006, 97~98쪽.

민지 기간보다 더 긴긴 고통의 날이 될 거라는 것을 '해방 만세'를 외치던 민중들은 꿈에도 몰랐을 것이다. "아는지 모르겠다//무너진 건물 더미에서/피를 생각하는 분노보다//더 큰/이 미천한 땅에/뿌리 깊은 철조망 테러를//7천만이 희생되고 있는/그 잔혹한 테러를"(정춘근, 「철조망 테러」)4) 같은 작품은 분단을 영구화하는 휴전선이 전쟁만큼이나 잔인한 테러라는 것을 지적한다.

위도 삼팔선이 지나는/강원도 땅 양양 바닷가에서/바로 보는 우리 하늘/(중략)/오늘은 쳐다보면/우거진 철조망과 산병호와 핵지뢰/눈시울에 뜨거운 밀물 일어서고/박제되어 죽어버린/아프도록 푸른 하늘 초롱한 북두칠성 밑에/누군가 씌워준 떼어지지 않는/탈바가지 눌러쓴 채/슬픈 형제들이 살고/여기 영롱한 전갈좌 아래/비극의 겨레가 또 산다
— 고형렬, 「북한 하늘」5)

속초에서 성장기를 보낸 고형렬은 38선이 전쟁을 거쳐 휴전선이 된 상황을 하늘과 대비하여 보여준다. 분단이 없는 하늘이고 보면, 분단된 땅을 딛은 "비극의 겨레"가 심화한다. 그 비극은 우리가 만든 것이 아니라, "누군가 씌워준" 탈바가지이기에 더 서럽다. 문병란 역시 분단시대의 시를 살피면서 비슷한 관점에서 논한 바 있다. "인민군이나 북한 사람이 우리의 적이 아니라 강국이 만들어 놓은 이데올로기, 즉 38선이 바로 우리의 적이었다. 전쟁을 일으킨 것도 이데올로기요, 전쟁을 조종하고 정전을 시킨 것도 사실은 이데올로기라는 괴물이 아니었을까?"6)라고 토로한 적이 있다. 장난 같던 38선을 진지하게 검토하

---

4) 정춘근, 『반국 노래자랑』, 푸른사상, 2013, 98쪽.
5) 고형렬, 『사진리 대설』, 창작과비평사, 1993, 14~15쪽.
6) 문병란, 「분단시대의 시」, 문병란송수권 편, 『분단시선집』, 남풍, 1984, 420쪽.

여 휴전선으로 바꿔놓은 것은 일본도, 미국도, 소련도 아니었다. 멧돼지 같은 사람을 대통령으로 선출했다간 2년도 안 돼 나라의 근간까지 망치듯, 남쪽도 북쪽도 위정자 몇이 결정하여 한반도 전체를 전쟁터로 만들었다. 휴전의 긴장을 각인시키면서 지금도 내내 전쟁의 가능성을 지속시켜나간다. 뜬금없이 국군의 날을 임시공휴일로 지정하더니, 서울 시가지에서 군사행진을 펼치는 어떤 대통령처럼. 국군의 무력행진이 멋있다고 박수를 보내는 군중들을 보면서 '북한도 무력행진을 저 맛에 하겠구나', 독재자의 심리가 이해되는 시간이었다. "산과 산이 마주 향하고 믿음이 없는 얼굴과 얼굴이 마주 향한 항시 어두움 속에서 꼭 한 번은 천둥 같은 화산이 일어날 것을 알면서 요런 자세로 꽃이 되어야 쓰는가"7)로 시작하는 박봉우의 「휴전선」이야말로 국군의 날에 낭송하기 가장 좋은 시가 아닐까?

통일은 잊더라도, 남북의 평화는 잊지 말자. 툭하면 빨갱이 타령으로 남한 내에서도 두 쪽으로 분열된 지 오래인 나라에서 태어난 것이 식민지를 겪은 할아버지 할머니보다 더 서럽다. 빨갱이라던 김대중이 대통령을 한 지 언제인데 여전히 빨갱이 타령이거나, 수백만이 죽는 전쟁을 겪어보고도 멧돼지 같은 대통령은 선제 타격을 주장하고 있다. 개돼지들은 불안하지 않겠으나, 사람이라면 불안해야 마땅하다. "실향민 부모의 조상/모조리 빨갱이들에게/큰절을 올리는 우리들은/북한 찬양죄를 저지르고 있다"(「현고 빨갱이 신위」)8)는 풍자가 가능한 것은 '종북'으로 매도하는 무게가 여전히 위협적인 사회이기 때문이다.

삼척군 장성읍에서 태어나 삼척군민으로 20년을 살았는데, 어느 날 주소지가 태백시로 바뀌었다. 태백시민으로 20년 살다가 강릉으로 이

---

7) 박봉우, 『황지의 풀잎』, 창작과비평사, 1976, 134쪽.
8) 정춘근, 『반국 노래자랑』, 푸른사상, 2013, 30쪽.

주한 지 20년이 지났다. 삼척 사람인가, 태백 사람인가, 강릉 사람인가? 삼척 사람으로 태어났으나, 누군가 만든 행정구역 때문에 태백 사람 흉내를 내면서 20년을 살았다. 태백의 인구는 3만8천 명 수준인데, 원래대로 삼척시와 통합하자는 의견이 나오자 반대하는 사람이 더 많다. 누군가 잠깐 나누었던 그깟 행정구역에도 아우성인데, 80년 남의 나라로 살아온 대한민국과 조선민주주의인민공화국과의 통일은 언감생심이다. 하여, 이 자리에서는 분단이 빚은 현실을 시작품을 중심으로 살피고자 한다. 통일은 평화를 위한 길이니, 분단이라도 깊이 이해할 때 평화가 올 것이다. 분단을 이해하는 핵심 지역으로서 강원의 장소를 다루되, 강원 시인의 작품을 중심으로 살펴볼 것이다.

애그뉴는 장소성을 규명하기 위해 '위치, 현장, 장소감' 세 부분으로 나눠 살핀 바 있는데, 강원의 장소들은 '분단'이란 단어 없이 이 세 요소를 설명할 길이 없다. 남기택은 한국전쟁기의 강원지역문학장을 다루는 논문에서 "강원도의 지정학적 조건은 분단 현실을 피부로 느끼게 한다. 이는 역설적으로 분단문학에서 통일문학으로 지향하는 데 있어 주도적 역할을 할 수 있는 조건"9)이라고 밝히기도 했다. 강원도는 우리나라에서 분단 현실을 가장 구체적으로 보여주는 지리적 장소이다. 강원도 내에서 38선 분단의 비극이 특히 드러나는 지점은 4개소이다. 양양군 현북면 기사문리를 비롯하여 인제군 남면 부평리, 춘천(당시 춘성군) 사북면 원평리와 북산면 추전리가 나눠지면서 남쪽은 미군이 북쪽은 소련군이 주둔했다. 인제·양양은 절반 이상이, 춘천은 일부가 북한에 속했다. 철원·양구·화천·고성·속초 전 지역은 통째로 38선 이북에 속했다. 38선은 일본군의 무장해제를 위해 설정한 임시분계선

---

9) 남기택, 「한국전쟁과 강원지역문학」, 『한국문학논총』55집, 한국문학회, 2010, 89쪽.

의 상징에 불과했으나 점차 경비가 삼엄한 분단선으로 변해갔다. 순진한 초등학생도 짝이랑 같이 쓰던 책상에 선을 긋고 나면, 지우개 하나 넘어와도 짜증을 냈는데 하물며 총칼을 둔 군인들이랴.

38선을 지나 휴전선으로 변경되고도 강원도의 분단 비극은 달라지지 않았다. 강원도 고성군과 철원군은 인천광역시 옹진군과 더불어 남북한 모두 동일 행정구역명을 쓰고 있다. 두 개의 고성군, 두 개의 철원군이 존재하는 양상은 분단된 강원도, 분단된 한반도의 현실을 상징적으로 보여준다. 게다가 남한과 북한이 같은 명칭을 쓰는 도단위 행정 직제는 강원도가 유일하다. 강원도가 분도(分道)된 현실은 비극의 민족사가 지닌 상징성의 현재화이기도 하다. 동일 언어와 역사를 지닌 같은 민족끼리 총부리를 겨누고 적대시하고 있다는 자체가 현재성의 비극이다. 도시 한가운데에다 38선이니, 휴전선이니 하는 선을 그어놓고 총질을 하는 원수가 된 지도 80년이다. 글로벌 의식도 휴전선의 현실 앞에선 쓸모가 없다.

## 2. 휴전, 그러나 여전히 전쟁터

1950년 6·25 한국전쟁 발발 당시 남한의 해안지역 중에서 가장 먼저 북한군이 들어온 곳이 강릉시 강동면 지역이다. 남침 시간으로 공인된 4시 이전에 북한군은 이미 강동면 지역으로 상륙을 마친 상황이었다. 강동면은 최초의 남침 지역이라는 상징 장소뿐만 아니라, 한국전쟁 당시 최초의 인명피해가 발생한 장소이기도 하다. 강동면 산성우 2리에는 '인민군죽은골'이란 지명도 있다. "진작골 위쪽에 있는 골로 6·25때 이 골에서 인민군이 죽었다"[10]는 데서 유래한다.

---
10) 김기설, 『강릉지역 지명유래』, 인애사, 1992, 150쪽.

남북 간 평화로운 세상을 보내던 1996년, 북한군 26명을 태운 잠수함이 강동면 바다에서 좌초하였다. 사건이 종결되기까지 49일간 강릉 일대는 야간 통행이 금지되고 검문이 일상적으로 이뤄지면서 남북분단의 현실을 일깨우는 충격이기도 했다. 잠수함 침투사건으로 북한 측 24명이 사망했으며, 남한 측 군인 11명 포함 17명이 사망했다. 관광산업으로 생계를 꾸리는 사람이 많은 강릉시에서는 무장한 북한군 소식보다, 관광객이 오지 않아 생계가 막막한 불안을 토로하는 사람이 더 많았다. 2001년 강릉시는 잠수함을 전시하는 통일공원 조성으로 전화위복으로 삼았다. 안보를 관광 자원화하는 시대가 열린 듯했다. 하지만, 잠수함을 보려는 관광객이 감소하자 2024년 3월 잠수함을 동해시에 있는 해군 1함대 사령부로 옮기고, 통일공원 자리에다 오토캠핑장을 조성 중이다. 안보가 식상한 것인지, 북한군이니 빨갱이니 하는 적대가 식상한 것인지, 낡은 잠수함이 식상한 것인지 시대는 빠르게 변하고 있다.

최초라는 말은 가슴 떨리게 하는 단어지만, 최초라는 사연 중에는 살이 떨리는 것도 있다. 한국전쟁 개시 3일 만인 6월 28일, 횡성군 횡성읍 곡교리에서는 한국전쟁 최초로 한국군에 의한 민간인 학살이 일어났다. 한국군 헌병대 6사단이 보도연맹원 등 민간인 100명을 학살했다. 6사단이 강릉·동해·삼척·춘천 등 강원지역에서 민간인을 학살한 숫자만도 4,700명이나 된다. 이 증언은 직접 처형에 나섰던 당시 헌병대 6사단 헌병대 4과장(일등상사)으로부터 나온 양심고백이 있었기에 가능했다.11)

한국전쟁기에 북한군의 점령과 한국군의 수복, 다시 북한군의 점령이 이어지는 사이에 많은 민간인이 피해를 입었다. 힘없는 민중이 이

---

11) ≪오마이뉴스≫, 2022. 9. 21.

쪽저쪽에서 부역혐의자로 처형되었다. 원주에서는 이 시기에 세고개와 양안치재 등 여러 곳에서 한국 공권력이 민간인 수십 명을 집단으로 살해했다. 김지하는 그 현장들을 두고 "능모루 비행장과/가리파재 사이/내가/나를 쏘아죽이고 나를/내가 찔러죽이고 나를 갈라죽여 내가/나를 아예 없애버린 허허벌판 찬 바람 속"(「반쪽 돌부처」)12)이라고 한탄했다. 남한 군인과 경찰이 남한 사람을 죽이는 현실은 '내가 나를 죽이는 일'이었지만, 전쟁 내내 자행되었다.

강릉·양양·속초 지역은 수복 지역인데, 남한군이 38선을 돌파하여 양양지역을 점령한 것은 10월 1일의 일이다. 3개월 넘도록 북한군의 통치에 놓이다가 수복하는 과정에서 많은 피해가 발생했다. 수복 이후인 10월 16일에는 패주 북상하던 북한국 잔당이 합세하여 동해안 일대를 재습격하는 과정에서 강릉지역은 3일간 다시 북한군 영향권에 들어갔다.13) 이처럼 밀고 밀리는 과정에서 북한군에 입은 피해는 상세하게 정리한 기록이 많다. 그런데 한국군과 미군에 의한 피해는 거의 기록되지 않았다. 증인들이 고령으로 세상을 떠나기 전에 문인들이라도 나서면 좋겠다.

피난 갈 사이도 없이/철원 전쟁터에 남은 사람들은/대마리 뒷산에 토굴을 파고 살았지//낮이면 무수히 떨어지던/미군 포 사격보다/밤에 지척에서 들리던/인민군 따발총 소리보다/토굴 속에 배고픔이 더 무서웠지//작은 인기척에도/소스라치는 자식을 끌어안은 에미들과/낫자루를 움켜쥔 아비들이/대마리 야산 토굴에서/비루먹은 오소리처럼/두 달을 살았지

---

12) 김지하, 『애린 첫째권』, 실천문학사, 1986, 84~86쪽.
13) 김동정, 『강릉학도 6·25 전쟁 참전기』, 강릉학도 전우회, 1981, 130쪽.

— 정춘근, 「증언-토굴」14)

　　총을 든 군인은 총을 든 적만 두려웠겠으나, 총이 없는 민중은 군인과 굶주림 모두 두려웠다. 위의 시는 피난도 가지 못하고 숨어지내는 민중의 처지를 증언을 토대로 드러낸다. 이데올로기가 빚은 전쟁인지, 미국의 국제질서가 키운 전쟁인지는 몰라도 민중에게는 총이나 대포보다 굶주림이 더 무서웠다. 위정자가 생명의 존엄성이 뭔지만 깨우친다면 전쟁을 일으키지 않았을 것이다. 위의 시에 등장하는 전쟁터의 토굴과 오늘날 자본주의 토굴이 별로 달라 보이지 않는다. 글로벌이라는 명찰까지 단 자본시대 속에서 상대적 빈곤까지 겪어야 하는 오늘날의 굶주린 서민이 오버랩된다.

　　1951년 한국군과 유엔군이 북진하여 압록강까지 가는데 해방군이라는 이름으로 중공군(중국)이 가세하면서 1·4후퇴가 시작되었다. 눈보라가 치는 겨울날, 1월 4일부터 일주일 넘게 속초·양양·강릉 도로마다 동해와 삼척 방면으로 향하는 피난민 행렬이 밤낮없이 이어졌다. 2월 말 한국군이 다시 강릉을 탈환했다지만, 5월 26일에는 북한군이 남하한다는 소식에 다시 피난 명령이 내려지기도 했다. 휴전이 이뤄진 것은 1953년 7월 27일의 일이다.

　　　　보퉁이는 목에 걸고/노약(老弱)은 업고 지고/지친 몸이 멧기ㅅ륵에
　　　쓸어지니/찬 이슬에 젖는 것은 옷자락만이 아니리
　　　　　　　　　　　　　　　　　　　　　　— 김동명, 「피란민 1」15)

---

14) 정춘근, 『반국 노래자랑』, 푸른사상, 2013, 67쪽.
15) 심은섭 편저, 김동명, 「피란민 1」, 『당신이 만약 내게 문을 열어주신다면』, 성원, 2020, 60쪽.

어느새 장사진을 이룬 피난민의 행렬이/비에 젖으며, 젖으며 간다//
성난 짐승 모양/적의 포문은 더 가까이 짖어대는데
- 김동명, 「목격자」16)

위의 시처럼 피난민을 다룬 작품들은 이데올로기보다는 일반 민중의 고통에 초점을 맞추고 있다. 강릉 출신의 김동명은 북한에서 생활하다가 월남한 시인으로, 그의 시에서 일본제국주의와 사회주의 비판이 종종 등장한다. 하지만, 한국전쟁을 다루는 작품에서는 한쪽 진영을 향한 적개심보다는 '전쟁은 인간을 향한 죄악'이란 점에 초점을 맞추고 있다. 김동명은 시집 『진주만』, 『목격자』, 『3·8선』, 수필집 『세대의 삽화』 등에서 태평양전쟁과 한국전쟁에 대한 비극을 드러냈다. 장은영은 김동명을 두고 "전시체제의 전쟁문학에 휩쓸리지 않고 양심을 지닌 한 개인으로서 전쟁 체험을 시에 담고자 했다"17)고 평가했다. 전쟁문학이 '적에 대한 적개심이나 전투 상황'을 다루는데, 김동명은 '양심있는 개인의 시선'에서 다룬 특징을 보인다는 것이다.

문학장에서는 전쟁문학·분단문학·통일문학18)이란 용어를 사용하여 왔다. 가장 먼저 사용한 용어는 전쟁문학으로 전쟁을 주요 소재로 삼거나, 전쟁의 비극이 전달하는 휴머니즘을 다룬 점에서 의미가 있다.

---

16) 심은섭 편저, 김동명, 「피란민 1」, 『당신이 만약 내게 문을 열어주신다면』, 성원, 2020, 112쪽.
17) 장은영, 「김동명의 전쟁 체험과 시적 발화의 두 층위」, 『김동명 문학연구』7집, 김동명학회, 2020, 72쪽.
18) "1990년대 들어서면서 분단문학은 통일문학의 양상을 뚜렷하게 드러낸다. 전쟁의 비극성과 분단이데올로기의 허구성에 대한 비판적 개진으로 집중되었던 분단 문학이 남·북한의 이질성의 참모습을 확인하고 진정한 민족적 화해의 길에 대한 모색을 지향하고 있는 것이다."(홍용희, 『통일시대와 북한문학』, 국학자료원, 2010, 345쪽)

그런데 전쟁문학에는 '평화'의 개념이 들어갈 여지가 적었다. 전쟁문학이 전달하는 피해나 적개심이 강조되는 동안 보편적 윤리나 생명과 평화에 대한 휴머니즘의 가치가 희석됐다. 근현대사에서 한국인이 참가한 전쟁을 꼽아보자면 일제강점기의 태평양전쟁, 6·25 한국전쟁, 미국의 전쟁에 파병한 베트남전쟁 등을 꼽을 수 있다. 일제강점기의 태평양전쟁기에 서정주의「오장 마쓰이 송가」같은 작품은 넘쳤어도 반전의 목소리는 없었다. 1950년대의 한국전쟁기에도 누군가 설정해 놓은 적을 향한 적개심이 종군작가를 통해 재생될 뿐이었다.

1960년대 베트남전쟁기에도 "월남 파병에 반대하는/자유를 이행하지 못하고"(김수영,「어느날 고궁을 나오면서」) 정도의 목소리 외에는 찾아보기 힘들다. 식민지를 살던 때나, 남의 전쟁 베트남에 파병하거나 간에 우리의 문학은 별반 다르지 않았다. 만나서 말다툼 한 번 해본 적도 없는 사람을 죽일 수 있는 한국인의 광기를 아이히만이나 아렌트는 설명할 수 있을까? 위안부와 징용 문제에 목소리를 높이며, 일본의 역사 교과서가 진실을 감췄다고 통탄하는 한국의 교과서는 진실한가? 베트남전쟁 참전 중 여러 마을에서 양민을 집단학살한 한국군, 베트남 여인에게서 라이따이한을 만든 한국군, 그 아이들이 혈육을 찾을 때 외면한 한국인이 있다. 우리의 교과서는 그 중 어느 하나라도 실은 적이 있던가? 한국인이 줄지어 찾아가는 베트남의 다낭, 홈쇼핑에 툭하면 등장하는 아름다운 관광지 다낭에 가서 묵념이라도 해봤던가? 다낭을 찾는 이들이라면 빼놓지 않는 관광지 호이안에 한국군의 집단학살 마을이 있다는 것을 알고 옷깃을 여미는 척이라도 해보았던가?[19]

---

[19] "한국군에 의해 학살된 민간인 희생자들을 추모하기 위한 위령비입니다. 이런 위령비는 베트남에 50,60기 정도가 세워져 있습니다. 1968년 호이안이 있는 꽝남성에서만 4건의 학살 사건이 벌어졌고, 베트남 내 5개 성 전체

분단문학은 "통일이 고프다"(「산다는 것」)는 이산가족의 절절한 심정을 전한다. 분단문학은 통일의 필요성을 받아들이며, 지리적 분단이 아니라 심리적 분단부터 극복하여 나가도록 돕는다. 분단문학은 남북의 분단 해결뿐만 아니라 세계 곳곳에서 일어나는 분단의 벽을 넘어서는 문학으로 나아갈 길을 연다. 빈부 문제도 분단 만큼이나 갈등의 폭이 깊은데, 요즘에는 성별 대립이나 노인 경멸 같은 세대 갈등이 일상의 공간에서 드러나고 있다. 한 번 만든 갈등과 분단의 선은 좀체 회복하기가 힘들다. 분단문학은 한반도의 구체적 현장을 통해 분단의 현실을 성찰하고, 통일과 평화의 필요성을 배우는 나침반이 될 것이다.

문재인 대통령과 김정은 위원장이 판문점에 만나 종전의 가능성을 타전하던 시기에 우리들은 잠시 평화를 맛보았다. 하지만, 악수할 때뿐이었으며, 휴전선은 여전히 완고하다. "묵은 철조망을 절단기로/툭툭 잘라낸 뒤에/삽으로 말뚝을 캐내면 된다//이 짓도 번거로우면/불도저로 단박에 밀면 된다"(정춘근, 「철조망 제거법」) 20)는 단순한 통일 해법을 놓고 우리는 왜 먼 길을 돌아가는가? 대통령이나 통일부장관의 통일정책보다 시인의 해법이 더 명쾌하지 않은가. 저지하는 국경수비대를 무시하고 망치와 도끼를 든 동독과 서독의 시민들이 베를린 콘크리트 장벽을 부수는 순간 독일은 진짜로 통일이 이뤄졌다. 베를린 장벽을 무너트리던 1989년 그해, 분단 한국에선 모든 탄광을 무너트리는 석탄산업합리화 정책으로 가난한 광부 수만 명을 실직자로 내몰았다. 암벽의 막장까지 뚫어내던 실직 광부들을 휴전선으로 보냈더라면 철조망을 얼마나 잘 제거했을 것이냐! 막장을 뚫던 다이너마이트며,

---

적으로는 한국군에 의해 모두 9천여 명이 숨진 것으로 베트남 관련 민간단체들은 추정하고 있습니다."(8시 뉴스「베트남 민간인 학살 50년…잊혀지지 않는 상흔」, ≪MBC≫, 2018. 4. 9)
20) 정춘근, 『반국 노래자랑』, 푸른사상, 2013, 33쪽.

착암기며, 로커쇼벨로 휴전선 철조망을 얼마나 잘 제거했을 것이냐!

적인 줄 알았다/으스름한 새벽/비무장 지대 안에서/움직이는 검은 물체가//남과 북 병사들/핏발선 눈으로 바라보는/죽창 같은 긴장의 틈새로/햇살이 퍼지자 계곡에서 물을 먹는/귀여운 침입자 노루 한 쌍
― 정춘근, 「노루-비무장지대」21)

긴장과 평화가 대조를 이루면서도 영상미가 넘치는 작품이다. '적-노루, 핏발선 눈으로 마주한 남과 북의 병사, 죽창 같은 긴장-귀여운 침입자 노루 한쌍'의 맞섬이 비무장지대의 현실을 생생하게 드러낸다. 동시에 자유롭게 물을 찾아가는 노루의 공간, 즉 자유와 평화의 공간으로 환원할 것을 주문하고 있다. 1960년 철원 출생의 정춘근은 1999년『실천문학』등단 이후 시집『지뢰꽃』,『수류탄 고기잡이』,『황해』,『반곡 노래자랑』,『황금기』등을 통해 분단과 통일문제에 천착하고 있다. 시집『황해』서문에서 "낡고 고린내 나는 분단"을 소재로 한다고 밝혔듯, 80년 분단 상황을 당연히 받아들이는 세상에 우리는 살고 있다. 정춘근은 관심에서 멀어진 분단 문제를 고름 짜듯 계속 짜내고 있다. 분단이 실감 나는 철원에 거주하면서, 현장성이 풍부한 언어로 시화하고 있다. 체험자의 증언을 시화하며 기록자의 책무를 다하는 시인에게 경의를 보낸다.『황해』에서는 이산가족의 삶을 평안도 방언으로 다루었는데, 방언을 모은 정성이 언어학자들을 부끄럽게 할 정도이다. 강원지역에서 분단 현실에 천착한 시인은 정춘근이 으뜸인데, 그 '낡은 주제'를 버리지 않기를 기대한다.

---

21) 정춘근,『수류탄 고기잡이』, 작가마을, 2006.

아버지는 비무장지대 너머에 계시다/강원도 고성 금강산 속/작은 마을/또는 원산에/아버지는 계시다/외금강과 해금강의 외로운 길/논둑의 풀대 끝이나 길가 가지 위에/구름 되어 머물고 비로 흐느끼고/이미 육신은 땅에 다 털어버린 후/바람으로 아들을 부른다/설악산 아래 찾아와 밤 지새다 떠난다/아홉 살 때 가신 아버지/돌아보고 다시 돌아보며 가신 얼굴/그때부터 비무장지대는/남북을 가르는 띠가 아니다/아버지와 내가 찾아가 꽃으로 떠서/서로를 들여다보는 강물이 되었다/비무장지대는 지금/저승의 아버지와 이승의 아들이/만나 대화하는/새와 풀꽃의 면회소가 되었다

— 이성선,「새와 풀꽃의 면회소」[22]

고성군에서 태어난 이성선은 속초시를 터전으로 삼아 고성-속초-양양의 산과 바다를 즐겨 노래했다. 이성선의 창작 주제에는 분단을 다룬 게 거의 없지만, 분단의 가족사를 직접 체험했다는 점에서 위의 작품은 의미가 있다. "설악산 아래 찾아와 밤 지새다 떠난다/아홉 살 때 가신 아버지"는 휴전선을 경계로 생이별을 한 자전적 삶을 다룬 작품이다. 금강산 혹은 원산보다 더 먼 미국 땅이었으면 안부라도 나누었을 것을, "비무장지대 너머"의 아버지에 대한 소식은 알 길이 없다. 분단이 빚은 이산가족의 현실과 '자유로운 새와 풀꽃'의 생명력이 대조를 이룬다. 양양-속초-고성은 해방 이후 38선 이북에서 북한체제로 있다가 한국전쟁 이후에 남한 체제로 편입한 지역이다. 1945년 양양군은 38선을 그어놓고 군민이 갈라진 비극을 지리적으로 체험한 현장인데, 1953년 고성군은 휴전선을 그어놓고 남북이 영토를 갈랐다.

---

[22] 이희중·최동호 엮음,『이성선 전집 1』, 서정시학, 2011, 753~754쪽.

## 3. 청호동 아바이마을의 트랜스로컬리티

우리가 살고 있는 시대는 공간의 이동이 확장된 모빌리티 사회인 바, 디아스포라에만 초점을 맞출 것이 아니라 트랜스로컬리티에도 주목해야 한다. 문화를 현지에 동화시키는 관점에서 볼 때 디아스포라 이주민이 약자적 위치에 머물지만, 문화의 융합 관점에서 바라보는 트랜스로컬리티는 이주민의 역동성이 긍정적으로 부각된다. 디아스포라 관점의 이주민은 현지 이주공간에서 수직적 관계의 약자적 위치에 처할 수밖에 없다. 하지만 트랜스로컬리티 관점의 이주민은 현지 이주공간에서 수평적 관계일뿐만 아니라 한 걸음 더 나아가서 새로운 문화를 창출하는 역동성까지 띤다. 트랜스로컬리티는 이주민이 지닌 로컬문화와 현지의 로컬문화가 융합하는 문화적 혼종성을 통해 공동의 보편적 가치를 확보하기 때문이다.

이유혁은 "트랜스로컬리티는 국가의 중심적이고 수직적이고 억압적인 영향에 대항하여 로컬의 미시적인 차원에서 생성되는 저항적이고 대안적인 문화정치적 지형학의 역동적인 움직임을 이해하는 데 유용한 개념"[23)]이라고 했고, 김용규는 "근대성에 의해 억압된 다양한 로컬문화들 간의 연대와 그것을 바탕으로 한 새로운 복수적 보편가치의 공동실현을 추구하는 트랜스로컬 문화"[24)]라고 했다. 트랜스로컬리티의 주체성을 두고 이상봉은 "트랜스적 경계로 연결된 두 지역의 차이를 적절하게 융합하는 혼종성의 실천"[25)]이라고 보았고, 문재원은 "이

---

23) 이유혁, 「토마스 킹의 경계적 사유와 북미 원주민의 트랜스로컬리티의 문제」, 『트랜스로컬리티와 경계의 재해석』, 소명출판, 2017, 47쪽.
24) 김용규, 『혼종문화론』, 소명출판, 2013, 203쪽.
25) 이상봉, 「트랜스로컬리티 : 포스트모던의 대안적 공간정치」, 『21세기 정치학회보』24, 21세기 정치학회, 2014, 52~58쪽.

주자들을 포함한 로컬주민들은 자신들이 처한 로컬적 상황과 맥락 속에서 문화적 혼종성을 일상적으로 실천"26)하는 것으로 보았다. 분단을 기억하는 강원지역의 장소들은 많지만, 트랜스로컬리티를 가장 잘 보여주는 현장은 속초시 청호동 아바이마을이다.

**분단을 기억하는 강원지역의 장소들**

| 도시 | 장소 | 사건 | 비고 |
|---|---|---|---|
| 태백시 | 태백중학교<br>(학도병 충혼탑) | 학도병 127명 한국전쟁 참전 | 매년 6월 1일 추모식, 학도병 기념관 |
| | 장성광업소 | 장성 석탄을 묵호항 경유 일본으로 수탈 | 일본제국주의의 식민지가 한국분단의 원죄 |
| 삼척시 | 도계광업소 | 도계 석탄을 묵호항 경유 일본으로 수탈 | 〃 |
| | 삼척시 일원 | 울진·삼척지구 무장공비 침투사건. 이 사건으로 화전민 철거 법제화 | 1968. 10. 30~11. 2(3차례 무장공비 120명 침투) |
| 동해시 | 묵호항 | 석탄 자원을 일본으로 수탈하기 위해 축조 | |
| | 동해항 | 동해-북한 장전항(금강산 관광을 위한 금강호 취항) | 1998. 11. 18. |
| 강릉시 | 강동면 안인 | 남북 평화 시기인 1996년에 북한잠수함 침투 | 잠수함의 북한군 26명 |
| | | 한국전쟁 최초의 남침 지역이자, 최초의 인명피해 지역 | 1950. 6. 25. |
| | | 강릉통일공원 | 북한잠수함 전시 |
| | 인민군죽은골 | "6·25 때 이 골에서 인민군이 죽었다"라는 데서 지명유래 | 강동면 산성우2리 |

---

26) 문재원, 「트랜스로컬리티와 정체성의 정치」, 『트랜스로컬리티와 경계의 재해석』, 소명출판, 2017, 177쪽.

| | | | |
|---|---|---|---|
| | 강릉공항(공군) | 1969년 12월 11일 강릉발-김포행 KAL기 납북(51명 납치, 39명 귀환) | 강릉에 살던 김수영 시인 처남은 귀환 못함 |
| | 주문진 피난민촌 | 주문진 교항리 일대(불당골 등)의 피난민촌. 교항리 수용소로도 불리는 곳에서 83세대가 살았으며, 2009년 철거. | 주문진읍 교항리 259번지 |
| | 주문진 등대 | 웅기(선봉)-판신(고베)간 직항선기항지 | 강원도 최초의 등대(1918년) |
| 양양군 | 38선 | 1945년 해방과 동시 분단 | 한국전쟁 과정에 수복 |
| 속초시 | 속초항 | 금강산 쾌속 관광선 취항 | 2001. 1. 6.(2008. 7. 11. 관광객 피살로 금강산 관광 중단) |
| | 수복탑 | 수복기념탑 | 속초시 동명동374 |
| | 청호동 아바이마을 | 이북 피난민 집단 거주, 우리나라 최대 피난민촌 | 속초시 청호로 122 |
| 고성군 | 관동팔경 | 갈 수 없는 팔경-삼일포와 총석정 | (북한)고성군 소재 |
| | DMZ박물관, 6.25 전쟁체험관 | DMZ와 한국전쟁을 박물관 및 체험관으로 | 고성군 현내면 통일전망대로 369 |
| | 통일전망대 | 북한을 조망할 수 있는 장소 | 고성군 현내면 금강산로481 |
| | 화진포 역사안보전시관 | 김일성 별장(화진포의 성)은 1948년부터 1950년까지 김일성의 아내(김정숙), 아들(김정일), 딸(김경희)의 여름 휴양지로 사용. 이기붕별장은 1920년대 외국인 선교사들에 의해 건축되어 해방 이후 북한 공산당의 간부 휴양소로 사용. | 김일성·이기붕·이승만의 별장을 전시관으로 조성 |
| | 고성군 일원 | 강원도 분도 및 고성군 분리 | |
| 동해안 공통 | 해안 철조망 해안 초소 | 야간 바다 입장 금지 | |

| | | | |
|---|---|---|---|
| | 바다 | 어선 피납 | 덕길호(1957), 천왕호(1975) 등 10여 회 |
| 횡성군 | 곡교리, 고내미 고개 | 횡성읍 곡교리에서 1950년 6월 28일 한국전쟁 최초로 민간인 학살이 일어났으며, 100명 학살(강원도 6사단) | 6사단이 강원도에서 학살한 숫자는 4,700명 |
| 원주시 | 가리파 고개, 세고개, 양안치재 | 보도 연맹원 체포 40~50명 학살(강원도 6사단) | 6사단 헌병대 4과장 김만식 증언 |
| 화천군 | 인민군사령부 막사 | 1945년 건립한 석조 건물. 북한의 상징인 오각별이 중간에 새겨진 시멘트 기와로 건축. 한국전쟁 때 인민군 막사로 사용하다가 이후에는 한국군이 사용했다. | 등록문화유산 제27호 |
| 양구군 | 양구통일관, 양구전쟁기념관, 을지전망대, 제4땅굴 | '펀치볼지구 안보관광지' 관람은 양구통일관과 전쟁기념관이 있는 관리사무소에서 신청한다. 이 입장권으로 제4땅굴, 전쟁기념관, 을지전망대 등으로 갈 수 있다. | 폐쇄형 분지를 뜻하는 펀치볼은 UN 종군기자가 가칠봉에서 바라본 분지가 화채그릇(Punch-bowl)같다고 쓴 기사에서 유래. |
| | DMZ 야생동물 생태관 | 양구 지역의 동물생태를 비롯해 DMZ에 서식하는 동식물을 전시하고 있다. | 양구군 동면 숨골로310번길140 |
| 철원군 | 철원 DMZ두루미 평화타운 | 철원 DMZ지역은 두루미의 중요한 보금자리. | |
| | 철원평화전망대 | 북한지역을 한눈에 조망할 수 있다. 평강고원과 북한 선전마을을 눈앞에서 볼 수 있다. | |
| | 월정리역 | 경원선(서울-원산 간) 철도 간이역이던 월정리역. 철길이 끊겨 달리지 못하는 객차만 남아 분단 현실을 상징적으로 보여준다. | |
| | 제2땅굴, 피의 백마고지 | 1975년 발견한 북한의 침투용 제2땅굴. 산명리 일대의 피의 백마고지는 한국전쟁 때 열흘 동안 주인이 24번 바뀐 치열한 전투 | |

|  | 지역 |  |
|---|---|---|
| 철원관광정보센터 | 철원 김화 평강을 정점으로 벌어진 철의 삼각지대 전투는 한국전쟁에서 빼놓을 수 없는 전쟁사다. | '철의 삼각전적관'을 2018년 리모델링하여 철원관광정보센터로 변경 |
| 노동당사 | 1946년 건립. | 등록문화유산 제22호 |

　분단, 전쟁, 휴전기의 분단 상처와 관련하여 최남단인 삼척에서부터 최북단 고성까지, 내륙의 원주에서 화천에 이르기까지 저마다의 특징적인 현장성을 지니고 있다. "물난리에/떠내려가는 것이/그 동네 특산물인데//한탄강 황톳물에/수없이 떠내려가는/발목지뢰도/특산물이겠지요"(정춘근, 「특산물」)27)라는 철원의 현장처럼 말이다. 아바이마을이 분단의 상징으로 주목받으면서 문학작품의 무대로 빈번하게 등장하는 것은 트랜스로컬리티가 구현한 장소성 때문이다.

　　혹시 청호동에 가본 적이 있는지/집집마다 걸려 있는 오징어를 본 적이 있는지/오징어 배를 가르면/원산이나 청진의 아침 햇살이/퍼들쩍거리며 튀어오르는 걸 본 적이 있는지/그 납작한 몸뚱이 속의/춤추는 동해를 떠올리거나/통통배 연기 자욱하던 갯배머리를 생각할 수 있는지/눈 내리는 함경도를 상상할 수 있는지
　　　　　　　　　　　― 이상국, 「청호동에 가본 적이 있는지」 28)

　"청호동과 중앙동 사이를 오간 게 아니고/마흔 몇 해 동안은 정말은/

---
27) 정춘근, 『황금기』, 선우미디어, 2018, 81쪽.
28) 이상국, 『국수가 먹고 싶다』, 지식을 만드는 지식, 2012, 68~70쪽.

이북과 이남 사이를 드나든 것이다"

— 이상국, 「갯배 1」29)

　양양 출생의 이상국은 「갯배」 연작을 비롯해 「성진 갈매기」, 「홍남 시민공원」 등 여러 편의 작품에서 청호동을 다루었다. 시에 등장하는 갯배는 청호동과 중앙동 사이 청초호를 오가는 나룻배이다. 청호동은 함경도 피난민이 집단으로 모여 사는 장소로서 '분단과 '난민'의 상처를 보여주는 한국의 상징적 장소이기도 하다. 청호동을 상징하는 것은 「청호동에 가본 적이 있는지」에 등장하는 오징어와 「갯배 1」에 등장하는 갯배이다. 오징어에서 청호동 아바이순대라는 특산품이 나왔고, 청호동아바이마을로 가기 위해서는 갯배가 있어야 했다. 청호동에서 중앙동을 오가는 아바이마을 갯배(청호1호, 2호)는 우리나라 유일한 갯배 교통선이었는데, 이상국은 "청호동과 중앙동 사이를 오간" 갯배가 아니라 "이북과 이남 사이를 드나든 것"이라고 보았다. 청호동의 이북에서 피난 온 실향민의 마을이자, 남한에서 빈손으로 살아가는 사람들의 마을이기 때문이다. 승선거리는 50m 정도로 길지 않지만, 선원이 갈고리로 와이어로프를 당겨 작동하는 갯배는 청호동의 명물이었다. 대인 편도 500원 요금이 있을 때 속초시민에겐 무료로 운행한 점도 인상적이다. 갯배는 1960년대 들어 뗏목으로 운행되다가 이후 무동력 갯배가 운행되었다.30)

---

29) 이상국, 『우리는 읍으로 간다』, 창작과 비평사, 1992, 71쪽.
30) 청호동과 중앙동을 이어주고 있는 도선 갯배는 일제말기에 속초항이 개발되면서 당초 부월리2구(청호동)와 속진(중앙동)이 맞닿아 있던 것을 준설, 외항과 내항(청초호)이 통수되고 폭 92m의 수로가 생긴 것이다. 속초읍에서 갯배 1척을 만들어 도선으로 이용하였는데, 당시 갯배의 크기는 트럭 한 대와 우마차 한두 대를 같이 실을 수 있는 크기였다. 그러나 6·25동란으로

소주 몇 잔에 송장처럼 쓰러져 잠드는/속초 청호동 윤 씨 할아버지/
십오 년 전 아버지 망향동산 산자락에 파묻고/내 대에는 갈 수 있다/목
소리도 쩡쩡 사나웠는데/바람 빠진 풍선으로 쪼그라든 가슴/더듬이도
상해 버린 풀여치처럼/찌르르 찌르르 속절 없는 여름 하나 또 떠나고/
(중략)/통통배처럼 희미하게 정박 중인/아 빛 바랜 산천.

— 장승진, 「피안도」31)

홍천 출생의 장승진은 속초에서 13년 정도 거주하는 동안 청호동을 다룬 「청호동 아바이」와 「피안도」 등을 남겼다. "내 대에는 갈 수 있다/목소리도 쩡쩡 사나웠는데"라는 대목에서는 고향에 가고 싶은 청호동 사람들의 절절한 심정이 드러난다. 경계도 없는 바다인데, 배를 타고도 고향에 갈 수 없는 심정은 '정박 중인 통통배'에 이입된다. '내 대에도 못 가고 산에 묻힌 윤 씨 가족'의 대를 이은 슬픔은 분단의 유전자가 대를 물리는 비극이다.

---

폐선, 그후 수복이 되면서 거룻배(종선)를 사용하게 된 것이다. 1988년 갯배는 청호동개발위원회(현 주민자치위원회)에서 위탁 경영하면서 1988년에 낡은 목선에서 35인승 FRP선으로 바뀌었으며 2017년에 32인승 FRP선으로 교체되어 현재 운영 중이다. 갯배와 갯배나루는 TV드라마 <가을동화>와 TV오락프로그램 <1박2일>로 다시금 세상의 주목을 받았다. 이젠 구수로 교량(금강대교)과 신수로 교량(설악대교)이 연결돼 갯배를 이용하지 않고도 시내를 오고 갈 수 있게 되었지만 청호동과 갯배, 갯배나루는 잃어버린 고향으로 되돌아가는 길목이었기에 관광객이 붐비는 지금도 우리는 여전히 이곳을 '실향1번지'라 부른다.(속초 청호동의 입간판 <갯배의 유래>)
31) 장승진, 『한계령 정상까지 난 바다를 끌고 갈 수 없다』, 천우, 1997, 24~25쪽.

처마가 낮은 골목길 온몸으로 틈을 막아 식솔들을 거느리며 생선 다라이를 이고 아바이마을을 내다 팔던 시절 아마이들은 전설이었다//갯바람이 그 뻗힌 상처에 염을 치는 날이면 꺼이꺼이 짐승 울음을 울던 함경도 아바이들은 헤진 틈새가 아물 날이 없었다//아바이들이 제 그림자를 지우고 이승을 떠나도/청호동 아바이마을은/아바이 이름으로 먹고 산다

— 박봉준, 「아바이마을 아마이」32)

총소리가 멈추자//청호동 모래톱 위/함경도가 주저앉았다//타고 왔던 창이배로/여름엔 오징어바리/겨울엔 명태바리로/식구들 먹여 살리다
— 김종헌, 「청호동 이야기·1」33)

아바이는 다 떠났어도 그 "아바이 이름으로 먹고 산다"는 아바이마을의 지속 가능성을 보여준 작품이다. 고성 출생의 박봉준은 「아바이마을 아마이」를 통해 "다라이를 이고 아바이마을을 내다 팔"면서 생계를 꾸리는 것은 '아마이'였다면서 '아바이'에 비해 덜 알려진 어휘를 내세웠다. 속초지역에서는 어머니나 할머니 항렬을 뜻하는 함경도 방언 '아마이'를 브랜드 네이밍으로 사용하는 곳이 늘어가고 있다. 아마이홍게, 아마이젓갈, 아마이생선구이, 아마이커피 등이 대표적이다. '아바이순대'가 성공한 것처럼, '청호동 말34)을 통한 브랜드 네이밍은

---

32) 『시와 소금』, 2022년 여름호, 90쪽.
33) 김종헌, 「청호동 이야기·1」, 『갈뫼』, 설악문우회, 2020, 324쪽.
34) "청호동 말을 이르는 민간 명칭의 종류로 '청호동 말'과 '이북말', '함경도 말', '북청 말'이 있다. '청호동 말'은 청호동 말의 주된 사용지역을 중심으로 명명한 명칭이며 '이북말', '함경도 말', '북청 말'은 청호동의 역사와 구성원들의 출신을 의식한 명칭으로 그 명칭을 통해 이북 지역 혹은 이북 방언으로부터의 영향을 직접적으로 드러낸다. 다음 사례에서 볼 수 있듯이 청호동

청호동을 기반으로 한 지역적 정체성을 살리는 좋은 시도라고 본다.

속초에서 활동하는 김종헌은 연작으로 시도한 「청호동 이야기·1」에서 전쟁 후 만들어진 청호동의 유래를 "총소리가 멈추자//청호동 모래톱 위/함경도가 주저앉았다"고 기술한다. 한국전쟁의 함경도 피난민 처지와 청호동아바이마을의 유래를 함축적으로 시화했다. 박봉준이 '아마이'가 먹여 살렸다고 특이점을 찾아낸 것처럼, 김종헌은 '창이배'가 먹여 살렸다고 보았다. 아마이와 창이배는 청호동 지역의 정체성을 선명하게 드러내는 어휘들이다. 1950년대의 창이배는 큰 돛과 작은 돛을 앞뒤로 배치한 범선으로, 동력선이 본격화하기 전까지 함경도와 강원도에서 주로 고기잡이배로 사용하였다. 1·4후퇴 때 몸만 빠져나와 급히 남쪽으로 향하는 이북 피난민들의 생명을 살린 배가 창이배였다.

  고성이나 양양, 속초는 강원도 출신을 제외한 이북5도 출신자가 70퍼센트를 상회한다. 1950년 12월 흥남 철수 때 미군 LST로 부산항으로 실려갔다가 한 발자국이라도 더 가깝게 고향으로 가려는 일념으로 몰려든 사람들이 집단촌을 이루었다. '피눈물을 흘리면서 1·4 이후 나 홀로 왔다'던 무수한 그 '아바이'들이 정착한 '아바이 마을' 청호동, 함경남도 출신이 93퍼센트를 차지하는데 이들의 70퍼센트가 어업에 종사했다.35)

---

 사람들은 '청호동 말과 이북말'을 같은 뜻으로 인식하는데, '이북말은 이북 출신 및 피난 경험이 중심이 되는 청호동의 사람과 공간에 대한 정의를 직접적으로 반영하는 것으로 여겨지기도 한다."(김성인, 「아바이 말 그리고 나의 말: 속초시 청호동 사람들의 언어 사용과 언어이데올로기」, 서울대학교 대학원 인류학과 인류학 전공 석사논문, 2015, 35쪽)
35) 주강현, 『등대』, 생각의 나무, 2007, 475쪽.

청호동의 아바이마을은 한국전쟁 피난민들의 고단한 삶을 증명하는 장소이자, 남북분단이 빚은 비극을 증명하는 장소이다. 청호동의 집은 부엌은 있어도 화장실은 없는 집의 특징이 있는데, 그것은 밥만 먹고 며칠 잠을 자다가 고향으로 돌아갈 생각에서 그렇게 지었다는 것이다. 고향 가까이에 피난민 정착촌을 만들고 전쟁 후에는 고향에 가려던 이들이 영영 가지 못한 긴 분단의 세월을 보여주는 장소이다. 이제 청호동 아바이마을은 우리나라에서 마지막 남은 피난민 집단촌이다. 강릉의 주문진 피난민촌도 규모는 컸으나 사라진 지 오래이다. 청호동 아바이마을을 이룬 피난민 1세대 대부분 세상을 떠났으나, 실향민 2세와 3세가 거주하면서 아바이마을을 지키고 있다. 피난민 후세가 다 사라지더라도 아바이마을은 여전히 이북 실향민의 집단 거주지 상징을 띨 것이다. 아바이마을로 표상되는 청호동은 속초의 정체성이자, 분단 강원도를 드러내는 장소이므로 잘 가꿔야 한다.

청호동의 피난민들은 어업으로 생계로 유지하면서 청호동의 독특한 어촌 문화를 일구었다. 가장 대표적인 것이 아바이순대로, 속초의 토속음식으로 확고히 자리 잡았다. 관광객들은 갯배를 타고 아바이마을로 들어가서 아바이순대를 먹고 사진 한 장 남기는 걸 즐기고 있다. 강릉에서 북한 잠수함을 통한 통일공원의 관광화는 실패했지만, 속초 아바이마을은 성공했다. 그 차이는 속초에는 '아바이라는 어휘, 순대라는 먹거리, 아바이마을에서 생활하는 주민'이 있었기에 가능했다. '아바이'는 함경도 방언으로 아버지, 할아버지, 늙은이 등을 뜻한다. 함경도 출신의 아바이들이 집단촌을 이룬다하여 아바이마을이라고 불렀다. 잠시 피난 내려온 이들이 분단의 고착화로 고향으로 돌아가지 못하고 실향민 집단촌을 이루면서도 트랜스로컬티를 실현하였다. 함흥냉면, 아바이순대 등의 식당을 운영하면서 생계를 꾸리는 과정에 함경도와 속초의 문화가 만나 융합하기 시작했다. 마치 함경도 방언 아바이가 속초의 청호동 장소와 결합하여 아바이마을을 만드는 것처럼 말이다. 순대는 한반도에서 전국적인 음식이었지만, 요리를 잘하는 함경도 사람들이 자신들의 순대 요리법에다 속초시의 명물인 오징어를 결합하여 오징어순대를 만들었다. 돼지창자 대신 속초에서 쉽게 구할 수 있는 오징어를 사용하였으며, 선지 대신 젊은 세대가 선호하는 야채를 담으면서 오징어와 야채가 맛의 조화를 이루었다.

　아바이순대는 속초의 대표적 토속음식으로 등극했으며, 우리나라의 순대 종류를 언급할 때도 빠지지 않을 정도로 트랜스로컬리티의 진수를 보여준다. 함경도식 순대를 속초에서 변형하면서 아바이순대를 만들었으니 음식의 트랜스로컬리티를 이룬 것이다. 속초에 정착한 함경도 실향민들은 아바이순대, 명태순대, 함흥냉면(명태회), 오랑캐만두, 북한송편 등의 함경도 음식을 선보이면서 속초의 특성과 결합하는 트랜스로컬리티를 실현하고 있다. 2000년 인기드라마 <가을동화>(출연: 송승헌·송혜교·원빈) 촬영지로 아바이마을에는 많은 관광객이 찾아왔다. 드라마 속 슈퍼마켓으로 나와 명성을 얻은 '은서네 집'수퍼마켓 마저 순대식당으로 바뀔 정도로 아바이순대는 속초의 대표 음식으로 자리를 잡았다.

　청호동아바이마을을 품은 속초시는 아바이마을, 아바이순대를 특산품화하면서 실향민축제로까지 확장했다. 2016년 '제1회 전국이북실향민문화축제'로 시작하여 2024년 6월까지 해마다 행사를 개최했다. ▲합동망향제, ▲북한문화예술공연, ▲속초·이북사투리 경연대회, ▲이북 음식 체험, ▲실향민 문화 체험 투어, ▲실향민 통일 학술포럼 등 분단의 정체성을 담아냈다. 실향민의 대표도시라는 역사적 문화적 정체성을 통해 한국 유일의 실향민문화축제까지 만들어낸 점은 트랜스로컬리티의 긍정성을 보여주는 바람직한 기획이다.

## 4. 분단이 남긴 강원 문인의 과제

38선과 관련한 장소의 흔적 새기기가 필요하다. 양양군 어느 휴게소 앞에 세운 38선 표지석의 상징을 강화하여 분단의 비극, 평화가 위협받는 분단의 현실을 깨달을 수 있도록 해야 한다. 그리고 38선으로부터 휴전선까지의 거리를 인식할 수 있는 다양한 활동들이 필요하다.

강릉·양양·고성·속초 지역의 아름다운 바다를 막은 철조망은 분단이라는 민족 비극을 구체적으로 보여주고 있다. 관광산업을 저해하는 해안 철조망 철거에 대한 주민의 목소리가 높은데, 원주시에서 지역 개발을 위해 군용 시설 철거 목소리를 내는 것과 닮아있다. 해안 철조망은 철거되어야 하지만, 일부 구간을 남겨 역사화하는 것도 고려해야 한다.

> 아버지는 이토록 뱃놈이다/아버지 함경도 사투리는 여직 변함이 없고/덕장 밑에서 명태 배때기를 가르고 있는 어머니와/말없는 누이의 젊음이 바닷바람에 젖는다/1·4 후퇴 때 피난민이 되어/한 많은 피난민이 되어/한이란 한은 몽땅 북쪽 고향에 두고/아버지는 오늘도 뱃놈이다
> — 강세환, 「교항리 수용소」[36]

주문진 출생인 강세환은 "1·4 후퇴 때 피난민"이 정착해서 살던 주문진 피난민촌의 삶을 다루고 있다. 고향을 두고 온 것도 한이고, 전쟁통에 이산의 비극을 맞은 것도 한이고, 사투리가 다른 타향의 문화적

---
36) 강세환, 『월동추』, 창작과비평사, 1990, 74쪽.

이질감도 한이고, '이토록 뱃놈, 오늘도 뱃놈'으로 살아가는 곤궁한 처지도 한스럽다. 시의 제목으로 삼은 '교항리 수용소'는 주문진 피난민촌의 별칭인데, 83세대가 집단 거주지를 이루면서 영동지역에서는 속초의 아바이마을에 버금간 규모로 자리했다. 주문진읍 교항리 259번지에 있던 피난민촌은 역사적 가치라든가, 그 안에 담긴 숱한 스토리 측면에서 보존할 명분이 있었다. 그런데도 도시미관을 해친다는 이유로 '주민의 숙원사업'이란 이름을 붙여 2009년에 철거했다. 강원의 정체성을 반영한다는 것이 무엇인지, 분단을 다루는 가치가 얼마인지 아직 강원에서는 제대로 이해하지 못하는 듯하다.

통일은 말로 하는 것이 아닙니다. 진정한 행동으로 하는 것입니다. 그러기 위해서는 또 길은 하나뿐입니다. 모든 역사 사실들을 사실대로 드러내놓고, 서로의 잘잘못을 솔직하게 인정할 것은 인정하고, 용서할 것은 용서하며 화합의 길을 닦아나가는 것입니다.
저는 이 사실을 '분단 극복 소설'의 기본 틀로 삼기로 했습니다. 사실을 사실대로 말하는 것, 그 첫 번째는 우리의 반공교육이 사회주의자나 빨치산들을 악마나 흡혈귀라고 했던 것을 '인간으로 바꾸는 것이었습니다. '그들은 악마나 흡혈귀가 아니라 우리와 똑같은 인간이다.' 이 당연한 사실을 말하는 것이 반공주의에 정면으로 맞서는 것이되고, 국가보안법을 부정하는 범죄가 되는 것이 우리의 현실입니다.
그리고 두 번째 해야할 일은 우리의 군대, 경찰 그리고 미군이 전쟁 통에 저지른 잘못들도 솔직히 드러내 따지자는 것이었습니다. 그렇게 해야만 서로의 잘잘못이 제대로 드러나고, 그 진실의 토대 위에서 진정한 용서와 이해가 이루어져 화합의 길로 나아갈 수 있다는 인식이었습니다.37)

조정래의 『태백산맥』이 등장한 것은 국가보안법의 칼날이 시퍼렇던 전두환 군사독재 시절이니, '진실을 드러내기 위한 진정한 행동'의 의지가 없었다면 쉽지 않은 일이다. 문인은 아니지만, 강릉 출생 최철 역시 조정래만큼 진실을 밝히려는 의지를 지니고 있었다. 미국에게 매맞고 버려지는 양공주는 동두천에만 있는 것이 아니라, 강릉에도 있었다는 걸 안 것은 최철의 『강릉, 그 아득한 시간』을 통해서였다. 한국전쟁 때 남한 여성을 겁탈하고, 민가에 들어와 폭력과 강탈을 일삼은 이들은 북한군이 아니라 한국군과 미군이었다는 사실을 알게 된 것도 그 책을 통해서였다. "힘없던 우리 민족은 적군의 총과 칼에 떨고 아군의 횡포에 다시금 치를 떨어야 하는 수난의 시대였다. 아이러니한 점은 6·25 전란 때 강릉 시내에 3개월 동안 머문 인민군들은 한 번도 이러한 부도덕한 행동을 저지른 적이 없다는 점이다."[38]라는 문장을 읽으면서 나의 한국사 수준에 몸을 떤 적이 있다. 그 말이 사실인지 확인하기 위해 70대 이상의 강릉시민 수십 명을 만나러 다닌 적이 있다. "인민군이 지나갈 땐 딸을 감추지 않아도, 미군이나 국군이 지나갈 땐 딸들 얼굴에 숯검정을 묻혀 다락으로 들이밀었다"는 말도 그때 들었고, "인민군은 잘 먹고 간다 하고, 국군은 곳간까지 알뜰하게 훑고 간다"는 말이 유행어까지 되었다는 것도 그때 들었다. 이런 사실을 증언하는 이들은 주변에 많으나, 아직 구체적인 자료집조차 나오지 못했다.

문인이든 아니든 최철의 문장 같은 사실들이 전설이 되지 않도록 기록하는 일이 필요하다. SNS가 등장하면서 문인의 글과 일반 대중의 글솜씨가 별 차이가 없어 보이고, 생산량으로 봐도 별반 차이가 나지 않는다. 생성형 AI가 등장하면서 인간이나 컴퓨터나 결과물에 큰 차이

---

37) 조정래, 『황홀한 글감옥』, 시사인북, 2009, 212쪽.
38) 최철, 『강릉, 그 아득한 시간』, 연세대학교 출판부, 2005, 202쪽.

가 없는 세상까지 되었다. 문인이 문인다우려면 조정래가 지녔던 '진실을 드러내기 위한 진정한 행동'이 필요하다. 분단의 현장에서 온몸으로 살아가는 강원의 문인이라면 더욱.

# 탄광문학의 미래
—성희직론

남기택

## 1. 탄광, 문명의 숙주

석탄은 근대 체제의 동력이요 문명의 숙주에 유비될 만하다. 18세기 증기기관의 발달은 자연이 선험적으로 제한하는 생존 형태로부터 근대적 생산방식을 독립시킨 결정적 기제였다. 증기기관은 18세기 초 영국 뉴캐슬 지역의 석탄 광산에 투입되어 갱도 물을 퍼내는 데 이용되었다. 유럽 경제와 문화를 지탱해 온 목재를 대신하는 광석 재료로서 석탄은 지역의 풍경을 새롭게 주조해 나갔다. 그렇게 석탄은 유럽 최초의 산업 풍광을 연출하였다. 이동 수단도 근본적으로 변모된다. 증기력에 의한 기계화 이동은 균일성, 규칙성, 지속 가능성 등으로 특화되었다. 그에 따라 공간에 대한 관계가 달라졌으니, 철도를 통해 유통되는 상품들은 벤야민이 강조한 아우라를 상실하기에 이른다.[1] 이렇듯 석탄은 시간과 공간의 개념을 재설정하며 수 세기 동안 근대사회

---
1) 볼프강 쉬벨부쉬, 박진희 역, 『철도 여행의 역사』, 궁리출판, 1999, 9~19쪽 참조.

를 이끌어 왔다.

현실을 반영하는 예술은 탄광문학이라는 범주 역시 생성하였다. 정전의 한 사례로서 자연주의 거장 에밀 졸라의 『제르미날』(1885)에는 혁명적 탄광노동자가 주인공으로 등장한다. 실직 후 광부가 된 에티엔 랑티에는 비참한 탄광촌의 현실에 분개하여 파업을 주도하지만 막강한 공권력 개입으로 결국 실패하고 만다. 이 작품은 탄광을 중심으로 한 사회상과 민중 의식을 사실적으로 그려내어 졸라 자신의 부르주아적 사회관을 극복하는 계기가 되었을 뿐만 아니라 리얼리즘 문학사에 기념비적으로 기록되었다. 탄광을 배경으로 한 삶의 궤적은 고스란히 한국사회 탄광산업의 길을 전조한다. 일제강점기 본격화되어 1980년대까지 성행한 탄광산업의 양상은 개발독재로 표상되는 한국식 자본주의화 과정을 압축하고 있다.

우리나라에서 탄광문학 개념은 관련 노동과 현장을 소재로 하여 삶이나 주제를 형상화하는 문학작품을 범박하게 지시한다. 공식적으로 통용되는 장르적, 학술적 개념은 아니지만 탄광을 직간접적으로 다루는 상당한 작품이 존재하기에 그 당위성이 인정된다. 탄광문학이라는 실재는 한국의 근대화 과정과 연동된 결과이다. 석탄이 우리 사회의 동력으로 기능했던 현실에 부응하며 이를 반영하는 작품이 하나의 경향을 이루게 되는데, 탄광문학은 그러한 양상을 포괄적으로 가리키는 개념으로 통용되고 있다. 거기에는 관련 종사자들의 구체적인 체험과 더불어 석탄산업이 재구성한 장소성이 직간접적으로 반영되었다.

탄광도시로 형성된 지역에는 문제적 현상이 누적되어 왔다. 애당초 탄광도시라는 위상이 수탈을 목적으로 한 식민지 정책의 결과였다는 데에서 문제가 기원한다. 본격적 근대화 과정에서는 산업철도 개통이 가속화된다. 강원 지역의 경우 태백, 삼척, 정선, 영월 등 '탄광도시

발전의 은인'으로 비유되는 철로가 험준한 산악 지대를 연결하며 개설되었다.2) 하지만 탄광도시들은 내재적 발전이 아닌 타자성에 의해 정체성을 부여받았던 까닭에 문명적 수혜와는 거리가 멀었다. 이러한 모순된 역학이 탄광 주변 도시의 발생적 맥락이었고, 그런 특성은 관련 지역과 문학이 지닌 중층적 성격과 무관하지 않다.

한국사회의 문제적 현실을 토대로 둔 탄광문학은 다난한 역사적 궤적을 그리고 있는데, 시인 성희직은 현 단계 탄광문학의 대표적 예시에 해당된다. 시집에 기록된 이력에 따르면 성희직은 1986년 강원도 정선군 삼척탄좌의 채탄 광부가 되었고, 1989년 노동조건 개선 투쟁 중에 첫 번째 단지(斷指)를 결단했다. 1991년 민중당 후보로 강원도 도의원에 당선된 후 3선을 거쳤고, 2007년 진폐 문제로 31일 간의 단식투쟁과 두 번째 단지를 감행했다. 탄광 현장의 생생한 경험을 바탕으로 한 『광부의 하늘』(황토, 1991)은 관련 장르에서 하나의 정전으로 통용되고 있다. 이 글은 성희직 시를 통해 탄광문학의 현재를 진단하고 미래를 예고해 보려는 의도를 지닌다. 먼저 그를 직접 만났다.

## 2. 성희직 문학의 현재와 미래

시인 성희직과의 인터뷰를 위해 사북으로 갔다. 사북읍 사북2길 16에 자리한 사북읍종합복지관 1층 상단에는 '사단법인 광산진폐권익연대'라는 글자 간판이 걸려 있었다. 출입구에는 '정선지회사무실'과 '정선진폐상담소' 이름표가 같이 부착되어 있다. 살가운 미소로 필자를 맞은 성희직 시인이 명함을 건넨다. 사단법인 광산진폐권익연대 사무국장, 정선진폐상담소 소장. 명함에 찍힌 공식 직함들이었다. 광부 출

---

2) 정연수, 『탄광촌 풍속 이야기』, 북코리아, 2010, 187쪽.

신으로 진폐연대 정선지회를 이끌고 있는 구세진 회장, 최월선 민원과장도 경계심 없이 성희직 문학의 조명을 위한 방문을 허락해 주었다.

광부 시인으로서 성희직의 이름은 익히 알려져 있다.『광부의 하늘』이후 탄광문학을 상징하는 인물로 그를 꼽는 데에는 별다른 이견이 없을 줄 안다. 성희직은 스스로 자신의 문학적 히스토리를 활자로 정리해 왔다. 대표적 기록으로는 「시로 쓴 광부 이야기」(『내일을여는 작가』 2022년 하반기호)가 있다. 강원 지역에서 개최된 한 학술대회에서도 유사한 이야기를 토론문(「광부, 그 핏빛 노동에 대한 연대와 헌정시」,『제30회 영동문화 창달을 위한 전국학술대회 자료집』, 2023. 11. 15)으로 제출하였다.

시인에게 직접 성희직 문학의 기원, 현재, 미래에 대해 물었다. 질문에 대한 구술 답변 역시 위에 예시한 산문의 내용과 대동소이하다. 이 글에서는 그의 생각을 인용문 형태로 요약 제시하면서 탄광문학의 전망에 대한 필자의 입장을 부기해 보기로 한다.

농부와 어부의 역사는 참 오래다. 이와 비교해 광부, 그중에서도 채탄 광부와 탄광의 역사는 이 땅에선 100년도 되지 않는다. 하지만 탄광 광부는 목숨을 걸고서 불씨를 캐내는 가장 뜨겁고 치열한 극한 직업이었다. 한때는 '개도 만원짜리 지폐를 물고 다녔다.'는 표현처럼 흥청대던 탄광촌과 광부의 시절이 있었다. 석탄산업 전성기 360여 곳의 탄광에서 3곳으로, 광부 68,000여 명에서 1,500여 명으로, 생산량 2,400만 톤에서 130여만 톤으로 끝자락에 놓인 석탄산업. 갈채를 받으며 흥행한 연극이 막을 내리듯, 머지않아 사람들 기억에서도 채탄 광부와 탄광은 역사의 저편으로 사라질 터이다.

탄광의 운명을 요약하는 그의 목소리에 비장함이 묻는다. 청년 시
절, 성희직은 평소 광부 일이 힘들고 위험하다는 말을 많이 들었지만
끝내 탄광촌을 찾았다. 중장비사업 실패로 막다른 벼랑에 내몰렸던 시
기였다고 한다. 무엇보다 임금이 높았다. 사택과 연탄을 준다는 조건
은 물불 가릴 처지가 아니었던 그를 선택의 여지가 없게 만들었다.
그 시절에는 다양한 사연을 지닌 많은 사람들이 전국에서 탄광촌으로
모여들었다. 성희직도 그중 하나였다. 그렇게 그는 1986년 2월, 정선
군 고한읍에 자리한 삼척탄좌에 첫발을 디뎠다.

 탄광엔 다양한 직종이 있다. 사무직이나 제재소 등 갱외 부서에서
일하는 사람들도 있지만 날마다 입갱하는 사람들이 훨씬 많다. 운전공,
감독, 검탄·검수, 상갑반, 굴진부, 채탄부 등등. 그중에서도 나는 최전선
인 채탄 막장에서 후산부 일부터 시작했다. 몸무게만큼이나 무거운 갱
목을 지고서 중압으로 낮고 찌그러져 개구멍 같은 노보리. 노보리는
경사진 면을 올라가면서 채탄 작업하는 상승사갱도(上昇斜坑道)의 막
장 갱도를 말한다. 그런 곳에서 배밀이로 기어올라야 하는 채탄 후산부
의 노동강도는 엄청나다. 헉헉 숨이 턱 끝에 차오를 때면 방진마스크를
벗어 던지기 일쑤였다.
 노보리에서 '죽탄'이나 '똥탄'을 내리느라 용을 쓰며 장시간 미끄럼
을 탈 때는 온종일 엉덩이가 찝찝했다. 동발 한 틀이라도 더 시공하기
위해 발파 화약 연기가 자욱한 막장에 들어가 허우적대며 일하는 나와
동료의 모습은 차라리 지옥도였다. 그런 감정이, 시상(詩想)이 곧잘 화
살처럼 날아와 가슴에 꽂히곤 했다. 이렇듯 처절한 광부들의 노동을
세상에 알리고 싶었다. 첫 시집 『광부의 하늘』은 그렇게 쓰였다.

 광부 성희직이 경험했던 노동환경과 시의 기원에 관한 생생한 육성

이다. 광부의 삶이 시인 성희직을 만들었고, 시인의 길은 광부 성희직을 뒤따르는 필연의 수순이었다. 그가 포함된 탄광문학의 양상을 개관하는 데에 하나의 참고자료가 있다. 『한국탄광시전집』(정연수 편, 2007)은 탄광문학과 관련하여 특별한 의미를 지닌다. 이 자료는 근대 초기부터 2006년 말까지를 대상으로, 200여 명 시인의 탄광시 작품을 모은 2권짜리 선집이다. 여기에 수록된 작품 규모는 공동창작 1팀을 포함하여 218명 작가의 953편 정도로 보인다. 그중 1편만이 수록된 작가(129명)의 비율이 전체 작가의 59.2%, 2편이 수록된 작가(33명)는 15.1%, 3편(14명)은 6.4%를 점유하고 있다. 이들을 합하면(176명) 전체 작가의 80.7%에 해당되는 다수 비율을 구성하게 되는데, 결국 대개의 작가들이 탄광에 대한 시화를 지속적으로 고민하고 있는 양상은 아니라는 사실을 추론할 수 있었다. 우연적 창작은 탄광이라는 소재가 내포한 특수성과 관련될 것이다. 실제로 현장에 종사하는 노동자가 아니고서는 탄광의 현실을 구체적으로 체험하기가 어렵다. 다수의 작품을 지속적으로 발표하고 있는 작가는 대개 탄광노동을 직접 수행하거나 관련 지역에서 현재적 삶을 살아가는 경우에 해당된다.[3] 성희직 역시 탄광문학의 배경으로 이 점을 주목하였다.

  『한국탄광시전집』에 소개된 작가들 중 광부 출신 시인은 나를 비롯하여 정일남, 이청리, 이원규, 박영희, 정연수, 최승익 등을 꼽을 수 있다. 이들이 탄광시를 쓰게 된 동기와 이유 중에는 최승익 시인이 「밤새 내린 눈」이란 시에서 "광부가 아니면서 광부의 삶을 알까?"라고 했듯이, 시를 통해 광부들의 처절한 핏빛 노동, 광부의 삶을 세상에 알리고 싶어서가 아닐까 생각한다. 나 또한 그랬으니까.

---

3) 남기택, 『강원영동지역문학의 정체와 전망』, 청운, 2013 참조.

그는 활동가의 기질을 타고난 듯하다. 많은 광부들이 노동 현장의 참담함을 몸으로 체험했지만, 그 실상을 알리기 위해 시를 쓰거나 단지하지는 않았다. 탄광의 진실을 알리고자 하는 활동가적 실천 의식의 산물로 성희직 시 역시 태동된 셈이다. 이때 환기되어야 할 점은 탄광문학이라는 장르가 내재한 복합적 운명이다. 근대화를 이끈 주요 동력이었던 만큼 탄광은 한국문학 속에서 일찌감치 전유되어 왔다. 일제강점기의 대표적 사례 중 하나로 이기영의 『광산촌』(1943)을 들 수 있다. 이 작품은 1930년대 후반 제기된 생산소설 범주로 평가되는데, 생산소설은 중일전쟁 이후 일본에서 국책문학의 일환으로 주목된 소설 유형이다. 주로 신체제기 생산력 증대를 강조하는 총후봉공(銃後奉公) 이데올로기의 선전 선동을 주요 목적으로 삼았다. 임화의 경우 생산소설은 현실과 세계를 종합적으로 인식할 수 있는 수단이라는 점에서 강조되기도 했다.(「생산소설론」, 『인문평론』 1940년 4월호) 『광산촌』은 한편으로는 당대 소설의 통속성과 시정성을 극복하였지만, 다른 한편으로는 총후봉공 이데올로기에 부응하였다.4) 탄광문학이라는 장르가 소재주의를 넘어 마주해야 할 중층적 현실 맥락을 시사하는 국면이다.

  시인이
  머리로 손으로 가슴으로 시를 쓸 때
  광부는
  온몸으로 노동이란 이름의 시를 쓴다

---

4) 근대문학100년 연구총서 편찬위원회, 『연표로 읽는 문학사』(근대문학100년 연구총서 01), 소명출판, 2008, 41쪽.

> 졸리운 눈 비벼가며
> 땀에 젖은 작업복은 탄가루에 범벅되어
> 몇 푼의 임금노예되어
> 헉헉대며 탄을 캐는 동료들을 보면
> 시인보다 더 가슴 아파하고
> 노동을 마치고 목욕을 마치고 대폿집에 둘러앉아
> 동료들과 막걸리잔을 나누면서도
> 한 편의 시를 쓰고 난 시인보다
> 더 큰 기쁨을 느낄 줄 아는
> 광부는 실로 위대하다
> ― 「광부는 위대하다」(『광부의 하늘』) 부분

성희직 탄광시의 생래적 지향은 비극적 현실의 형상화에 있는 듯하다. 탄광노동의 불합리한 조건에 저항하고 생존권을 위해 투쟁했던 시인의 모습이 『광부의 하늘』 전편에 적실히 반영되었다. 그 속에는 위에서 보는 것처럼 탄광노동의 숭고함에 대한 화자의 확신이 오롯이 전제되어 있다. 형식적으로 보자면 압축된 언어로 긴장된 구조를 모색하기보다는 대개 시적 진술의 양태를 취한다. 이러한 유형은 미학적 위상보다는 탄광 역사를 기록하고 참담한 현실을 증언하는 차원 자체로 문학사적 의미를 지닌다. 그렇게 성희직 시는 당대 노동운동과 민족문학 진영에 반향을 일으키며 하나의 기념비로 자리 잡았다.

시적 감정의 과잉이라는 면모는 성희직 시의 반복되는 경향이요 한계상황으로 파악된다. 객관화된 서정적 주인공의 설정이 필요하며, '장면' 아닌 '의도'의 과잉이 부를 수 있는 문제에 대해 경계해야 한다는 지적도 있었다.[5] 이러한 매너리즘은 성희직 시에만 적용되지 않는다. 이야기 시가 지녀야 할 미학적 요소에 대한 심도 있는 반성과 탐구가 수반되어야 할 필요성은 탄광문학의 또 다른 쟁점이었다. 하지만 그런 입장은 온전히 이론적인 평가의 영역이기도 하다.

    5·18 광주항쟁이 있기 전에
    1980년 4월 사북항쟁이 있었다

    노동자 투쟁 산불처럼 번지던 1987년엔
    광부 수천 명이 철길을 베고 드러누웠고
    서울올림픽이 열린 1988년에는
    한 젊은 광부가 온몸에 기름불 붙여
    죽음으로 광산쟁이도 인간임을 선언하였다

    물태우라 불린 사람이 대통령이던 시절
    삼척탄좌 정암광업소 해고 광부는
    여의동 평민당사에서 손도끼로 손가락 자르곤
    "광산노동자 만세" 외치며 혈서를 썼다
    그렇게 광부가 있음을 세상에 알렸다

    강산도 변한다는 10년, 30년 세월 지났으니
    이제는 광부들도 사람 대접 받고 있는지?
    이제는 막장일도 할 만한 건지?
    투쟁도 불만도 절망마저 까맣게 잊고
    거세당한 짐승처럼 감정도 없이 일하는 광부

---

5) 김형수, 「위대한 인생, 투박한 언어」, 성희직, 『광부의 하늘』, 도서출판 황토, 1991, 176쪽.

연탄은 이제 텔레비전 연속극에서나 볼 수 있고
탄광촌도 이제는 폐광 카지노로만 기억되면
목숨 바쳐 국내 유일 에너지 자원 석탄을 캔
광부들의 처절한 노동과 투쟁의 역사는
세상 사람들 기억에서도 영영 잊히고 마는가!

사양산업이지만 아직은 몇 개 탄광이 남아 있고
지금도 막장에서는 석탄을 캐고는 있지만
탄광도 하나의 직장일 뿐, 그곳엔 진짜 광부가 없다
한때는 이 땅에서 가장 자랑스러운 노동자의 이름
광부, 진짜 광부는 이제 어디에도 없다
— 「광부는 없다」,(『광부의 하늘이 무너졌다』, 푸른사상, 2022) 전문

위에 인용된 작품은 달라진 광부의 현실을 묘사한다. 일찍이 발표되었던 원고가 갱신을 거쳐 뒤늦은 시집에 안착된 형국이다. 탄광촌 투쟁의 역사와 현재 실정을 진술하는 경향은 여전하다. 여기에는 어느 보고서보다도 간략하고 명쾌한 탄광의 진실이 기록되어 있다. 사북사태나 단지 투쟁 등 제대로 알려지지 않았던 탄광의 실재를 현전하려는 국면이 특화된다. 주목되는 부분은 달라진 현실과 함께 "광부는 이제 그 어디에도 없"는 허상이 되고 있음을 단언하는 마지막 연이다. 탄광 노동의 숭고함을 확신했던 초기 시와는 달라진 정세 인식이라 하겠다. 시인 스스로의 변화된 생존 조건, 석탄산업 합리화 이후 재구성된 탄광 지역의 양상 등이 반영된 결과이다. 실제로 광부가 존재하지 않는다는 사실이 아닌 광부의 전형이 시대와 환경에 따라 변모되고 있음을 역설하려는 표현으로 보인다.

나의 시 대부분에는 극한 환경에서 일하는 광부들의 이야기, 막장에서 직업병을 얻게 된 진폐재해자들을 위한 투쟁사 등 힘겹고, 어려운 삶을 살아온 이들을 향한 시선과 마음이 투영되어 있다. 세상의 끝이라 불리는 채탄 막장에서 고독하고, 처절하게 일하는 광부들의 이야기를 세상에 알리고자 시를 쓰게 되었다. 사회적 약자들의 아픔을 글로 쓰는 것이 시인의 역할이자 책무라고 생각한다.

　광부들의 작업환경 개선을 위해 시를 쓰는 것뿐 아니라 투쟁으로도 힘을 보태던 중 결국 해고를 당하게 된다. 부당한 해고에 복직 투쟁을 벌이던 중 다른 광부 동료들의 추천과 지지로 정치에 입문하게 되었다. 광부, 시인에 이어 정치인으로 인생 3막이 열린 셈이다. 광산 노동자들의 전폭적인 지지에 힘입어 강원도 도의원으로 당선된 나는 온몸을 던져 의정 활동을 시작했다. 나를 정치의 길로 인도한 광부들과 탄광촌 주민들의 심정을 누구보다 잘 이해하고, 공감했기 때문이다. 특히 폐광으로 인해 임금과 퇴직금을 받지 못한 광부들 수십 명과 함께 투쟁하여 체불임금 문제를 모두 해결한 것은 의원으로 활동하던 시절에서 가장 기억에 남는 일 중의 하나이다. 광부들의 지지로 초선 의원이 된 나는 이후 재선, 3선에도 당선되며 도의회 부의장까지 역임하는 등 정치인으로서 지역민들의 든든한 신뢰를 얻었다.

　3선 도의원 임기를 마치고 우여곡절 시간이 흘러 2007년부터 진폐재해자와 함께하는 일을 하게 되었다. 2007년 9월부터 재가진폐재해자 생존권투쟁위원장을 맡아 사생결단 투쟁을 벌였다. 31일간의 단식, 갱목 시위, 나중엔 단지 투쟁까지. 그리고 십수 년 동안 정선진폐상담소에서 일하며 정책 대안을 제시하고 온갖 투쟁을 병행했다.

　나의 시풍도 바뀌었다. 초기의 내 시가 광부 개개인의 이야기를 중심에 두었다면 세 번째 시집 『광부의 하늘이 무너졌다』에선 영화에 비유하자면 다큐멘터리로 바뀐 것이다. 크고 작은 탄광사고를 시로 옮기는 일에 본격적으로 나선 것은 수년 전 중대재해처벌법 뉴스를 접하고서이다. 한두 명 사망사고에도 신문방송이 요란한데, 예전에 나와 동료들이 일한 탄광은 어땠던가! 그런 생각에 「광부의 하늘이 무너졌다」 연작시처럼 핏빛노동의 역사를 시로 옮기는 일에 집중하게 된 것이다.

「광부는 없다」에 대해 시인 스스로가 회고한 내용이다. 변화된 정세에 대한 판단은 "팔 것이라곤 몸뚱이 뿐이라 찾은 막장 아니고/ 언제라도 돌아갈 고향 있고/ 언제 그만두어도 밥걱정 없는 사람이면/ 그는 광부가 아니다/ 그는 진짜 광부가 아니다"(「진짜 광부는」, 『광부의 하늘이 무너졌다』)라는 인식을 통해서도 분명히 확인된다. '진짜 광부'의 규정이 추상적이거나 공허한 관념으로만 해석되지 않는 이유는 변화된 사회적 관계 속에서도 시인이 체현하고 있는 노동운동의 진정성, 지속되고 있는 시적 모색의 흔적 때문일 것이다.

성희직이 생각하는 광부와 탄광노동의 본질은 구술에서도 그대로 드러난다. 이를테면 "사오십년 전, 프로복싱이 인기를 끌던 시절이 있었다. 당시에 많이 들었던 말이 '헝그리정신'이다. 성공을 위해서 죽기살기로 싸울 수밖에 없는 프로복싱 선수처럼, 도급제 막장의 채탄 광부도 그런 절박함으로, 발아래가 지옥인 막장노동을 견뎌내고 이겨낸 것이다. 진짜 광부는 그랬다." 등과 같다. 성희직은 '진짜 광부'의 정체성을 강조하며, 그 일환으로 문학을 규정했다.

초선의원이던 시절, 지역 주민에게 장기기증에 관한 한 일화를 듣게 되었다. 신부전증에 걸린 아들을 위해 어머니가 신장을 기증하려 하는데, 수술비가 마련되지 않아 무산될 위기에 놓였다는 이야기였다. 당시 안타까운 사연에 모금 활동을 펼쳤고, 많은 이들의 손길이 모여 모자는 무사히 수술을 마쳤다. 그 일이 지역방송에 크게 보도된 후, 같은 지역에 사는 김종중 님을 만나게 됐다. 김종중 님은 이름도, 얼굴도 모르는 타인을 위해 신장 하나를 기증한 경험을 밝히며 "신장 하나가 없어도 생활하는 데에 아무런 지장이 없다."라는 이야기를 전했다. 그런데 이후 이상한 일이 일어났다. 며칠이 지나도 김종중 님의 말이 머릿속에서 사라지지 않았다. 그렇게 신장 기증을 곰곰히 생각하다가 그 일을 내가 해야겠다고 결정했다. 신장 기증이 해고 광부인 나를 도의원으로 뽑아준 탄광촌 주민들의 은혜에 보답하는 길이자 정치인으로서 사회에 모범을 보여야 하는 자가 꼭 해야만 하는 일처럼 느껴졌다. 이후 본부를 찾아 신장 기증을 위한 절차를 밟았고, 1994년 6월 8일 한양대병원에서 일면식도 없는 환자를 위해 아무런 대가없이 신장을 기증했다. 내가 건강하여 신장 하나를 기증할 수 있다는 사실이 얼마나 좋은 것인지 생각하니 행복했고, 보람도 있었다.

성희직이 세 번째로 상재한 『광부의 하늘이 무너졌다』는 두 번째 시집 『그대 가슴에 장미꽃 한 송이를』(푸른사상, 1994)의 서정성 모색 이후 오랜 시간을 거친 지양을 증거한다. 진폐노동자의 생존과 권익을 위한 제도 개선으로 수렴되어 온 시적 길항은 관련 문학사의 소중한 결실이 아닐 수 없다. 그의 말대로 "십수 년 동안 정선진폐상담소에서 일하며 정책 대안을 제시하고 온갖 투쟁을 병행"했던 삶이 시의 골자로 이어졌다. 나아가 성희직 시의 미래와 관련하여 생명사상을 빼트릴 수 없을 듯하다. 위 구술은 신장 기증의 구체적 사례에 해당된다. 그가 도의원으로 활동하면서 지역 주민들의 신임을 얻은 이유는 노동자 처우 개선을 위한 남다른 노력과 더불어 소외된 이웃을 향한 연대의 정신을 실천한 까닭이었다. 성희직 시라는 갱도가 삶의 양상과 더불어 보다 확장되는 흔적이기도 하다.

## 3. 갱도, 다시 첫길을 여는

어떤 장소와 제도에서든 탄광산업은 이제 사양화의 운명을 거부할 수 없다. 문명의 길은 더 이상 석탄을 요구하지 않는다. 하지만, 기술철학이 새로운 미래를 예고하고 있는 현 시점에도 탄광은 여전히 문학의 화소로 기능하고 있다. 탄광문학이 취할 이른바 '말년의 양식'으로서 미적 전유의 지점은 장르의 미래를 좌우할 하나의 방법론으로 보인다. 에드워드 사이드는 "조화롭지 못하고 평온하지 않은 긴장, 무엇보다 의도적으로 비생산적인 생산력을 수반하는 말년의 양식"[6]에 주목한 바 있다. '비생산적인 생산력'의 우리식 전유가 요구된다. 예술의 비생산성은 기존의 미적 공준을 확장하는 비자본주의적 상상력에 비견된다. 탄광문학은 창작의 주체들로부터 현실 정황이라는 배경에 이르기까지 말년의 단계에 접어들었다. 역으로 이는 새로운 생산 가능성을 실현할 물적 조건이기도 하다.

대표적 예로 시인 정일남의 경우는 재전유될 탄광문화를 길을 전조한다. 그는 「역전 주점」(『문학공간』 2022년 2월호)과 같은 시에서 "우린 고향 밀밭을 잊어버린 지가 오래되었어/ 종달새가 하늘을 보라고 얼마나 다그쳤었나/ 목돈 잡지도 못하고 석탄의 전성기는 오래전에 끝났다/ 술잔 속에 청춘이 익사한 지 오래다"와 같이 먼 과거의 노동을 추억하고 있다. 그는 '광부시인'이라는 타이틀로 1970년대 문단에 등장했다. 「제재소 근처」(1970년 『강원일보』 신춘문예)로부터 「어느 갱 속에서」(『현대문학』 1979년 8월호) 등으로 일련의 등단 과정이 이어졌다. 작가로서 출발 단계부터 스스로의 체험에 바탕한 현장성은 물론

---

[6] 에드워드 사이드, 장호연 역, 『말년의 양식에 관하여』, 마티, 2008, 29~30쪽.

이거니와 관련 노동을 미학적으로 체현하기 위한 고투를 의도하고 있었다. 「역전 주점」의 시상을 이끄는 것도 원체험으로서의 광부 이력을 통해 인생과 사회를 되돌아보는 시선이다. 정일남이 취한 말년의 양식은 탄광 문학사에서 하나의 이정표로 기능할 만하다. 석탄산업은 이제 곧 영원 속으로 사라진다. 제6차 석탄산업 장기계획(2021~2025)에 따르면 정일남의 청춘이 담긴 태백을 포함하여 삼척, 정선, 영월의 광업은 산림, 관광, 여가 등의 대체산업으로 전환될 전망이다. 이때 「역전 주점」의 의고적 정서는 부재에 접어드는 탄광의 실재를 소환한다. 여태껏 정립되지 못한 수많은 문학적 탄광의 명멸이 현전하는 새로운 장의 서막이길 기대케 하는 장면이다.7) 그와 더불어 사라지는 갱도의 미래를 숙의해야 할 시점이다.

　　스칸디나비아라던가 뭐라구 하는 고장에서는 아름다운 석양 대통령이라고 하는 직업을 가진 아저씨가 꽃리본 단 딸아이의 손 이끌고 백화점 거리 칫솔 사러 나오신단다. 탄광 퇴근하는 광부들의 작업복 뒷주머니마다엔 기름 묻은 책 하이데거 러쎌 헤밍웨이 장자(莊子) 휴가여행 떠나는 국무총리 서울역 삼등대합실 매표구 앞을 뙤약볕 흡쓰며 줄지어 서 있을 때 그걸 본 서울역장 기쁘시겠소라는 인사 한마디 남길 뿐 평화스러이 자기 사무실 문 열고 들어가더란다.
　　― 신동엽, 「산문시 1」(『월간문학』 1968년 11월호·창간호) 부분

잘 알려진 신동엽의 1960년대 작품이다. 여기에서 광부는 작업복 뒷주머니에 하이데거를 꽂고 다니는 지성인으로 묘사되고 있다. 아름다운 이미지에도 불구하고 이 작품이 상상하는 풍경은 우리의 현실과

---

7) 남기택, 「어느 말년의 양식」, 『문학의 오늘』 2022년 여름호 참조.

아무런 관련이 없다. 이따금 보고되는 세계의 탄광도시 재생 사례 역시 우리나라 실정과는 거리감을 지닌다. 죽음의 장소로 불렸던 스페인의 빌바오(Bilbao), 심각한 탈공업화의 직격탄을 맞았던 호주의 울런공(Wollongong) 등이 성공적으로 수행한 도시재생을 한국 탄광도시들이 모방할 수 있을지 의문이다. 안데스산맥 고지대에 자리한 볼리비아의 작은 마을 포토시(Potosí)가 은광과 더불어 번영했던 흔적이 세계문화유산으로 보존되고 있는 구도를 재현하기가 요원하다. 이들 도시의 뒤바뀐 모습은 신동엽이 상상한 이상적 광산 공동체의 현대적 판본인 듯도 하다. 다양한 제도적 판본이 가능할 것인데, 탄광문화의 현재화를 위해 강릉에서도 유네스코 등재 작업이 진행되고 있다.8) 성희직 역시 이에 적극 동조하는 입장이다.

> 구룡탄광 홍보탄광 옥계광업소 강릉광업소…
> 한때는 광부들로 북적인 정동진을 아시나요?
> 석탄산업합리화에 노다지 꿈은 일장춘몽이 되고
> 발길 드문 간이역은 폐쇄까지 검토했다는데
> 전설적 드라마 〈모래시계〉가 살려낸 정동진역
> 경찰에 잡혀가며 돌아보는 '고현정'의 애잔한 눈빛
> 그 오랜 여운에, 우리는 지금 정동진으로 간다
> ― 「우리는 지금 정동진으로 간다」(『동안』 2023년 봄호) 부분

성희직이 스스로 선정한 작품 중의 한 편이다. 그는 이 작품에 대한 생각을 다음과 같이 기술하였다.

---

8) 강원도 석탄산업 흔적의 세계문화유산 등재 필요성과 실천 양상에 대해서는 정연수,『강원도 석탄산업유산 현황과 세계유산화 방안』, 강원연구원 강원학연구센터, 2021 참조.

인기 드라마였던 <모래시계> 덕분에 젊은이들이 즐겨 찾는 유명 관광지가 된 정동진. 이곳이 지난날 지하 막장에서 생과 사의 갈림길에서 줄타기하던 광부들의 땅이었음을 아는 사람은 많지 않다. 그렇게 잊히고 사라져 가는 '의미 있는' 것에 대한 기록과 재조명하는 일. 이 또한 시인의 사명이자 역할이 아닌가. 하여, 탄광문학에 대한 재조명과 몇몇 분들이 열정적으로 진행하는 '석탄산업 유네스코 등재추진' 작업은 시의적절하고 뜻깊다 할 것이다.

나는 해고 광부 시절, 분신한 전태일 열사의 뜻을 잇고자 평생을 헌신한 이소선 어머니와 공동체인 '한울삶'에서 20일 정도 함께 지낸 적이 있다. 22살 청년이 나약하고 어린 여공들을 구하고자 자기를 온전히 희생한 뜨거운 인간사랑. 그러한 전태일 정신이야말로 얼마나 위대한가!

글 쓰는 재주보다는 문제 해결을 위해 온몸을 던지는 게 더 익숙한 나는 몸으로 시를 써온 사람이다. 세상의 끝인 막장. 한 발만 헛디디면 발아래가 지옥인 일터. 그곳으로 끌어당기는 저승사자와 맞서며 일했던 시간. 그렇게 배수진을 친 치열한 노동을 통해 나는 막장정신과 인간사랑을 배웠다. 나를 비롯한 광부 출신 시인들의 상당수 시는 광부와 탄광촌 민중들에게 바치는 연대와 헌사라 할 수 있다.

탄광문화에 대한 자부심으로부터 문학적 세계관에 이르기까지 성희직의 신념은 확실했다. 그는 구체적 노동이 부재할 때 시 역시 생산을 멈출 것이라는 입장을 단호하게 밝혔다. 그런 성희직의 문학관은 여전히 절실하고, 여전히 거대담론적이다. 문제는 탄광이라는 물리적 장소의 부재와 관련된다. 한국전쟁 이후 개발독재 시대를 거치며 탄광은 '존재하지 않았던 존재'로 취급되었다. 이런 표현은 분명한 모순인데,

실상 존재해 왔으나 제대로 주목받지 못했던 대상을 지시하는 수사일 것이다. 존재했으되 비존재처럼 취급받았던 대상들, 그것은 소외받은 인간과 장소일 수도 있고 드러나지 않은 역사나 문학의 자율성일 수도 있다. 탄광 역시 그 하나에 속한다. 광주민주화운동 1개월 전에 발생한 사북사건은 끝내 실체를 온전히 드러내지 않았다. 이제 탄광이라는 존재는 물리적으로 완전히 사라질 것이다. 성희직 시를 비롯한 탄광문학의 미래에 대한 숙의가 필요한 이유이다.

문학의 관점에서는 무엇보다 지역성의 미적 체현이 세계문화적 지평의 기제일 수 있다. 세계성은 이미 문학이라는 장르 자체에 선취되어 있다. 자본을 기반으로 하는 근대 체제는 탄광의 유무와 무관하게 건재하며, 미래에도 인류의 제도를 구성하는 물적 토대로 견고히 작동될 전망이다. 그렇다면 이른바 근대정신에 근거한 탄광문학의 입장을 확장하고, 목적의식적인 미학의 실천으로 전유할 필요성이 제기된다. 근대정신이란 모더니티의 태도를 지시할 것이다. 그것은 합리주의 패러다임과 다르지 않으면서도 이성 너머의 총체성을 지향한다. 루카치에 따르면 총체성을 상실한 근대 체제에서 이성은 그 복원을 생래적으로 갈망한다. 하지만 실현 불가능한 태도이기도 하다. 이미 현실과 제도는 자본이 규정하는 근대 체제에 복속되어 있기 때문이다. 이 지점에서 진정한 근대정신의 인격체로 '문제적 개인'이라는 유비가 성립 가능하다.9)

---

9) 게오르크 루카치, 김경식 역, 『소설의 이론』, 문예출판사, 2007. 여기에서 루카치는 단테를 예로 들어 소설의 형식에 대한 고전적 입장을 제시한다. 그에 따르면 소설의 외적 형식은 본질적으로 전기적 형식이다. 삶이 탈각되는 개념 체계와 삶의 복합체 간 괴리는 전기가 추구하는 유기체성 속에서만 객관화될 수 있기 때문이다.(87쪽) 그리하여 전기 형식에서는 현실화되지 않은 삶과 현실화 능력이 없는 삶의 두 영역의 균형으로부터 문제적 개인의

창작이란 사전적 차원에서 픽션화의 작업이다. 하지만 문제적 개인의 행위로서 창작을 전제할 때, 그것은 픽션 너머에 존재한다. 잃어버린 총체성의 복원, 분리된 관계의 회복, 물신화된 자본의 폭력적 위계화를 재구하려는 실천 행위로서의 창작은 그 자체로 문제적 픽션을 구성한다. 그렇다면 탄광 및 관련 문학은 문제적 개인으로서의 물성을 체현해야 한다. 지난 역사를 보면 광부들이 노동자로서 계급적 정체성을 형성하고 사회 운동을 견인하는 단위로 세력화되기까지 많은 시간이 필요했다. 영국 산업사회의 전개 과정에서 노동계급의 역사적 맥락을 분석한 톰슨의 사례가 이를 실증한다.10) 근대문명을 견인한 동력으로 석탄이 기능한 실정에 견주어 볼 때 사회 운동의 후발 주자였던 광부라는 명제는 의외의 결과이기도 하다. 비유하자면 광부는 애당초 문제적 개인의 운명으로 자본 체제에 포섭되었다.

우리나라의 근대적 석탄 개발은 20세기 전후에 발단된다. 한국 근대사회 형성의 제반 실정과 마찬가지로 석탄산업은 일본 제국주의의 본격화 과정에서 하나의 실재로 드러났다. 이후 노동 운동사 속에서 탄광은 주요한 흐름을 매개해 왔다. 이 분명했던 사건이 이제 유령으로 사라져 간다. 탄광이라는 물리적 장소는 현실에서 소거될 것이 분명하다. 우리나라뿐만 아니라 전 세계적으로 탄광문화는 현실 너머에 침잠

---

삶이 생겨난다는 것이다.(88~89쪽)
10) 톰슨에 따르면 19세기를 전후한 시기에 물질 수준의 향상에 비해 강화되는 착취와 불안정성 속에서 민중의 비참한 상태는 가속화되었다. 그러한 체험으로부터 비롯된 노동계급의 정치적·문화적 표현을 탐구하기 위해 톰슨은 세 노동자 집단을 분석하는데, 그것은 농부, 도시 장인, 직조공 등의 생활체험 변화였다. 이 집단들이 19세기 전반 노동계급의 사회의식을 가장 특징적으로 나타내기 때문이었는데, 상대적으로 광부들은 19세기 후반에야 자신의 영향력을 행사했다. E. P. 톰슨, 나종일 외 역, 『영국 노동계급의 형성·상』, 창비, 2000, 293~294쪽.

하는 유물로 인류 역사에 각인될 운명이다. 그렇다면 탄광문학은 새로운 미래를 개방할 수 있는가. 탄광이 소멸된다 하더라도 문명의 숙주로서 역사 속에 기능했던 경험은 유전적으로 인류의 정신과 함께할 것이다. 이는 지난 시간에 명멸했던 문화적 흔적들이 증거하는 바와 같다. 사라진 문명은 오늘날에도 여전히 생성의 소인이자 상상력의 원천으로 직간접 기능하고 있다. 관건은 이 시대의 문제적 작가독자에 의한 문제적 장르로서 탄광문학이 디딜 갱도 너머의 첫길이다.

- 『영화가 있는 문학의오늘』 2023년 겨울호.

# 정석교 시의 장소성과 서정적 리얼리즘


류상범


## 1. 로컬의 오늘, 지역문학 논의의 필요성

　오늘날 로컬1) 담론은 어느 때보다 시의성을 갖는다. "지역문학은 지연문학"이라는 진술처럼 지역문학은 지역과 지역민에 의해 형성된 가변적인 문화적 구성물이다. 인구 소멸을 동반한 지역 소멸의 위협이 지속되는 시점에서 지역문학 담론은 이론적 층위를 넘어 우리의 삶과 긴밀하게 연동되는 실천이 된다. 더욱이 지역문학이 소수자 문학으로서 근대적 규범과 체계에서 이탈할 가능성을 지니는 것이라면 우리 시대에 요구되는 다양성(지역, 정체성, 젠더, 문화적 실천)을 살피고 대안을 제시하는 바탕이 된다는 의미를 갖는다.
　이런 맥락에서 본고는 정석교 시세계를 새롭게 조명하고자 한다. 이

---

1) 로컬은 일차적으로 물리적·사회적 공간단위로서, 지역 또는 지방이라 불리는 국가 하부의 국지적 단위이다. 로컬 담론은 장소의 의미를 근간으로 사회적 의미망을 아우르는 것에서 출발한다. 소수성, 주변성, 이질성, 혼종성 등의 내재적 특성을 살피거나 국가-지방의 위계 구도나 국가-로컬-글로벌의 다층적 맥락 등으로 확장된다. 문재원, 「로컬리티 개념을 둘러싼 고민들」, 『로컬리티 인문학』 15, 2016, 307쪽.

작업을 통해 2000년대 이후 지역문학의 현황을 살피고 기왕의 지역문학사를 보완하고자 한다. 정석교2)(1962~2020)는 삼척에서 출생하여 강원영동지역을 거점으로 시를 창작3)하고 지역문학운동에 매진한 시인이다. 정석교의 문학운동 이력 중 가장 특기할 사항은 '작가동인동안' 활동이다. 2004년 김태수(시인), 박문구(소설가)와 함께 '삼척작가동인' 이름으로 동인시화집4)을 발행한다. 이후 동해 지역 문인들로 범위를 확장하여 '동해삼척작가동인'으로 명칭을 변경하고 시화집 발간, 시낭송회 등의 활동을 지속한다. 2007년부터는 연간 무크지 『동안』5)

---

2) 정석교 시인의 주요 이력을 정리하면 다음과 같다. 1962년 강원 삼척 출생. 삼척 고등학교 졸업. 삼척대 문예창작학과 졸업. 1997년 『문예사조』시 등단. 2016년 『시에티카』수필 등단. 『동안』, 『두타문학』, 『어화』동인. 강원작가회의 회원, 두타문학회 회원, 강원공무원문학회 회원. 2004년 제1회 공무원노조 노동문화상(「도계」), 2009·2012년 공무원문예대전(「아버지의 바다」, 「실러갠스」), 철도문학상(「해발435m 기적 소리」) 수상. 2004년 11월 전국 공무원 노동조합 총파업 주도하여 해직, 2005년 12월 복직. 2020년 영면.
3) 정석교 시인의 시집 목록은 다음과 같다. 『산속에 서니 나도 산이고 싶다』, 메아리출판사, 2001; 『꽃비 오시는 날 가슴에 꽃잎 띄우고』, 시와시학, 2011; 『딸 셋 애인 넷』, 해가, 2013; 『바다의 길은 곡선이다』, 북인, 2015; 『빈 몸을 허락합니다』, 밥북, 2017; 『곡비(哭婢)』, 리토피아, 2019; 『겨울 강 푸른 뜰』, 그늘빛, 2020. 작고 이후에 시선집 『정석교 시선집』(예서, 2021)이 출간 되었다. 이하 작품 인용 시에는 '「시제」, 『시집 제목』부분 및 전문.'으로 표기한다. 시집 제목은 다음과 같이 표기한다. 『산속』, 『꽃비』, 『딸 셋』, 『곡선』, 『빈 몸』, 『곡비』, 『겨울 강』.
4) 박문구·김태수·정석교, 『흐르지 않는 강』, 성은기획, 2004. 발간 기념 시화전이 삼척시립박물관 기획전시실(2004. 03. 06~13.)에서 열렸다.
5) 『동안』에 대한 구체적인 내용은 다음의 글을 참조. 남기택, 「삼척지역문학의 양상 고찰-1세대 시문학을 중심으로」, 『한국언어문학』 67, 한국언어문학회, 2008, 361~381쪽.; 「지역문학운동의 가능성-『동안』을 중심으로」, 『강원영동지역 근현대문학사료 연구』, 심지,

을 발간하였다. 지역단위의 한정을 벗어나기 위해 명칭을 '작가동인동 안'으로 변경하고 2015년부터 반년간지 간행, 2016년부터는 계간지를 발행하였다. 정석교는 '작가동인동안'의 결성과 계간종합문예지6)로서 의 『동안』 발간에 핵심적인 인물이며 2019년부터 작고 시까지는 '작 가동인동안'의 회장을 역임하여 지역문단 활성화를 위해 노력하였다. 이러한 활동을 바탕으로 7권의 시집을 상재하여 학술적 고찰을 가능 케 하는 충분한 양적 수위 역시 지니고 있다. 정석교 시인처럼 작품과 지역 단체가 융합된 지평 속에서 길항하며 로컬 히스토리를 전유해 온 사례는 관련 문학장의 소중한 성과에 해당한다.7)

다만, 이 같은 생애사적 특징이 정석교 시세계에 대한 학술적 조명 의 충분조건이 될 수는 없다. 정석교 시 텍스트는 지역문학의 차원에 서 시의적 의미를 갖는다. 주지하다시피 지역문학 담론에는 서울(중 심)/지방의 이분법적 위계질서를 비판하고 수평적 구도로 지역 스스로 를 중심에 놓는 지역구심주의(local centripetalism)를 비롯한 탈근대, 탈중심의 논리가 내재8)되어 있다. 지역문학 담론이 구가하는 이러한 내적 논리의 타당성과 당위성에도 불구하고 지역문학 연구에서 강원 지역문학에 대한 논의가 이중 소외되고 있다는 것은 지역문학 담론이

---

2016, 221~238쪽.
6) 『동안』은 시, 소설, 수필, 동시 등의 문학 작품뿐 아니라 지역문학에 대한 기획을 아우른다. 대표적인 예를 들면 다음과 같다. '지역문학의 현 단계와 해양 시문학'(1호, 2007)을 시작으로 '동해삼척지역문학의 현황과 전망'(2호, 2008), '강원지역문학의 정체성'(3호, 2009), '강원지역 근대문학장의 성립'(4호, 2010).
7) 남기택, 「정석교 시 연구」, 『인문사회과학연구』 17, 인문사회과학연 구소, 2023, 42쪽.
8) 임기현, 「지역문학 활성화를 위한 시론(試論)-충북지역문학의 현황 과 과제를 중심으로」, 『우리어문연구』 41, 우리어문학회, 2011, 106 쪽.

갖는 내적 논리의 모순이자 한계를 보여주는 상징적 사례9)이기도 하다. 이런 의미에서 강원영동지역을 중심으로 활동한 정석교 시에 대한 주목은 중앙문학(사)에 대한 비판과 반성일 뿐 아니라 지역문학 담론의 내적 논리를 보완하는 시도이기도 하다. 이뿐만 아니라 지역(문학)의 정체성이 구성적 개념이라면 변화의 과정을 포착하고 사유하는 일 또한 수반되어야 할 것이다. 그런 의미에서 정전의 현재적 의미를 산출하는 작업도 필요하지만, 지금-여기의 문학 텍스트 그 자체를 연구 대상10)으로 삼는 시도 역시 필요하다. 2000년대 이후 창작된 정석교 시 텍스트를 읽는다는 것은 오늘날 지역이 처한 문제를 진단하고 문학적 대안을 마련한다는 의미가 있다.

이러한 문제의식을 바탕으로 정석교 시세계를 학술적으로 검토하고자 한다. 정석교 시에 대한 그간의 논의는 시집 해설류11)와 비평12)이

---

9) 중심/주변의 표상체계에 의존하는 방식은 기존 지역문학 담론에서도 한계로 거론되었다. 중심/주변담론이 갖는 한계 안에서 주변부에 대한 반복적 환기는 기존 표상체계를 강화하는 부작용을 낳기 때문이다.
10) 일반적으로 현재 창작되는 문학 텍스트에 대한 평가와 해석은 '당대비평'의 몫으로 인식된다. 또한 지역에서 생산된 텍스트의 수준을 언급하며 학술적 대상으로 선정하기는 어렵다고 말한다. 하지만 소외된 지역문단의 실정을 상기할 때 현재 생산되는 문학 텍스트를 비평의 몫으로만 남기는 것은 적절하지 않다. 학술적 차원에서도 연구자들이 지역문학에 관심을 가지고 양질의 텍스트를 발굴하는 노력을 기울일 필요가 있다.
11) 김진광,「서정적 자아 성찰과 유년 회고의 미학」(『산속에 서니 나도 산이고 싶다』); 박호영,「꽃을 통한 가족의 추억, 또는 꽃의 밀의에 대한 천착」(『꽃비 오시는 날 가슴에 꽃잎 띄우고』); 박문구,「딸 셋 애인 넷의 시인」(『딸 셋 애인 넷』); 백인덕,「어탁(魚拓)과 숨비소리; 심연을 표상하는 시의 힘」(『바다의 길은 곡선이다』); 안현심,「시의 낙원, 연화성지를 꿈꾸다—정석교 시집『빈 몸을 허락합니다』」(『빈 몸을 허락합니다』); 오민석,「애도의 존재론—정석교 시집『곡비』

대부분이며, 학술 논문13) 형식으로 다뤄진 한 편의 글이 존재한다. 해당 연구는 처음으로 정석교의 전체 시세계를 조명하였으며, 그 특징을 리리시즘과 실존적 의미망으로 분석하였다. 다만, 정석교 시 텍스트의 특성과 의미가 지역문학사적 의미와 긴밀하게 연관된다고 보기는 어렵다. 정석교 시 텍스트 속 장소성과 지역성은 긴밀하게 연관되며 그의 시세계를 형성하는 주된 요소이기도 하다. 정석교 시 텍스트의 장소성은 지역에 기반하며, 이를 통해 현실을 인식하고 근대물질문명에 대한 문제의식을 드러낸다. 이때 그는 자연에서 느낀 서정성을 통해 근대적 동일성을 지연하고자 한다. 이를 논증하기 위해 정석교 시의 장소성에 대해 주목할 것이며, 나아가 그것이 내포하는 지역문학적 의미를 도출하고자 한다.

고대부터 논의되던 공간과 장소는 근대에 이르러 공간에 방점이 찍힌다. 근대합리·과학주의의 시선에서 공간은 일종의 공허와 유사하였다. 모든 사물은 위치로 표시되고 측량 가능한 것으로 변모했다. 그 결과 장소는 계산 가능한 사이트(site)로 변형되었다. 이러한 공간 인식은 측량적으로 정확한 지구의 지도를 만들어, 사이트를 발견하고 착취하고자 한 17세기 서양의 근대적 욕망에 논리를 제공한다. 하지만 장소는 객관적으로 그저 주어지는 것이 아니라, 장소감을 통해 만들어가는 과정이다. 이를 기반으로 인간이 체험을 통해 애착을 느껴 고유하면서도 다른 장소와는 차별성을 획득하는 인지적 특성이다. 그런 의미

---

읽기」(『곡비』); 류재만, 「아이(童) 아이(痛) 아이(目)」(『겨울 강 푸른 뜰』). 남기택, 「빈 몸으로 그린 자화상」(『정석교 시선집』).
12) 김진광, 「현실과 이상, 서정적 자아 성찰—정석교의 시세계」, 『동안』 5, 2011; 백인덕, 「우리는 왜, '시인'인가—정석교의 시세계」, 『강원작가』 20, 2017; 허 림, 「누군가를 위해 울다 간 곡비 시인」, 『강원작가』 23, 2020.
13) 남기택, 앞의 논문, 2023, 35~55쪽.

에서 장소는 생활 세계가 직접 경험되는 현상이며 의미, 실재 사물, 계속적인 활동으로 가득 차 있다. 때문에 개인과 공동체 정체성의 중요한 원천이며 인간 실존의 중심이기도 하다.

정석교 시에 형상화된 장소는 변화하고 있는 지역의 모습을 담는다. 그 과정 속에 내재되어 있는 근대물질문명에 대한 비판 의식을 드러낸다. 더욱이 정석교는 자연 서정의 결합을 통해 근대물질문명을 지연하고자 한다. 본고는 이러한 정석교 시의 특성을 규명하고자 한다. 이상의 분석 과정을 경유한다면 정석교 시세계를 해명하고 나아가 지역문학사를 보완하는 논거를 확보할 수 있을 것이다.

## 2. 단절된 모빌리티와 휴식을 통한 모더니티의 지연

정석교의 첫 시집 『산 속에 서니 나도 산이고 싶다』의 제1부 <인연>의 소제목과 텍스트 배치는 주목할 만하다. <인연>이란 소제목을 시작으로 고향의 대표적인 장소를 시화하고 이어서 할아버지부터 누이까지 가족 구성원에 대한 개별 시편을 배치하였다. 이러한 구성에서 정석교 시세계의 출발점에 고향(삼척)과 가족이 있음을 유추할 수 있다. 이에 더하여 자연을 전경화하며 서정을 표출하는 특성이 맞물리며 향토시인이라 평가 받기도 했다. 하지만 이는 정석교 초기시에 국한된 단편적 평가이며, 그의 시세계 전반에서 더욱 주목할 것은 시 텍스트에 드러나는 모빌리티의 양상이다.

달리고 싶어도 기적을 울릴수 없는/ 또 하나의 정지된 궤도를 안고/ 십수년 가슴앓이하는 삼척역사(三陟驛舍)// 벽면 가득 배인 숨결/ 긴 의자마다 묻어둔 인정은/ 왈칵 쏟아져 나온 바람으로 내몰리고/

흔적없는 개찰구는 또 다른 이방인// (중략) / 기적을 울리며 달려야 할 궤도위에는/ 벙커-C 기름탱크만 들어선 삼척역사// 새비리골 박서방도 나리골 최서방도/ 거나한 취중속 품에 간직된 잔영/ 두량 연초록 기차가 머문자리/ 복사꽃으로 흠뻑 젖어들고// 해안선따라 동해남부선 철도는/ 무성한 풍문으로 다가선지 수십년/ 끊겨진 플랫포음 변함없는 이정표/ 삼척역

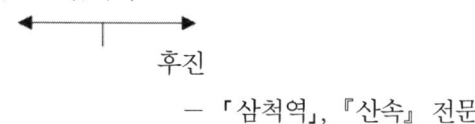

후진

— 「삼척역」, 『산속』 전문

이 시를 더욱 적극적으로 이해하기 위해선 삼척 지역14)의 철도 모빌리티의 특성을 상기할 필요가 있다. 이 지역의 철도 모빌리티는 일제강점기 때는 지하 자원 수탈 목적으로, 해방 이후 산업화 시기에는 국가경제발전을 목적으로 건설되었다. 한편, 석탄산업합리화정책(1989) 시행 이후 폐광으로 인해 철도 모빌리티의 필요성이 낮아졌다. 즉, 삼척 지역 철도 모빌리티는 자원 수송이라는 제국·국가자본 논리에 의해 건설되었으며, 그 목적이 상실되자 철도 모빌리티는 축소된다. "삼척역"의 건설과 폐쇄에서 지역 주민들의 삶은 배제되고 근대화 논리만이 강조된다. "동해남부선 철도" 건설이 지연15)되고 있는 모습은 그러한 특성을 더욱 강조한다.

모빌리티 단절은 교통 시스템의 불공정(교통 빈곤), 즉 모빌리티 권리16)에 대한 차별이다. 시적 자아가 분출하는 공허한 정서 이면엔 다

---

14) 1980년 동해시, 1981년 태백시 개청 전까지 '삼척·태백·동해(북평)'는 삼척군이었다.
15) 삼척-서울, 삼척-부산의 철도망을 개설하지 않은 것은 일본으로 자원 수탈을 위한 개발이기 때문이었다. 정연수, 위의 논문, 2020, 372쪽.
16) 불평등은 도시를 여러 부분으로 쪼개 놓으며 교통, 모빌리티 접근

층적 권력에 의해 배제된 삶의 흔적이 있다. 시적 자아가 인식한 삼척역은 '정지된 궤도'가 아니라 "또 하나의 정지된 궤도"이다. 이는 폐쇄된 기차역을 단순 지칭하는 것이 아니라 지역(민)에 대한 배제와 차별을 은유한다. 삼척역의 단절된 모빌리티는 근대화 논리의 모순, 중앙/주변의 권력 문제, 지역(민) 소외 등 다층적 양상을 상징적으로 보여준다. 이러한 양상은 아래의 텍스트에서도 발견할 수 있다.

① 굽어진 저 철로 끝자락으로/ 휘어진 마음 내내 지정거리며 머물다/ 춘포역에 들어서니/ 함초롬 핀 풀꽃의 환한 얼굴/ 홀로되었던 적막한 인연을 다시 잇는다// 어디서 시작하여 어느 곳 이어진 철로/ 무궁화호 화물열차 경적을 울리면/ 스치듯 외면하는 플랫폼 잃어버린 풍경/ 다시 웅성거리고픈 대합실/ 노을 뒤로 무인역사는 하냥 서 있었다// 슬레이트지붕 담벼락 아래 이울고 있는/ 역전 꽃다방/ 고향을 등진 레지들의 슬픈 웃음소리/ 빈 자리 안쓰러워 떠날 수 없었는지/ 빛바랜 세월을 들여다보니/ 잊어버릴 지금이 과거의 기억으로 남는다// 존재는 잊은 기억에서 비롯되는가/ 춘포역이었음을 입간판이 자백을 한다/ 노을 속 거닐다 무심한 도로 위/ 내려진 창문마다 거리가 닫혀가고 있다/ 이름을 잃어가는 치명적인 고향
  1) 전라선의 한 철도역명(익산시 춘포면)으로 우리나라 가장 오래된 역(2007.6.1.일자로 여객취급 중지)

— 「춘포역1)」, 『딸 셋』 전문

---

등 인간 번영 기초로 간주되는 기본 서비스를 균등하지 않게 배분한다. 서구를 예로 들면, 그 원인은 공공 인프라 프로젝트를 국민국가적이고 도시 중심적인 시각에서 진행한 것을 들 수 있다. 그 과정에서 인종, 계급, 젠더에 따라 차별받고 해체되었다. 미미 셸러, 최영석 옮김, 『모빌리티 정의』, 앨피, 2019, 183쪽.

② 간이역 대합실에 들어서면/ 늘 혼자인 듯 홀로의 시간을 태운/ 긴 나무의자 등받이/ 기대어 머문 사연들이 뭉개져 있다.// 바랜 벽면 필름처럼 흘러가는/ 지명수배자 명단/ 어떤 연유를 달아 표적된 시간을 감추어 내었을까/ 닮은 눈매 문득 나의 얼굴 같은/ 호기심이 인물화로 머문 순간/ 나 또한 검거되지 않는 자유였다// 플랫폼 낡은 이정표 지나치는/ 종착지 어딘지 잡을 수 없는 질주/ 또다시 급행열차 놓아주는 간이역// 햇살이 수몰된 산등성이로/ 검거되지 않는 지루한 기다림이/ 다시 시작된다

— 「간이역」, 『딸 셋』 전문

인용한 두 텍스트는 '간이역'을 주된 제재로 한다. 간이역17)은 일제 강점기 수탈의 목적으로 건설된 소규모 기차역이다. 현대에 와서는 특유의 목가적 분위기와 결합되며 서정적인 공간으로 인식되기도 한다. 하지만 시적 자아의 시선에 포착된 '간이역'은 그러한 인식과는 차이가 있다. 시적 자아는 '간이역'에서 소멸한 것으로 여겨지는 구체적인 삶의 흔적을 발견하며 그것을 적극적으로 기억하고자 한다.

---

17) 철도는 식민지 근대화의 핵심이었고 기차역도 여기에 속한다. 간이역이 아담한 시골 역의 대명사로 통하는 것은 현대에 와서이다. 일제 강점기 당시 기차 자체가 생소하던 시기 간이역은 기차와 동의어로 인식되었으며, 일본의 힘을 상징하는 아이콘이다. 건축의 용이와 사용의 편리를 위해 간이역 '표준설계'를 만들었으며 춘포역과 임피역의 건축 양식은 한반도 전역에 있는 간이역 설계의 기본 유형이다. 1914년 건립된 '춘포역'은 현존하는 가장 오래된 기차역이다. 당대 명칭은 '대장역'이었으며 당시 일대 평야를 '대장뜰'이라 불렀다. 춘포역은 일제 곡물 수탈 목적으로 세운 역으로 곡창지대 한가운데 자리한다. 일대의 곡물을 군산항으로 실어 나른 후 배로 일본이나 전쟁터로 옮겼다. 춘포역에는 이러한 식민지 수탈의 역사가 있다. 임석재, 『한국의 간이역』, 인물과사상사, 2009, 22, 99~100, 106~107쪽 참조.

①에서 형상화하는 과거의 춘포역은 "어디서 시작하여 어느 곳 이어진 철로", "다시 웅성거리고픈 대합실"이란 표현처럼 사람과 사람, 지역과 지역을 연결하여 관계를 형성하는 매개였다. 하지면 현재의 춘포역은 "굽어진 저 철로 끝자락", "무궁화호 화물열차 경적을 울리면/ 스치듯 외면하는 플랫폼 잃어버린 풍경"이란 표현처럼 단절된 모빌리티를 은유하고 나아가 "이름을 잃어가는 치명적인 고향"이란 구절처럼 존재 의미를 상실한 공간이다. 즉, 춘포역은 그 차체로 소멸하는 공간이자 존재 의미가 상실되는 곳이다.

여기서 주목할 것은 "잊어버릴 지금이 과거의 기억으로 남는다// 존재는 잊은 기억에서 비롯되는가"라는 시적 진술이다. 시적 자아는 소멸의 공간 춘포역에서 "고향을 등진 레지들의 슬픈 웃음소리"를 듣는다. 표면적으로 춘포역이란 공간의 의미는 소멸했으며 "레지들"로 표상되는 타자들 역시 소멸하였다. 하지만 시적 자아의 장소 기억은 소멸해가는 타자들의 흔적을 붙잡는다. 산업화 시기 고향을 떠날 수밖에 없었고 도시에서 주변인으로 살 수밖에 없었던 타자들을 시적 자아는 춘포역에서 기억한다. 춘포역과 타자 기억하기를 통해 시적 자아는 장소감을 형성하고 근대화 논리를 지연시킨다.

②의 시적 자아는 간이역 "지명수배자 명단" 속 지명수배자와 자신을 동일시한다. 이 동일시를 통해 시적 자아는 근대적 제도에 대한 문제의식을 드러낸다. '지명수배자 명단'이 법과 제도로 표상되는 근대적 동일성을 상징하는 것이라면 "표적된 시간"이란 법과 제도에 의해 단절되고 구획된 시간을 의미한다. 즉, 인간 존재 의미를 단일한 의미로 수렴시키고자 하는 동일성을 은유한다. 이때, 지명수배자 명단이 상징하는 근대적 동일성은 "급행열차"로 전이된다. 급행열차는 "종착지" 없이 "질주"한다. 급행열차는 직선적으로 흐르는 근대적 시간

인식을 뜻하며 발전과 진보라는 목적으로 나아가는 모더니티를 상징한다.

한편, 시적 자아는 간이역을 지나쳐가는 기차의 모습을 반어적으로 '간이역'이 '또다시 놓아준다'고 표현한다. "종착지 어딘지 잡을 수 없는 질주"를 하는 "급행열차"의 이미지와 상반되는 "간이역"의 정주성을 시적 자아는 주목한다. 간이역의 이러한 특성은 또한 근대적 동일성과 대조를 이룬다. 이로써 간이역-지명수배자-시적 자아의 유비 관계를 통해 근대적 동일성에 "검거되지 않는 지루한 기다림"을 발견한다. 즉, 시적 자아는 간이역을 "지루한 기다림"으로 은유되는 휴지의 장소로 의미화하며 질주하는 모더니티를 지연하고자 한다. 이러한 특성은 아래의 시 텍스트들에서 더욱 강조된다.

① 강촌이라는 마을에는 강이 없다/ 굽이쳐 흐르는 물이 없다/ 강을 그리워하며 붙여진 이름/ 강촌,/ 흐르는 것은 강이 아니라/ 개발의 배설물이 굽이치는 강촌/ 기적소리 울리는 서울행 기차/ 강이 없는 메마른 가슴을 지나간다/ 플랫포옴을 훑고 사라진 기적소리/ 마른 물소리를 안고 사는 강촌은/ 침묵으로 살아가는 이웃을 위하여/ 가슴에 하나 둘 강물을 적셔내고 있다/ 흐르는 물을 잇는 강이 아닌/ 빈 강을 안고 사는 강촌은/ 희망을 흘러내고 싶은 물길이다
― 「흐르지 않는 강」, 『딸 셋』 전문

② 갯벌 위에는 비밀스런 길이 있다/ 평지 이룬 뻘 물때 오르는 이맘때쯤/ 노을이 만들어 내는 길이 있다/ 한두 겹 사려나오는 물때/ 바람 뒤척일 때마다 결이 일렁인다/ 노을이 베푸는 하루의 쉼표/ 온 뻘을 안고 토닥거린다/ 배웅하는 섬과 등 떠밀리는 물결 사이/ 표식 하나 없이 만드는 길/ 내일이면 안부를 묻듯 만나는 갯벌/ 노을 터놓은 길을

따라/ 얼굴에 돋은 붉은 빛이 따사롭다/ 부은 발등으로 귀가하는 갯벌/ 느린 삶이 부드러운 것처럼/ 바다의 길은 늘 곡선이다
― 「바다의 길은 곡선이다」, 『곡선』 전문

①에선 "흐르는 물을 잇는 강이 아닌/ 빈 강을 안고 사는 강촌"이라는 표현에 주목할 필요가 있다. "흐르는 물"은 "개발의 배설물", "서울행 기차"와 연결되어 시간의 흐름을 의미하며 근대의 직선적 시간관을 상징한다. 현재 강촌은 "개발"로 표상되는 근대의 발전론적·목적론적 시간에 구획된 공간이다. 하지만 강촌은 개발과 서울행 기차로 상징되는 근대의 목적론적 사유나 중심주의를 욕망하는 것이 아니다. 오히려 그것을 지연시키는 의미의 강을 "그리워"한다. 여기서 "빈 강"은 중층적 의미를 획득한다. 첫째, 타자의 장소로 의미화 된다. "강이 없는 메마른 가슴을 지나간다/ 플랫포옴을 훑고 사라진 기적소리"에서 알 수 있듯 "서울행 기차"는 강촌을 지나친다. 개발로 상징되는 근대성은 강촌에 무관심하며 모빌리티는 단절되어 있다. 강촌은 중심에서 배재된 공간이다. 하지만 강촌은 "침묵을 살아가는 이웃을 위하여/ 가슴에 하나 둘 강물을 적셔내고 있다". 강촌의 주민은 타자와 함께 살아가고자 하며, 그 의지들이 모여 '강촌'을 구성한다.

둘째, "빈 강"의 이미지를 통해 시간을 종합하고 있으며, 근대적 시간관을 지연시킨다. 현재 강촌에는 "개발의 배설물"과 "서울행 기차"만이 '흐르고' 있다. 그런데 강촌을 적셔내는 "강물"은 '그리워'하고, 빈 강을 '안고' 살며 희망을 '흘러내고' 싶은 물길이다. 즉, 과거-현재-미래를 모두 아우르는 시간 인식을 보여준다. 시적 자아는 이것을 "빈 강"으로 표현하며 소멸된 강의 이미지를 "빈 강"으로 변주한다. 이 이미지 변주를 통해 근대적 시간관에 의해 배제되었던 강촌의 의미를

현재화한다. 이렇게 본다면 위 시의 '강물'은 강촌의 장소성을 의미화하고 근대적 모순을 지연하는 기호가 된다. 이처럼 정석교는 현실의 모순에 관심을 가지면서도 자연 서정을 통해 그 모순을 지연하고자 한다. 이러한 시도는 ②에서 더 구체적으로 찾아볼 수 있다.

②의 표면적 의미는 노을 진 바다에서 느낀 시적 자아의 서정적 감상으로 보인다. 하지만 앞서 분석한 시 텍스트들과 연결 지어 해석한다면 근대적 시간관과 과학주의적 공간 인식에 균열을 가하는 의미를 발견할 수 있다. 갯벌에 노을이 비칠 때 보이는 구불구불한 땅의 모습을 시적 자아는 "갯벌" 위에 "노을이 만들어 내는" "비밀스런 길"이라 형상화하고 그 길 위에 떠있는 "노을"을 시적 자아는 "하루의 쉼표"라 인식한다. 근대기술문명 시대는 문명의 발전18)이라는 목적을 달성하기 위해 속도의 계급19)을 만들어낸다. 그 가운데에서 휴식이란 쇠퇴, 소멸과 동의어가 된다. 시적 자아 역시 일상을 살아가는 존재이다. 그러므로 근대문명의 속도에서 자유롭지 못하며 "부은 발등으로 귀가"한다. 하지만 시적 자아는 모더니티가 질주하는 시간과 공간 속에서

---

18) 마샬 버만은 1950~60년대 브롱스에 건설된 고속도로에서 발전을 위한 파괴를 목도한다. 현대성을 지속하고 확대하기 위해 현대 이전의 제도와 환경을 파괴하였고, 그것은 세계의 활력과 아름다움을 파괴하였다. 즉, 현대성의 특성을 더 많은 발전을 위한 파괴로 보았으며, 발전이라 믿었던 가치가 사실 발전이 아니었음을 드러낸다. 이런 현상을 버만은 '견고한 모든 것은 대기 속에 녹아 버린다.'고 표현한다. 마샬 버만, 윤호병·이만식 옮김, 『현대성의 경험』, 현대미학사, 1994, 349~359쪽.

19) 인간은 속도의 계급(열등 속도, 우월 속도) 속으로 입문하면서 순간을 불안정하게 만들었고, 우연한 현상으로서의 기준점들을 폐지했다. 또 다양해진 속도들은 연속적인 움직임의 보편적 시간 감각을 폐지했다. 폴 비릴리오, 김경온 옮김, 『소멸의 미학』, 연세대학교출판부, 2004, 189쪽.

갯벌과 노을이 만드는 쉼표, 즉 의도적인 정지의 순간을 발견해낸다.

근대문명의 시선에서 앞서 살펴보았던 '기차역', '간이역', '강촌'은 쇠퇴한 공간이자 모빌리티가 단절되어 소외된 공간이다. 이처럼 근대문명은 발전을 위해 시간과 공간의 구획을 시도하는 "표식"을 만들어낸다. 하지만 바다는 근대적 동일성으로는 포획할 수 없는 "비밀스런 길"을 만든다. 이 "비밀스런 길"은 매일 반복되며 조금씩 다른 모습으로 나타난다. 그 차이는 질주하는 시간을 지연시키며 바다의 "비밀스런 길"은 관계를 단절시켰던 모빌리티를 연결하는 생성의 장소가 된다.

정석교 시에 형상화된 기차역·간이역은 근대물질문명의 시선에선 텅 빈 공간으로 인식된다. 정석교는 그 공간에 축적된 삶의 기억과 존재의 흔적을 발견하며 근대적 동일성의 모순을 드러내는 장소로 의미화 한다. 그러한 현실 인식은 자연 공간 속에서 더욱 적극적인 지연과 저항의 의미를 획득한다. 근대적 가치가 발전이란 의미의 질주에 있다면, 정석교는 갯벌에 그려지는 구불구불한 길, 즉 자연이 만들어내는 차이화 된 공간들에서 휴식과 정지의 가치를 발견한다. 이때의 자연이란 문명의 대타항으로서의 개념이라기보다는 근대적 질서에 대안을 제시하는 미학적 장소로 보는 것이 적절하다.

## 3. 이데올로기의 변화와 지속되는 노동의 문제

1960년대 군사정권 등장과 함께 경제개발은 국가적 담론으로 자리했으며, 탄광 개발은 필수 요소였다. 국가적 필요에 의해 개발된 탄광은 국가 단위의 근대적 기획의 결과이다. 삶의 마지막 선택지로 형성된 탄광촌은 국가적 담론과 생존의 경계가 교차하는 공간이다. 정석교 시세계에서 탄광은 산업화 시기 국가 담론이 만든 기만적 이미지를 발견하는 장소이다.

 ① 세상 등지고 찾아온 안면부지 깊은 늪에서/ 가난에 묻어둔 편견보다 서러운 눈길/ 더한 아픔을 뱉어내지 못하고 사는 나날/ 막장에 스러져 묻힌 동료의 흔적 추슬러/ 탄가루가 분신처럼 날리던 무덤 속으로/ 아버지는 막사발 걸쭉한 탁주 한잔 털며/ 진저리치는 갱도를 향하여 침목(枕木)을 멨다/ (중략) // 가르릉 거리는 가슴패기 들여다 볼 수 있었던 그날/ 하얀 시트를 들추어내며 이제야 푸른 하늘을/ 볼 수 있다며 처음으로 미소를 짓던 모습은 결코 폐광처럼 닫히지 않을 아버지의 마지막 절규/ 덜커덩거리며 터널을 빠져나가는 기적소리가/ 목 놓아
                - 「도계」 부분20)

 ② 가난 들먹여 굶는 것보다 서러운 막장, 동발 메고 공룡아가리 전사처럼 진격했지 허기 걷어낸 입안에 고이는 어둠의 침전물, 탄가루 격렬했던 밤을 생환하면 부끄러운 시야는 늘 헐어 있었지 (중략) 고요하고 거룩한 밤, 폐부 깊숙이 죽음을 탐하던 절망 더 이상 거역할 수 없는 유폐처럼 깊고 아득한 독방// 가슴에 은닉한 탄탄한 적 또, 만들며 살았지// 갱도 위에서 불꽃처럼 실어 날랐던 청춘 우리만의 경계 아득한 독방, 기억하지 못한 기록으로 떠났지 폐광처럼 조용한 진폐병동, 오늘은 천상으로 가기 얼마나 좋은 날인지 고요하고 거룩한 밤에
        - 「고요하고 거룩한 밤에」, 『곡비』 부분

 인용한 두 시는 공통적으로 생존을 위해 갱도로 들어가야만 했던 현실과 폐광 이후 진폐증으로 고통 받는 탄광노동자의 삶을 그리고

---
20) 2004년 제1회 공무원노조 노동문화상 시부문 버금상 수상작.

있다. 이때의 탄광은 국가 담론이 부여한 '성스러운 노동'의 이미지와 결합한다. ①의 "아버지"는 탄광 사고로 죽은 동료에 대한 죄책감, 탄광 내부에서 느끼는 죽음의 공포를 "탁주 한잔"에 털어내고 다시 "진 저리치는 갱도"에 들어간다. 아버지가 죄책감과 죽음의 공포에도 다시 갱도로 들어서는 이유는 가족의 생존이 달린 문제이기 때문이다.

이때 생존은 단순히 가난에서 벗어난다는 의미를 넘어선다. 아버지는 탄광을 "깊은 늪", "무덤", "공룡 아가리"로 표현되는 죽음과 공포의 공간으로 인식한다. 그럼에도 그곳으로 다시 진입하는 이유는 그것이 가장이자 탄광노동자로서 수행해야 할 '성스러운 것'으로 인식하기 때문이다. 죽음의 공간에서 수행하는 탄광 노동은 "전사"로서 행해야 할 "순결"한 것이다. 탄광노동자에게 부여된 '산업전사'라는 호명은 척박하고 위험한 환경에서의 노동을 정당화하는 국가적 담론[21]이었다.

인용한 두 시에서 탄광노동자에게 부여된 산업전사의 이미지는 "아버지", 즉 가장의 것으로 전이된다. 산업전사라는 명명은 가부장제와 결합하며 거시적으로는 국가의 발전을 위한 역군으로, 미시적으로는 가정의 생존을 책임지는 가장의 이미지로 작용한다. 아버지가 수행하

---

[21] 탄광노동은 노동자들의 마지못해 선택하는 마지막 노동일 정도로 노동 집약 산업이었기 때문에 인력난이 계속되었다. 지속되는 인력난을 해소하기 위해 국가는 탄광노동자에 대한 이미지 제고를 위해 탄광노동자의 실상과 다른 노동자상의 전형적 이미지를 조작하였다. 1960년대 '산업전사', '산업역군', '산업의 기수', '노동의 기수' 등의 구호를 탄광노동현장으로 보급한 것은 대표적 사례 중 하나다. '전사'나 '역군'의 구호처럼 나라를 위해 싸우는 군인과 노동자를 동일시하는 용어이다. 노동을 애국적인 활동으로 세뇌하는 한편 군대식 용어를 통해 전투적인 노동의식을 고취하려는 의도이다. 국가발전이란 명분 아래 노동자의 희생을 강요하는 모순적 기제였다. 정연수, 「탄광시의 현실인식과 미학적 특성 연구」, 강릉대학교 박사학위논문, 2008, 66~68쪽.

는 탄광노동은 그런 의미에서 순결한 노동이 된다. '전사-가장-성스러운 것'이란 이미지는 탄광노동의 당위성을 부여할 뿐 아니라 죽음의 공간으로 거침없이 뛰어들게 할 의무이자 책무를 부여한다.

하지만 '전사-가장-성스러운 것'으로 여겨진 탄광 노동은 실상 "아버지"를 "독방"에 유폐하였다. 국가 경제 발전을 위해 "청춘"을 바쳤으나 "기억하지 못한 기록"처럼 오늘날 산업전사로서의 탄광 노동은 점차 역사 속으로 희미해진다. 또한 그들은 산업전사이자 가장으로서 희생하였지만 오늘날 그들이 얻은 것은 '가슴 속 탄맥', 즉 진폐증이었으며 그들을 삶에서 유폐시킨다. 이로써 탄광은 탄광노동의 책무를 강요했던 "늪"에서 그 희생을 외면하는 "독방"을 경유하여 탄광노동자를 삶에서 유리시키는 "진폐병동"으로 전이된다. '늪-독방-진폐병동'으로 이어지는 탄광의 이미지는 국가적 담론이 탄광노동에 부여한 기만적 이미지를 드러낼 뿐 아니라 희생된 개인에 대한 무책임한 국가의 모습까지 보여준다. 한편, 이러한 기만적이고 다층적인 권력의 영향력이 아버지뿐 아니라 가족에게 확장되는 양상을 아래의 시 텍스트는 형상화하고 있다.

내 유년, 탄광촌 아버지들을 검은 전사라 불렀다// 초여름 감나무 가지 사이 숨은 왕매미 맹렬히 울던 날, 긴 잎 느티나무 굵은 가지 무수히 부러졌다 달빛 흔들린 탄광촌은 바람을 탄 블랙홀이었다 가슴에 가라앉은 울음이 산비탈을 휩쓸었다 자정 넘어 어머니들은 성긴 머리칼을 나부끼며 비보를 채근했다 광차에 실려 온 실낱같은 희망을 외면한 아침, 막장이었다// 꽃상여 떠나는 길, 비가 통곡했다 장송곡처럼 울리던 장대비 탄광촌을 쓸어가듯 내렸다 씻김굿 추렴하듯이 흘린 저탄장 검은 눈물 생의 유품으로 남은 어머니 발뒤축을 흉물스럽게 물어 뜯었다

회차할 수 없는 갱도로 다시 보내야 했던 검은 땅, 붉은 감이 경계도 없이 하늘에서 붉게 아우성이다 바라지 창 아래 걸린 먹빛 작업복, 내 유년의 목록에 기억된 탄광촌 아버지들처럼 사택의 젊은 어머니는 검은 전사가 되셨다

— 「검은 전사」, 『곡비』 전문

위 시는 '산업 전사' 이미지를 '검은 전사'로 전유하여 탄광노동자와 가족들이 겪어야 했던 비극적 현실을 그리고 있다. 갱도 붕괴 사고가 발생하여 "아버지들"이 사망한다. 이후 저탄장의 검은 빗물이 "어머니 발뒤축을 흉물스럽게" 물들인다. 탄광이 함의하는 죽음과 위험의 의미가 "아버지들"뿐 아니라 "어머니들"에게로 전염된다. 막장에 국한되었던 죽음과 생존의 의미는 검은 빗물을 타고 어머니에게 물들어 "검은 땅"으로 확대된다. 공간적 범주에서 죽음의 의미가 확장될 뿐 아니라 '전사-가장'으로서의 책무 역시 "아버지들"에서 "어머니들"에게로 전이된다.

'산업 전사'를 '검은 전사'로 변주하는 과정에 비극적이면서도 구체적인 탄광촌 삶의 현실을 형상화하였다는 점을 주목해야 한다. 산업전사는 가장의 책무라는 환상과 결합하며 탄광 노동의 정당성을 확보하려 했다. 하지만 위 시에서 형상화하는 탄광 노동은 신성한 것이란 의미를 파괴한다. 오히려 죽음, 슬픔, 공포를 강조한다. 이를 통해 탄광촌 주민들에게 탄광 노동이란 참혹한 삶을 이어나가기 위한 현실적 것이란 의미를 획득한다. 탄광촌의 비극적인 삶을 형상화하여 국가 담론이 규정한 산업전사 이미지의 허위를 폭로하고 그 기제의 기만성을 비판한다. 이 지점에서 주목할 것은 정석교가 형상화한 탄광촌 삶의 모습과 그로부터 주조되는 비극적 정서가 국가 담론이 시도한 동일성

의 논리에 균열을 가한다는 것이다.

① 지척에 빤히 보이는 폐허의 아픔/ 식솔의 한끼 식량을 위해/ 수십 년 석회 분진을 가슴에 쓸어넣은 우직한 심성(「오불진 사람들」, 『산속』 부분/ 강조 인용자.)

② 진폐로 가득찬 한(恨)/ 열망하는 삶의 한자락을 헹구어 내듯/ 막장 저 밑바닥까지 신음으로 멍든 산하를(「황지(潢池)」, 『산속』 부분/ 강조 인용자.)

③ 더 나은 삶을 찾아 수백길 막장/ 둥지튼 척주의 대간 언저리에/ 가슴에 고인 응어리를 뱉어낸/ 회한의 눈물, 먹장구름 같은 울분을/ 이제는 오십천 여울에 헹구어 낼 일이다(「오십천」, 『산속』 부분/ 강조 인용자.)

④ 입석조차 타지 못한 이웃은/ 가슴언저리 헹구어 내지 못할 폐석으로/ 셀수 없는 상채기를 덧키우며/ 산더미같은 탄무덤을 덮고 살아간다(「입석(立席)-청량리행 영동선 야간열차」, 『산속』 부분/ 강조 인용자.)

'오십천 여울에 한을 헹군다'는 구절의 표층적 의미는 탄광촌에서 축적된 한의 정서를 자연 서정을 통해 해소하고자 하는 것으로 보인다. 하지만 앞서 살펴본 것처럼 탄광 노동에 부과된 기만적 이미지를 상기한다면, 탄광촌의 한과 그것에 대한 해소 희구는 국가적 담론 아래에서 탄광촌 주민들이 체화한 보편적 정서이자 삶의 방식으로 볼 수 있다. 그렇다면 한을 풀어내고자 하는 자연 서정은 리리시즘 차원에서만 해석될 것이 아니다. 오히려 그 이면에서 작동하고 있는 국가적 담론의 억압을 읽어내야 한다. 여기서 주목할 것은 신체22)에 각인된 탄광의 경험이다.

인용 시편들은 공통적으로 진폐를 '한'이라 표현한다. 한을 헹구어 내겠다고 말하지만 진폐로 은유되는 탄광의 경험은 이미 신체에 각인되어 있기 때문에 해소될 수 없다. 때문에 탄광촌 주민들의 신체는 국가적 담론의 기만적 권력을 드러내는 장소가 된다. ④의 "폐석"은 신체에 각인된 탄광의 경험을 은유한다. 나아가 그것이 지시하는 국가적 담론의 기만성은 "셀 수 없는 상채기"로 표현된다. 여기서 주목할 점은 탄광에 대한 습관적 신체 기억이 국가 담론의 허위를 드러낼 뿐 아니라 그 관심이 "입석조차 타지 못한 이웃"인 타자에게로 향하게 하는 장소가 된다는 점이다.

겨우내 몽상 갠 나비는 나래짓 하는데/ 7년 해탈한 매미는 여름 한철 목청 돋우는데/ 매미보다 더 긴 수 곱절 해를 보낸 나는,/ 수없이 우려내는 파문 속 휘젓는 젖은 날개// 껍질 같은 이불 속으로 다시 들어갔다/ (중략) 날지 못하는 내 무거운 일상의 껍질을 개면/ 궁벽한 처소 고치에서 걸어 나와야 하는 몸/ 생애가 담긴 출근의 아침은 시간이 시리다// 우듬지 끝 깃털 같은 잎이 그은 파문 뒤로/ 비상하는 새들은 언제쯤 날개를 펴는지 안다/ 나의 탈피는 다시 익명의 하루에 갇힌 몸/ 아버지의 부장품으로 가장을 상속하였으니/ 녹슬어가는 시대 아직도 우화 중

---

22) 체험된 신체는 친밀하게 결부된 장소를 느낄 뿐 아니라 안다. 신체는 장소와의 직접적인 친분 관계에 의해 장소들에 대한 지식을 소유한다. 이런 의미에서 습관적 신체 기억은 존재가 처해 있음(being)의 장소에 대한 감각적 지식과 결합된다. 즉, 우리가 거주하는 장소는 우리가 사는 신체에 의해 알려진다. 에드워드 S. 케이시, 박성관 옮김, 『장소의 운명』, 에코리브르, 2016, 459~461쪽.

인 남자

— 「아침마다 우화하는 남자」, 『곡비』 부분

국가적 담론은 과거 탄광 노동의 당위성을 부여하는 강력한 기제였다. 하지만 위 시에서 국가적 담론에 대한 은유는 확인할 수 없다. 시적 자아는 자신의 출퇴근을 "허물 벗듯 기어나와", "껍질 같은 이불 속으로" 들어가는 것으로 인식한다. 이를 통해 시적 자아가 자신의 노동에서 어떠한 의미도 찾지 못하고 있음을 드러낸다. 그럼에도 시적 자아가 출퇴근을 반복하는 이유는 "미래의 생각을 품은 집 한 채" 때문이다. 즉, '집'의 확보와 그로부터 실현되는 미래의 성공만이 시적 자아의 노동을 추동한다. 시적 자아의 노동을 강요하는 것은 국가적 담론의 기만적 이미지에서 자본주의적 욕망이 부과하는 환상으로 대체[23]된다.

시적 자아는 우화를 희망하지만 동시에 좌절된다. 자본주의적 욕망이 시적 자아의 신체에 침투했기 때문이며, 그 결과 시적 자아는 자신의 신체를 "허물"과 "껍질"로 인식한다. 자본주의 이데올로기 속에서 신체는 일종의 사이트 화 되는 것이다. 시적 자아는 자본주의적 욕망에 종속된 채 똑같은 일상을 반복한다. 시적 자아는 그것에 권태를

---

[23] 개발독재 시절 노동자들은 충효라는 전통적 질서의 외양 속에 국가에 의해 통제되었다. 어머니-국가가 아이-노동자들을 대상으로 군사적 규율화의 과정을 주입하고, 훈육된 아이들은 자신이 "산업전사"로서 어머니-국가의 결여를 채울 수 있는 상상적 팔루스가 되려는 환유적 욕망에 사로잡혔다. 외환위기 이후 신자유주의적 글로벌 자본으로서 아버지가 금지와 거세를 통해 '법'을 선포했고 어머니-국가는 아버지-자본의 입장을 실정적 법과 정책을 통해 아이-노동자에게 전달하게 된다. 신병식, 「외환위기와 오이디푸스(Oedipus) 삼자 구조」, 『현대정신분석』 23, 한국현대정신분석학회, 2021, 81~83쪽.

느끼면서도 다시 "반복의 껍데기만 부실하게 남은 공간"으로 들어간다. 마치 앞서 살펴본 「도계」속 아버지가 "진저리치는 갱도를 향하여 침목(枕木)을 멨다"는 시 구절을 연상하게 한다. 개인과 노동에 의미를 부여하던 '국가의 영향력은 옅어졌지만 함께 작동하던 자본주의 이데올로기는 여전히 존재한다. 마치 "아버지의 부장품"을 "상속" 받듯 개인과 노동에 의미를 부여하던 '국가라는 대타자는 사라졌지만 그 이면에서 함께 작동하던 자본주의 이데올로기는 여전히 존재하는 것이다.

 자본은 국가 권력을 대체하고 개인의 신체와 내면을 더욱 미시적으로 규율한다. 이것을 시적 자아는 "나의 탈피는 다시 하루에 갇힌 몸"이라 표현한다. 이러한 시대적 변화와 모순을 정석교는 "몸"을 통해 감각하고 "아직도 우화" 중이란 시적 자아의 진술처럼 그것을 지연할 방법을 모색한다. 신체 장소를 통해 감각한 문제의식을 아래의 시 텍스트는 더욱 극명하게 보여준다.

  편의점 진열대 놓인 컵라면 하나 샀습니다/ 원재료 소맥분 밀은 미국산, 호주산/ 말레이시아산 팜유를 빼고 나면 국산은 1.4%/ 컵라면의 다국적 출처, 국내산이랍니다/ 내가 먹을 라면의 정체가 모호합니다// 심연의 거리를 힐난하듯 Kappa, Nike, KFC, Mcdonald, K-swiss 그 틈새 자리한 NH-농협, 신토불이 큼지막한 네온 아래 내 몸에 기생하는 다국적 함량 이미 국산을 벗어난지 오래 나의 불온한 출생 덮은 다국적, Made in korea// 노동자의 궁핍한 권리 거부하는, 그 사이/ 출구 내세우기 벅찬 정체 모호한/ 실체 하나 불온하게 재단해 나옵니다/ 미싱사 노루발 눌러져 나오는 박음질처럼/ 비정규의 기류 거리를 뒤덮고 갑니다/ 중독된 습관 알고도 침묵한 나의 외면으로/ 수북하게 진열된 불온한 노동의 미래/ 관습의 내력 끌어안고 변종이 되어갑니다

― 「내 몸의 변종」, 『곡비』 전문

"컵라면"과 "심연의 거리"의 다국적 의류·음식점은 다국적 자본에 의해 만들어진 상품이다. 이는 시적 자아의 정체성과도 유비 관계를 형성한다. "불온한 출생 덮은 다국적, Made in korea"라는 표현을 통해 "나"는 자신의 신체 역시 하나의 상품이 되었음을 나아가 다국적 자본의 미시 권력을 내면화하고 있음을 드러낸다. 그런 측면에서 "중독된 습관 알고도 침묵한 나의 외면으로"라는 시적 진술은 그러한 신자유주의적 질서[24]를 내면화했을 뿐 아니라 그로 인해 야기되는 노동의 문제를 외면한 자성이기도 하다.

신자유주의적 질서가 확대되며 상품을 생산할 때 더 적은 비용으로 더 많은 이익을 창출하는 것이 가능해졌다. 그 이면에서는 과도한 경쟁과 성과주의가 팽배해지고 거대 자본에 의해 노동(자)의 가치는 상실된다. "심연의 거리"가 "비정규의 기류"가 뒤덮은 "거리"로 변화하는 지점에는 정석교의 이러한 문제의식이 담겨있다. 신체를 경유한 '비정규직 문제'는 기실 변화하는 시대 속에서 더욱 확대되는 신자유주의적 질서에 대한 도전이다.

정규 틈새가 그렇게 좁은 줄 몰랐다/ 청년이 가야할 자리는 아직 정체 중/ 재계약이란 말이 우수수 토막 난/ 지난밤 꿈 어수선한 마음에/

---

[24] 신자유주의는 보통 2차 세계대전 이후부터 1970년까지 서구 사회를 지배한 케인즈주의에 대한 반발로 등장한 경제정책으로 이해된다. 70년대 중반 이후 세계 자본주의 체제의 구조적 불황을 거치면서 등장한 신자유주의는 국가개입의 최소화, 경제적 효율성 제고를 위한 노동유연성, 공공기업 민영화, 복지의 축소 등을 요구하는 경제정책을 말한다. 김성구 외, 『자본의 세계화와 신자유주의』, 문화과학사, 2008, 68~72쪽.

고개가 자꾸만 아래로 숙여지고/ 이력서 한 장 더 쌓여간다고 했다/ 오늘부터 당신은 '정규직'이야 말하는 순간/ 해고통지는 다시 오지 않을까/ 비루한 연고도 학벌의 단단한 행적에/ 저당 잡힌 청춘이 빛나야 할 이름/ 기대에 기댄 그해, 봄/ 청년의 모습을 다시 볼 수 없었다// 해당화가 몇 번 더 붉게 피면, 정말/ 오늘부터 '정규직'이야 라는 말을 들을까/ 여전히 비정규의 절규가 휩쓴/ 해고의 늪이 일터를 삼킨다/ 뭉텅뭉텅 쏟아져 내리던 장대비 속으로/ 사라지던 청년의 빈 등짝에 남긴 비문처럼/ 고용의 서릿바람 찍어낸 눈물이었다고/ 누설하지 마라 정규직이란 비밀 하나/ 신의 계단처럼 오를 수 없는 불행한 시절
― 「정규직으로 가는 길」, 『곡비』 전문

"정규직"은 신자유주의 체제의 목표인 최대 이윤을 위해 마련된 제도이다. 외환위기를 정점으로 이후 한국 노동시장에서 구조조정과 고용 유연화는 일상화된다. 저임금·비정규직으로 내몰리며 노동시장에 신규 진입하는 청년층, 일자리에서 배제되지 않으려는 기존 노동자들도 저비용·고효율을 내세우는 기업의 경쟁 논리를 수용하며 시장에서 살아남기 위해 자기 자신을 관리하고 경영하는 호모 에코노미쿠스(homo economicus)로 재탄생한다.[25] 위 시는 '좁은 정규 틈새', '청년이 가야할 자리가 정체 중', '정규직의 해고 불안감' 등 '청년 비정규직' 문제를 통해 신자유주의를 내면화한 시대와 그로인한 개인들의 불안을 그린다.

신자유주의는 정규직이란 환상을 통해 개인의 욕망을 자극하고 경쟁 사회를 만든다. 개인의 욕망을 극한으로 자극하고, 생존을 위해 미

---

25) 권혜령, 「신자유주의 시대 구조적 폭력의 한 양상-2000년대 이후 노동법제의 변화와 노동기본권의 위기를 중심으로」, 『사회법연구』 41, 한국사회법학회, 2020, 83쪽.

래의 불확실성에 모든 것을 저당 잡혀야 하는 시대적 모순을 시적 자아는 "신의 계단처럼 오를 수 없는 불행한 시절"이라 진술한다. "신의 계단"과 같은 사회구조적 문제는 신자유주의적 질서가 부과하는 환상이면서도, 그 죄책감과 절망은 온전히 '연고와 학벌에 저당 잡힌 청춘'에게 부과되기 때문이다. 더욱이 '정규직' 제도에 안착하더라도 "해고"의 불안에서 벗어날 수 없음을 통해 신자유주의의 기만을 폭로한다.

① 침투의 흔적 아무도 모른다 빠르게 기어올라 막힌 저 장벽을 뚫는 담쟁이덩굴 후퇴란 없다 백전백승의 위업 이루어내는 완벽한 전투력, 누구도 장애가 될 수 없다 넓어진 봄의 성역 고요한 푸른 침투, 저 끝 담쟁이덩굴
― 「푸른 침투」, 『겨울 강』 전문

② 날 선 칼바람 산비탈에서 출정식이 한창이다 결사항전 묶은 머리띠 속으로 탄탄하게 들어선 속심, 어느 격전지 배속되어도 저 탄탄한 기백 한 치 낮으뜸이 없다 장엄한 결전 뒤에 눈꽃 핀 서리 눕다 간다
― 「배추밭에 서다」, 『겨울 강』 전문

정석교는 신자유주의적 질서를 지연시키고 저항할 힘을 "담쟁이덩굴"과 배추의 "속심"에서 발견한다. ①의 담쟁이덩굴이 살아가기 위해서는 필연적으로 '담'이 필요하다. 공간을 분할하고 경계를 만드는 "장벽"의 특성은 자본주의적 욕망에 의해 영토화 된 공간을 상징한다. 성장하는 과정에서 경계 없이 그 공간을 가로지르고 심지어 담을 온통 둘러싸는 "담쟁이덩굴"의 "푸른 침투"란 운동성은 자본주의에 의해 영토화 된 공간을 탈영토화 하는 힘이다. 그런 의미에서 "담쟁이덩굴"이 수행하는 "푸른 침투"는 자본주의적 욕망의 흐름을 절단하고

경계를 횡단하는 탈주선을 은유한다. "담쟁이덩굴"이 만들어낸 탈주선26)은 "장벽"의 단절성을 해체하고 그 힘의 강도를 "봄"의 영역으로 확장한다.

②에서 배추들이 자라는 곳은 "날 선 칼바람 산비탈"로 표현되는 엄혹한 공간이다. 하지만 머리띠 묶은 노동자들이 연대하며 저항 의식을 고취하듯 "머리띠" 안으로 "속심"이 들어찬다. "담쟁이덩굴"의 성장과 생존이 자본주의적 토대 위에서 그 욕망의 흐름을 절단하는 방식으로 수행되는 것처럼, 배추들의 속심이 성장하는 것 역시 "날 선 칼바람 산비탈"이란 토대 위에서 시작된다. 배추 역시 자본주의적 욕망으로 영토화 된 공간에 위치한다. 시적 자아는 무수히 많은 배추들의 "속심"이 생장하는 광경에서 탈영토화의 가능성을 발견한다. 배추를 상품으로 생산하기 위해 묶은 띠를 노동자의 연대와 저항의 상징인 머리띠로 은유함으로써 시적 자아는 "배추밭" 공간을 탈영토화의 장소27)로 의미화 한다. 자연 대상에서 발견한 횡단과 연대의 힘은 신자

---

26) 코드는 정보의 전달과정에서 그것을 변환하고 해독하는 규약 혹은 규칙이다. 코드들은 신체에 포획되고 고착되어 일정한 불변적 질서로서 욕망의 흐름을 통제하는데, 이것을 코드화라고 부른다. 반면 코드를 벗어나려 하는 분열적 흐름은 탈코드화라고 부른다. 코드를 벗어나 탈주하려는 흐름을 포획하여 다시 억압하고 통제하는 매커니즘을 재코드화라고 한다. 이때 탈코드화 된 욕망의 흐름들을 서로 연결시킴으로써 고착된 사회적 구조에 혁명을 불러일으키는 것을 탈주선이라 부른다. 이때의 탈주선은 새로운 욕망의 흐름과 그 대상을 창조해나가는 역동적인 힘이다. 한국문학평론가협회, 『문학비평용어사전』, 국학자료원, 2006.
27) 홈 파인 공간은 표면이 균질적이어서 따로 떨어진 별개의 점들을 특정화할 수 있고, 셀 수 있게 한다. 공간 내에서 운동은 늘 점에서 점으로, 그리하여 셀 수 있는 단일한 소재지로부터 다른 소재지로 이루어진다. 이는 공간의 질적 고유성을 비우는 17세기 과학 철학의 노력의 유물이며, 보편화·중심화만 문제 되는 사태다. 반면, 매끄러

유주의적 질서가 만연한 세계의 대안적 힘이 된다.

정석교는 탄광에 대한 신체 감각을 경유하며 변화하는 시대의 모순을 포착한다. '전사-가장-성스러운 것'의 이미지 결합을 통해 국가적 담론은 탄광노동의 당위성을 부여하고자 한다. 정석교는 그 기만적 권력의 다층성을 드러낼 뿐 아니라 탄광노동자와 가족들이 겪어야 했던 비극적 현실을 그린다. 더욱이 폐광 이후에도 잔존하는 진폐증 후유증 문제를 결합하며 국가적 담론의 허위와 모순을 폭로한다. 이 과정에서 성스러운 탄광 노동을 수행하던 탄광은 죽음과 생존의 장소가 된다. 이러한 탄광의 장소성은 신체에 각인되고 이것은 변화하는 시대를 감각하는 장소가 된다.

표면적인 국가적 담론의 억압은 사라졌지만 개인의 신체는 오히려 자본주의적 욕망에 의해 파편화된다. 이러한 시대적 모순을 정석교는 '청년 비정규직' 문제를 통해 상징적으로 드러낸다. 정규직 제도는 신자유주의의 환상을 내면화한 세계를 은유한다. 미래의 성공이란 불확실성을 위해 무한 경쟁에 빠져들며 불안을 느낀다. 하지만 공고한 것이라 여겨지는 정규직마저도 해고의 공포를 느낀다. 정석교가 인식한 오늘날의 세계란 위치를 막론하고 모두가 '불안'을 느끼는 황폐화된 시대이다.

정석교는 "장벽"과 "날 선 칼바람 산비탈"에서 성장하는 자연 대상 속에서 미시적 혁명의 가능성을 발견한다. 정석교는 단순히 문명/자연의 이분법적 구도 속에서 문명을 배척하는 혁명을 노래하지 않는다.

---

운 공간은 여러 영역 사이를 방랑하며 떠다니기 위한 여지를 제공한다. 매끄러운 공간은 내포적인 '강도 공간'의 문제이며, 그 공간 안에서 움직이는 것은 정해진 경로를 따르는 것이 아니라 적절한 방향을 결정함으로써 자신의 길을 끊임없이 찾아내야 하는 것이다. 에드워드 S. 케이시, 앞의 책, 600~608쪽.

담쟁이덩굴과 배추가 성장하기 위해서 필연적으로 장벽과 산비탈이 필요하듯, 이 세계에서 자본주의적 욕망을 거세할 수는 없다. 욕망 자체는 인정하되 그것을 시대적 모순을 조금씩 바꿀 창조적 힘으로 뒤바꾸고자 한다.

## 4. 결론

정석교는 삼척에서 출생하여 강원영동지역을 거점으로 시작(詩作) 활동과 문학 운동을 개진한 시인이다. 그럼에도 지금까지 학술적 조명을 받지 못한 정석교 시세계에 대한 본격적인 접근을 시도하였다. 그의 시세계는 7권의 시집이 방증하듯 학술적 고찰을 가능케 하는 충분한 양적 수위를 지니고 있다. 2000년대 이후 지역문학사를 보완하는 맥락에서도 정석교 시는 주목할 필요가 있다.

정석교 시세계는 근대화의 논리에 의해 소멸과 퇴보로 인식되는 공간에서 인간 존재 의미를 발견한다. 기차역(간이역)과 탄광은 일제강점기 자원 수탈을 위해 건설되고, 해방 이후 산업화 시기에는 국가경제발전을 담당하였다. 기차역·간이역에서 볼 수 있는 단절된 모빌리티의 양상은 2000년대 이후 빠르게 쇠퇴하고 있는 지역의 실증적 현실을 은유함과 동시에 발전론적이고 목적지향적인 근대화 논리의 모순을 드러낸다. 정석교가 형상화하는 '강', '바다'의 이미지는 속도와 질주로 표상되는 근대성을 쉼과 곡선의 이미지로 전유한다. 이미지 전유를 통해 단절되었던 존재들의 관계를 이으며 근대화의 논리를 지연한다.

이 같은 정석교의 사유는 탄광시에서도 찾을 수 있다. 탄광촌의 삶은 국가적 담론이 부과했던 '성스러운' 환상과 다르다. 가난한 현실 속에서 생존하기 위해 발버둥 친다. 탄광노동의 주체는 잔인한 현실을 증오하면서도 국가적 담론이 부과한 환상 속에서 살아갈 수밖에 없다. 또한 탄광촌에서의 비극적 삶이 탄광노동자뿐 아니라 가족 모두의 몫이었음을 드러낸다. 정석교는 아이러니하고 비극적인 삶을 시적으로 형상화하며 국가적 담론의 기만성을 폭로한다. 이것은 탄광 경험이 각인된 신체를 경유하며 시대의 변화를 감지한다. 시대가 바뀌며 표면적인 국가적 담론은 사라졌으나 신자유주의가 그 자리를 대신한다. 그것은 개인의 신체와 정체성을 파편화한다. 정석교는 노동의 문제를 통해 이러한 문제의식을 드러낸다. '청년 비정규직' 문제는 이를 상징적으로 드러낸다. 과거 국가적 담론이 부과했던 노동의 신성한 책무는 사라졌으나 개인은 생존을 위해 신자유주의적 질서를 내면화할 수밖에 없다. 정석교는 이러한 문제적 현실을 인정하면서도 자본주의적 욕망을 전유하여 미시적 혁명을 수행할 창조적 힘으로 뒤바꾼다.

정석교 시는 장소를 중심으로 오늘날 지역과 노동의 문제를 직시한다. 인간 삶과 존재의 기반인 지역과 노동을 핵심 주제로 오늘날 우리 사회의 복합적인 모순을 포착한다. 즉, 정석교 시의 장소성을 통해 지역과 노동을 포괄하는 단위에서 인간 삶과 존재 의미를 사유한다. 이런 지점에서 2000년대 이후 지역문학의 현황을 살필 수 있는 주요한 텍스트이다. 정석교 시는 지역에 대한 애정을 기반으로 인간 존재와 노동의 문제를 사유한다. 상호 연관되는 이 요소들은 과거에서 현재로 나아가 미래에 영향을 미치고 있는 우리 삶의 문제와 연동된다.

한편, 정석교의 탄광시[28] 역시 주목할 필요가 있다. 기존 탄광시와

---

[28] 『한국탄광시전집 1,2』(정연수, 푸른사상사, 2007.)은 2006년 12월 말 기준 200여 명의 시인들이 창작한 탄광 관련 시 1,000여 편을 집대성한 사료집이다. 정석교의 시는 「도계」(1104~1105쪽), 「봄은?」(1105~1107쪽) 두 편이 수록되어 있다. 다만, 출전과 시 제목에 오류

변별되는 것은 탄광촌의 삶을 감각한 신체를 통해 변화한 시대와 노동의 문제를 직시한다는 점이다. 탄광 노동의 특수성과 그로부터 이행되는 보편 노동에 대한 사유는 탄광문학뿐 아니라 민중문학의 차원에서도 규명될 여지가 있다. 이에 대한 논의는 장을 달리하여 지속할 것이다.

— 『어문연구』 121, 어문연구학회, 2024. 9.

---

가 있어 바로 잡는다. 「도계」의 출전 "2004년 <제1회 공무원노동문화상> 시부문 버금상 수상작"은 '2004년 <제1회 공무원노조 노동문화상> 시부문 버금상 수상작'으로 정정해야 한다. 「봄은?」으로 수록된 시의 정확한 제목은 「봄은」이다. 2006년 12월 말을 기준으로 작품을 수록했기 때문에 전집 발간 이후 발표된 정석교의 탄광시는 수록될 수 없었다. 때문에 정석교 시에 대한 학술적 접근은 탄광문학의 층위에서 원천 자료를 발굴하고 정리한다는 의미를 동시에 갖는다. 본고의 주된 논지는 탄광문학이 아니므로 정석교 탄광시는 추후 비평 과제로 남긴다.

| 소설

# 타점

**최봉주**

1

지난해, 정원사는 엄마가 된다고 이야기했다. 초조하게 기다리다 놔 버렸더니 마흔 넘어 소식이 와 줬다는 것이다. 정원사가 결혼한 지 9년 만이었다. 노산이라 조심해야 한다고, 학원을 내놓을 생각이라고 무심하게 말했었다.

차강은 잘됐다고 생각했다. 쉴 때도 된 것 같았다. 학원 레슨 지도를 그만둔 직후에는 무얼 하고 싶지가 않았다. 자고, 읽고, 먹고. 그렇게 한 달을 보냈다. 대학원 준비를 해볼까 어렴풋이 생각도 들었다. 다시 무슨 일이든 해야겠기에 아르바이트 앱을 열었다. 자신이 살고 있는 강원도 춘천을 선택하니, 이어서 읍면동 선택 메뉴가 이어졌다.

'읍면동 선택이라…….'

춘천 전체를 클릭한다. 첫 번째 줄에 교동 검진실 오전 알바 구함,

학력 무, 경력 무 등이 보인다. 차강은 '경력 무'를 보고 자신의 간단한 이력서를 작성했다.

*

"여보세요."
"여기 교동 현내과입니다. 권차강 선생님 되실까요?"
"아, 네. 안녕하세요."
"이력서 보고 전화 드렸습니다. 면접 보러 오셨으면 해서요."
현내과 병리실 실장이라고 자신을 소개한 남자는 검진실 오전 아르바이트 대신 원무과 종일 근무가 가능한지를 뜬금없이 물어왔다. 원무과 직원이 갑자기 그만둬서 급히 필요하다는 말을 덧붙이면서. 묵직한 보이스에 믿음이 갔다.
차강은 자기 전공은 행정이 아닌데 상관이 없는지를 물었고, 아직 자신에게 정해진 무엇이 없었으므로 근무는 가능하다고 말했다. 수요일 오후로 면접을 잡고 전화를 끊었다.
"제가 전화 드렸던 실장입니다."
"안녕하세요."
"대부분의 면접은 원장님이 보지만 이번엔 사정상 제가 맡게 됐습니다."
실장이 설명했다. 차강이 음악을 했음에 눈길이 갔었다고 이어 말했다.
"이력서를 봐서는 저희랑 같이 일하실 것이 아니라 오케스트라 단원이나, 아니면 본인 학원을 차리시든가 하셔야겠는데요. 다른 학원에서도 5년 계셨고."

"……."

"원무과라고는 하지만 그래봐야 작은 병원이라서요. 접수하고, 진료 받고 나온 사람 처방전 주고, 수납 받으면 됩니다. 중요한 건 저희 원장님께서 연세가 그리 많지도 않으신데 종이차트를 써요. 오더 나오면 프로그램에 입력하고, 처방전 출력해서 환자에게 주면 됩니다. 코드는 매뉴얼화되어 있어서, 하다보면 다 외우더라고요. 어렵진 않아요. 간호 파트 쪽에서 데스크 일 많이 도와줄 겁니다."

유순한 얼굴에 차가움이 발라져 있는 반듯한 말투였다.

"네에."

"전혀 해 보지 않은 일이어서 힘들다고 며칠 해보다가 그만두시면 안 됩니다? 혹시 내일부터 출근 가능할까요. 아, 추가 사항으로 저희는 검진병원이라 8시부터 시작이고 5시에 마쳐요. 급여는, 이쪽 분야에선 경력이 없으시지만 경력자만큼 드리겠습니다."

"내일부터요?"

"네. 어려울까요."

"음, 아니에요. 가능해요."

"잘됐네요. 자, 그럼 저는 샘플을 돌려야 해서. 내일 봅시다!"

"아, 네. 안녕히 계세요."

면접이 원래 이런 건가. 차강은 얼결에 면접을 치렀지만 간단해서 마음에 들었다.

의사 부부에 간호사 여섯, 병리사 둘, 방사선사 하나, 접수 하나. 모두 열두 명이 전부인 병원에서 차강은 전공과는 상관없는 일을 시작했다.

첫 출근을 해서 일단 내원한 환자 접수하는 것을 배웠다. 번호순으로 된 종이차트 찾는 법, 의사 오더를 한 장 한 장 코드화해 입력하는 법 등을 익혔다. 생소한 것들이 시간을 거쳐 익숙해졌다.

2

차강이 커터칼을 처음 잡았을 땐 중학교 2학년이었다. 2학기 중간고사 첫날, 그러니까 할머니와 삼촌이 다녀간 그다음 날이었다. 두 과목인지 세 과목이었는지, 그날 본 시험 모두를 1번과 4번으로 답안지 마킹을 끝냈다. 그리고 팔을 모아 책상 위에 엎드려 머리를 묻었다. 수업 마치는 종이 울릴 때까지 잠을 잘 것이었다. 그러나 잠은 오질 않고 간밤의 일만 차강의 머리를 헤집고 들었다.

아무 말을 하지 않는 엄마를 뒤로하고 아빠한테 가자고 했던 할머니. 아빠가 우리 차강이 기다리고 있으니 어서 가자. 가기 싫은데. 그냥 여기 있고 싶은데. 할머니는 자꾸만 채근했었다.

"어른들 일은 어른들 알아서 해. 나는 나 살고 싶은 데서, 내 마음대로 살 거야."

스스로 생각해도 기특한 일성이었다.

하교 후 스터디카페로 향하는 친구들과 헤어져 집으로 올라가는 엘리베이터를 탔다. 평소처럼 엘리베이터가 12층을 지날 때부터 신발 뒤축을 벗어 꺾어 신었고, 14층에 도착해 집 안으로 들어와선 라면 끓일 물을 먼저 올렸다. 가방을 벗기 위해 방문을 열었다. 책상 의자에 털썩 앉아 한숨을 깊게 뱉었을 뿐인데, 순간 가슴이 답답하다 싶더니 호흡이 어려워졌다. 가슴을 힘껏 때려봤지만 질식할 것 같은 두려움이 눈앞을 가렸다. 신음 고인 목이 싸하게 아파 왔다. 눈물이 떨어졌다. 얼마간 절절대다가, 그러다가 연필꽂이에 있던 커터 칼을 채어 쥐었다. 망설임 없이 다른 쪽 손목을, 그 선명한 보랏빛 혈관 위를 그어 내렸다.

아픔을 몰랐다. 답답함이 손목 위에서 빨갛게 새어 나왔다.

*

차강의 손목에 두 번째 상처가 만들어졌을 때에는 엄마가 바로 알았다. 등교 전 정수기에서 물 마시려 뻗은 차강의 팔을 본 것이다. 소매 밖으로 나온 겹겹이 붙은 반창고에 혈흔이 스며 있었다.

엄마는 그날 출근을 하지 않았다. 대신 차강이 보는 앞에서 학교 선생님과 통화를 했다. 안녕하세요 선생님, 권차강 엄마입니다. 강이가 좀 아프네요. 아니요, 복통이에요. 병원 갔다가 좀 쉬게 해야 할 거 같아서 전화 드립니다.

담임 선생님과 짧은 통화 후 엄마는 말없이 정수기 앞에 쏟아진 물을 닦았다. 그리고 소파에 누워 티브이 리모컨을 수시로 눌러대는 차강을 끌고 동네 외과를 찾았다. 의사에게 자신의 팔을 내밀 듯 딸의 팔을 잡고 내밀었다. 엄마는 소독만 해도 되는지, 상처를 꿰매야 하는지 물었다.

"상처가 깊지는 않아요. 깨끗하게 베어져서 테이프만 붙여 놓으면 잘 아물 겁니다. 꿰매면 꿰맨 흔적까지 남아요. 붕대는 감아 놓으세요. 상처가 많이 움직이지 않게. 가늘게 선이 남을 수 있어요. 종종 학생들이 스트레스를 못 이겨 비자살성 행위를 하곤 하죠."

*

그로부터 계절이 바뀔 때쯤, 차강은 다시 엄마 손에 끌려 의사 앞에 앉았다. 왜 조각칼을 손에 들었는지는 기억나지 않았다. 헝겊으로 된

필통 속 커터칼을 떠올리는 순간 책상 위의 짝 잃은 조각칼이 시선에 들어왔다. 손을 뻗어 그것을 들었다. 손잡이가 우드로 된 반원 조각칼을 연필 잡듯 쥐고는 왼쪽 팔목에 커터칼이 남긴 상흔, 가늘게 부푼 분홍의 선을 비껴 그었다. 미미하게 차가웠던 기억이다. 처음 커터칼 날이 손목 위를 지났을 때에 통증은 전혀 없었다. 두 번째는 조금 아팠고, 조각칼을 댔던 그날은 조금 더 아팠다. 매끄럽고, 소리 없이 번져가는 빨간 피…….

조각칼은 따가움과 얼얼함이 컸다. 스읏, 통증으로 입안에 침이 고이는 걸 삼키며 열중해 있을 때 방문이 열렸다. 엄마와 눈이 마주쳤다. 엄마는 다시 나가 손수건을 가져왔다. 피범벅이 된 손목을 손수건으로 몇 번 돌려 감고, 그 위를 압박하며 차강을 잡아끌었다. 현관에 이를 때까지 엄마의 손아귀 힘으로 인해 차강의 손목에 커다란 통증이 밀려왔다.

"신발 신어."

"싫어."

엄마는 더 말을 않는다. 신발을 신고 나머지 한 손 손가락에 차강의 슬리퍼를 걸었다. 현관문을 밀고, 맨발의 차강을 잡아끌어 와 엘리베이터 하강 버튼을 누르고 섰다. 14층에 도착한 엘리베이터를 타고 내려가 지하 주차장에 세워둔 차 조수석에 차강을 눌러 앉혔다. 안전벨트를 채워주고 발에 신발을 신기고는 운전석으로 돌아와 시동을 켰다. 지혈을 염두에 둔 것인지 화가 난 때문인지, 차강을 잡은 손목에서 엄마 손의 압력이 세다. 엄마는 한 손으로 핸들을 돌리며 주차장 램프 웨이를 빠져나갔다.

"네 손목이 고무판이냐, 도화지냐?"

"······."

"아가, 조각칼 녹슬었더냐?"

"……."

"가로로 긋는 녀석도 있더라."

"……."

의사는 다시는 위험한 짓 하지 말라는 말 따위는 하지 않았다. 그 대신 널 이해해 라고 말하고 싶었던 걸까, 위로를 전하고 싶었던 걸까. 의사는 너보다 더한 녀석도 있다는 걸 강조하듯 말했다.

"상처가 울퉁불퉁 지저분해요. 흉 질 거예요. 조각칼이 쓰던 거였고. 녹이 슬었을 수도 있으니 파상풍 주사 맞고 가세요. 아물면 피부과도 가 보시구요. 그리고 아가, 치료 매일 하고, 약 잘 먹어야 한다."

상처가 어느 정도 아물었을 땐 그 흔적이 검게 물결을 쳤다. 다시 몇 주 후, 엄마는 차강을 피부과로 데리고 갔다. 레이저 치료랬던가. 색소를 수차례 제거해야 한다는 데스크의 설명을 깨끗이 무시하고, 차강은 피부과 갔던 당일 빼고는 다시 가지 않았다. 드레싱을 받으러 외과에 다시 안 갔던 것처럼.

3

차강은 임상병리실에서 근무하는 두 병리사를 부럽다고 생각했다. 수면으로 내시경을 받는 검진자는 수면 약 주입을 위해 정맥 라인을 잡아야 한다. 정맥 라인을 잡으면서 검진을 위한 채혈을 같이 하면 검진자는 바늘에 두 번 찔리지 않아도 된다. 병리사들의 원내 동선도 짧았다. 그들의 채혈 업무는 상대적으로 다른 보직에 비해 한가한 듯했다. 독립된 공간에서 검사만 하면 되니 사람 응대해야 하는 피곤함은 많지 않아 보였다. 동료들과의 맞닥뜨림도 적었다. 검사량 때문에

스트레스를 받으면 모를까. 차강은 자신이나 다른 파트보다는 병리사가 훨씬 나을 거 같다고 생각했다. 무엇보다 그 속에 실장인 그가 있었다.

'공부를 좀 해볼 걸······.'

그러다 피식 웃는다. 차강은 공부는 커녕 중학교 중퇴자 될 몸이었던 자신을 안다.

\*

중학교 3학년 여름 방학이 끝나고 첫 하굣길이었다. 상가 건물 2층으로 음악학원 간판이 새로 올라가고 있었다.

'소리정원 음악학원?'

소리정원······. 소리들이 정원에 식물처럼? 문득 학원 간판을 본 차강은 생각했다. 와글와글이든 옹기종기든 모여 있으면 엄청 시끄럽겠다. 정신없겠어. 원장은 그럼 정원을 관리하는 정원사인가? 그때부터 소리정원 음악학원 원장은 차강에게 정원사가 되었다.

그날 차강은 차이콥스키를 떠올렸다. 시끄럽기만 한 1812 오버추어를 생각하면서 음악학원을 지나쳐 왔다. 며칠 후 저녁, 엄마가 그 학원 얘기를 꺼냈다.

"강아, 타악기 배워볼래?"

"응?"

"상가에 음악학원 생겼더라. 반찬가게 옆에. 유리문 안에서 음악 소리가 나기에 안을 들여다봤거든. 실로폰을 치는 거라 생각했는데 마림바라는 타악기래."

차강은 간판이 올라갈 때 자신이 생각한 정원사가 궁금했다.

"응."

"……. 그래. 가보자, 강아. 새 악기 도전해보자."

음악을 사랑했던 아빠가 음악을 사랑하는 여자를 사랑했음을 알게 된 딸은 다시는 피아노를 않겠다고 했다. 그런 딸이 마림바를 배워보겠다고 순순히 대답한다. 엄마는 딸을 물끄러미 쳐다봤다.

*

"피아노 배운 적 있나요?"

"피아노 학원 끊은 지 1년 안 됐어요. 6살부터 시작했구요. 애 중3이에요."

차강은 엄마가 정원사와 상담을 나누는 동안 원장실 문을 삐걱 열고 나온다. 학원은 업라이트와 사각의 피아노 의자가 놓인 방들이 다닥이 붙어 있다. 각 방의 피아노 위에는 흔한 음악가의 소묘가 한 점씩 놓여 있었다. 그들은 불 꺼진 방에서 검은 프레임에 갇혀 하나같이 얼굴이 굳어 있다. 방마다 문을 열고 베토벤, 하이든, 바흐를 만났다. 결국 차이콥스키를 찾아냈다.

'있네. 시끄러운 차이콥스키.'

조각칼로 인해서 병원을 다녀온 그날 밤, 차강은 선잠을 깼었다. 화장실 가다 저 혼자 켜져 있는 TV를 끄려 리모컨을 드는 순간이었다. 3년 전에 아빠를 포함한 한 가족이 놀이공원에서 행복한 시간을 보낼 때 주변에서 들렸던 멜로디가 쨍하게 귀에 꽂혔다. 나를 가장 사랑했던 내 아빠가 다른 아이의 아빠가 되어 웃고 있던 순간이었다. 어린 차강이었지만 황급히 자신의 손을 잡고 출구로 이끌던 엄마의 복잡했던 얼굴을 잊을 수 없었다.

차강은 TV 속 두 남녀의 발끝과 손끝의 가녀림에 눈이 갔다. TV 옆에서 자고 있던 엄마가 깰까, 소리 없이 발치를 더듬어 엉덩이를 붙였다. 솜사탕 같은 인체의 가벼움과 한없는 부드러움. 희고, 아름답고, 늘씬한 이국의 발레리나. 그리고 근육이 고스란히 들어난 발레리노. 엄마는 맞댄 손을 벤 채 잠들어 있었고, 차강은 조용히 앉아 끝까지 시청했다. TV를 끄고 방에 들어가서도 선율이 귀에서 반복되었다.

하나의 악기가 독백으로, 때로는 여러 악기가 대화하며 인간의 언어와 마음을 대신했던 공연. 호두까기 인형 전체를 듣기는 처음이었다. 사탕요정이 춤을 추는 동안 울렸던 맑은 멜로디는 첼레스타 연주였다. 기묘한 독백같이 느껴지게 했던 타악기였다. 차이콥스키의 또 다른 서곡 1812는 작곡자 본인의 말처럼 시끄러웠다. 호두까기 인형과 다른 정서였다. 웅장한 교회 종탑의 울림과 대포 소리가 감정을 고조시켰다. 모두 타악기가 내는 음율이었다.

그 차이콥스키가 비스듬히 앉아 시선을 조그마한 방 모서리에 꽂고 있다. 차이콥스키를 쳐다보는 동안 엄마는 정원사에게 하나밖에 없는 딸이 공부도 음악도 다 놓은 상태라 말했을까. 아이가 왜 그랬는지 설명할 수는 있으려나. 집으로 돌아가는 길에 엄마는 말했다.

"월요일, 금요일 두 번 레슨 받기로 했어."

"……."

"시간은 7시."

"……."

학생들이 하교 후 학원으로 몰리는 오후 시간을 피해서 마지막 레슨 시간을 잡았겠구나 하고 차강은 엄마 마음을 그렸다.

4

　퇴근길에 옆에서 불쑥 속도를 같이하는 발이 보여 차강은 고개를 들어 쳐다봤다.
　"실장님!"
　"늘 땅만 보고 다니던데요."
　"제가, 그러던가요."
　"저 오늘 퇴근하고 혼자 밥 먹어야 하는데 같이 먹을래요? 갑시다."
　차강의 기억에 그날 그 사람과 어떤 이야기를 나눴는지 구체적으로 남아 있지 않다. 다만 찜찜하게 끝, 그리고 유한이라는 단어만 남아 두고두고 메아리칠 뿐. 소주를 마시며 그는 말했다.
　"모든 만남엔 끝이 있어요. 인간관계가 유한한 거지."
　그의 말은 강력한 사실이었다. DNA가 같은 가족에게도 끝이 있었으니까. 죽기 전이라도 유한한 관계는 현실이었으니까. 냉정한 말의 무게보다도 그로부터 전해지는 묵직한 음성이 매력적이었다. 그건 차강이 접할 수 없었던 야릇한 이성의 영역이었다.
　이후 그와 차강은 가끔 퇴근길에 저녁을 함께했고, 술을 마셨다. 그러다가 매주 수요일에 저녁을, 소주를, 그리고 차강의 집을, 함께했다. 처음 그의 팔베개를 하던 날, 엎어진 물에 종이가 젖어가듯, 차강은 모든 만남에는 끝이 있다는 말이 축축하게 떠오르는 것을 애써 털어내야 했다.
　그가 차강의 가슴에 자리하게 되면서 그의 모든 것이 소중해져 갔다. 임상병리실에 슬립지를 인계하러 갔다가 슬쩍 가져온 그의 손때 묻은 영어사전이 정겨운 보물이 되고, 그녀의 집에 하나씩 늘어가는 그의 옷가지들이 따뜻해졌다. 자신의 것과 나란히 걸린 칫솔이, 세면대 위의 면도기가 벅찼다. 혼자일 땐 전혀 없었던 아침 준비에 차강은 설렜다.

*

그에겐 이혼한 아내가 있었다. 그리고 5학년 된 딸이 있었다. 엄마가 없어서 불안해하는 딸. 엄마랑 아빠랑 함께 살고싶어 한다는 딸, 은우.

  딸이 예민해. 집에서는 문자나 전화가 어려워요.
          네. 이해해요.

그의 문자에는 딸 얘기가 많았다. 검진병원이라 아빠는 일찍 출근해야 했고, 은우는 친할머니 집에서 대부분 생활했다. 그 또한 주중에 은우가 있는 본가로 퇴근하기도 했었다. 차강을 만난 후 그는 주중은 차강의 집으로 왔고, 주말은 부녀 둘만의 시간을 위해 은우를 데리고 본인 집으로 돌아갔다.

  은우가 내 폰을 가지고 게임을 해요.
        은우는 폰이 없나요?
  엄마가 시켰을 수도 있어. 아빠 핸드폰 자주 확인하라고.
          아...

그는 딸과 있을 때 차강과의 대화방을 나가는 이유를 그렇게 설명했다. 차강으로서는 이해되지 않는 행동이었다.

\*

> 엄마가 같이 있고 싶어 해요. 혼자 밥 먹는 거 싫다고.
> 같이 밥 먹고 살자고. 외로운가 봐. 춘천 집을 정리해야 할
> 거 같아요.

차강이 서울로 대학을 간 후 엄마는 원주의 차강 외할머니 집으로 들어갔다. 외할머니가 초기 치매증상을 보여 혼자 둘 수가 없었다. 현재는 증상이 짙어져 집 가까운 요양원에 있다. 엄마는 자주 할머니를 찾아갔다. 이제는 엄마가 무너질 시간이었다.

> 현명하게 생각해서 결정하리라 믿어요.

남일처럼 말하는 그의 응답에 순간 차강은 설움이 일어 얼굴이 뜨거워졌다.

> 가족 일이어도 이렇게 이야기하셨을까요…
> …미안합니다.

그 문자는 두 사람이 삐그덕 소리를 내기 시작한 처음 일이었다. 차강은 내심 그가 엄마 집으로 들어가지 마라 말해주길 바라면서 문자를 보낸 터였다. 함께할 수 있는 시간을 위해 그렇게 하면 안된다고 말하리라 생각했다. 둘의 시간을 위해 충분히, 함께 고민해주길 바랐다. 그러나 돌아온 답은 차강이 알아서 선택하라는 말이었다. 그에 대

한 차강의 마음은 깊었고, 차강에 대한 그의 마음은 가벼웠다. 차강은 그가 선을 그었다 생각했다. 왼쪽 손목 시곗줄 아래에 있는 상흔의 선을 오른쪽 검지손가락으로 몇 번이고 따라 그었다.

'필요할 때만 나를 찾는 거였나…….'

시간을 두고 폰 화면을 밝히며 뜬 그의 '미안합니다.'를 마지막으로 며칠간 연락이 없었다. 마음은 쿵 소리를 내며 수시로 바닥에 떨어졌다.

차강은 거미줄처럼 엉켜진 머릿속이 도리어 휑하다고 생각했다. 모니터 앞에서도 같은 건물 안에 있을 그가 생각나면 여지없이 살을 베이듯 날카로운 통증이 심장 근처에서 실제로 감각되었다.

'신기하지. 몸 어디에도 마음은 형체가 없는데. 잘됐어. 이렇게 헤어지자. 피곤하게 살지 말자.'

그랬다. 그러다가도 그의

우리 밥 먹어요.

라는 문자 한마디에 무너지고 말았다.

5

마림바는 재밌었다. 손가락 사이로 잡는 말렛에 굳은살이 만들어지고 손가락 관절이 휘어져 가는 것도 뿌듯했다. 대부분을 엎드려 자는 학교였다. 오늘 가서 자퇴서를 제출해야지 하며 등교하지만 담임을 만나러 가는 게 귀찮아 내일로 내일로 미뤘다. 그랬던 차강이 마림바 레슨시간을 두 배로 늘렸다. 나머지 시간은 연습으로 썼다.

정원사의 도움을 받아 자기소개서를 작성했다. 차강은 음악중점고등학교에 입학했다. 엄마의 심정이 어땠는지 물어보지는 않았다. 엄마 또한 표현하지 않았다. 후에 레슨비 정산하러 학원에 들른 엄마가 정원사 앞에서 아주 많이 울었다고만 차강은 전해 들었을 뿐이다.

타악기를 배울수록 마림바의 멜로디가, 스네어의 스피드가, 팀파니의 울음소리가 거대하게 다가왔다, 바이올린과 첼로와 같이 무대 중앙에 있지 않고 맨 뒤에 자리하지만, 클라이맥스를 이끄는 강렬함이 있음에 전율했다. 오케스트라에서 현악기와 관악기는 현란하게 음률을 만든다. 연주가 없는 부분의 퍼커셔니스트는 조용히 앉아 지휘자의 모든 모션 언어와 다른 악기들의 흐름을 따르며 기다리고 또 기다린다. 무대 위에서 악기들이 자신의 악보에 몰두하고 관람객이 음악에 심취해 있을 때 타악 연주자는 자리에서 일어나 스네어를, 마림바를, 비브라폰과 팀파니 등을 찾아 조용히 움직인다. 쨍한 심벌즈를 한번 치려고 전체 악보를 외운다.

대부분 사람들이 유치원 때부터 놀이 개념으로 친숙했을 캐스터네츠, 트라이앵글, 탬버린이 실제로 오케스트라에서 연주된다. 단순한 장난감이 아닌 것이다. 물론 재질은 커다란 차이가 있지만. 퍼커셔니스트의 손바닥 위 1개의 작은 캐스터네츠와 트라이앵글이 내는 맑은 음색은 관악과 현악 사이에서 화려하다. 타악기는 한 번의 실수가 치명적이고, 그만큼 오케스트라에서 영향력이 크다.

그들은 타점에 따라 음색이 달라진다. 종류마다 최상의 소리를 위한 타점이 존재한다. 북 종류는 정중앙을 치면 소리가 뒤집어진다. 마림바 같은 건반류는 중앙을 치게 되면 건반이 부러진다. 가운데를 비껴 타격해야 한다. 어쩌면 타악기의 생리는 자신의 연주자를 닮았다. 타악기 연주자는 무대 위의 센터가 아니더라도 무게를 지닌다. 타악기의 타점 자체도 중심으로 벗어나 있다. 악기나 연주자나 중심을 빗겨난 운명을 가슴에 안았다.

*

소리정원은 매일 아이들이 저마다 내는 소리로 가득했다. 피아노, 마림바, 스네어, 바이올린 등등. 학원은 제 이름답게 다양한 소리들로 붐볐다. 차강이 흔들리는 아이였음을 직감한 정원사는 매일 학원으로 차강을 불렀다. 컵라면을 먹고, 아이스크림을 빨고, 차강이 시끄러워하는 차이콥스키의 1812 오버추어를 같이 들었다.

다시는 피아노 덮개를 열지 않겠다던 차강이 차이콥스키 방에서 영화 OST 악보집을 들춰 러브 어페어를 쳤다. 그때 밖에서 듣던 정원사가

"피아노 레슨도 받아. 레슨비는 어머님과 상의할게. 피아노 손 놓기 아까워 너."

하고 말했다. 차강이 정원사의 말은 왜 그렇게 잘 들었던가. 정원사가 피아노 레슨비를 엄마에게 받긴 했는지 차강은 결국 알지 못했다.

그렇게 고등학교를 마친 차강은 블라인드 실기 입시를 치렀고, 서울에 있는 두 곳의 음대에 합격했다. 그중 한군데 선택했고, 그렇게 대학 생활을 시작했다.

마림바 실기 시험을 치를 때면 피아노 반주가 필요하다. 피아노과 학생들이 맡으면 일정 금액의 반주비를 지불해야 했다. 타악기 전공자인 차강은 가끔 피아노 반주를 돕고, 반주비 대신 커피와 밥을 대가로 받았다. 차강은 자신이 피아노를 놓지 않게 이끌었던 정원사를 이따금 생각했다. 그렇게 관계 속에 어울리면서 대학 생활은 무난하게 지나갔

다. 정원사는 졸업 후 다시 춘천으로 내려온 차강에게

강! 학원 와서 오케스트라 입단 연습해. 원생들 이론이랑
레슨도 좀 봐주고.

하며 문자를 보내왔다. 그렇게 차강은 피아노를 가르치는 새끼 선생이 될 수 있었다.

*

그는 차강이 보낸 메시지를 빠르게 읽는 법이 없었다. 그의 책상 위에는 두 개의 모니터가 놓여 있었다. 대체로 병원 업무가 두 모니터 앞에서 이루어지므로 원무과 권차강이라 수신된 메시지 팝업을 못 볼 리가 없었다. 그가 메시지를 읽었다는 표시는 한참 후 확인되었고, 답신은 더 늦었다.
처음 저녁 식사를 같이하던 날, 그가 남긴 '만남엔 끝이 있고 인간관계는 유한하다'는 명제는 주술 같은 힘으로 차강을 잡아끌었다. 끝이 명백한 사랑을 할 수 없다. 차강은 여기서 멈추어야 한다고 생각했다. 그럼에도 차강은 나중에, 이번 주만 지나고 하면서 이별을 연기했다. 그가 옷가지들과 칫솔을 가방 안에 담아 자신의 흔적을 지우는 모습을 생각하면 마음이 축축해졌다. 젖은 종이가 기어이 녹아 형체가 사라지는 것을 볼 용기가 나지 않았다.
그가 은우에게 돌아간 주말에는 온종일 쓸쓸했다. 이혼한 아내가 종종 주말을 함께한다는 걸 그가 딸과 통화할 때야 알았다. 그의 이혼이 법적 이혼은 아니었음을 깨달을 수 있었다. 차강은 OTT를 헤매거나,

잠을 자거나, 소양강으로 차를 몰고는 더딘 발걸음으로 강변을 걸었다. 그의 완성된, 오붓한 가족 모습이 걸음을 무겁게 했다. 그럼에도 다시 월요일을 맞고, 누가 볼까 따로 퇴근하고, 같이 아침을 맞았다.

여름휴가가 멀지 않은 금요일 저녁. 평소에는 무얼 하자고 말을 꺼내본 일 없는 차강이 쇼츠에서 우연히 본 예쁜 펜션을 그에게 보여주며 물었다.

휴가 때 여기 가는 거 어때요.
글쎄... 시간이 맞으면 갈 수도 있겠지.

그의 심드렁함에 눈물이 차올랐다. 차강은 들키지 않으려 아무렇지 않은 듯 일어나 화장실로 들어갔다. 수돗물을 틀고 세면대를 잡고 참은 눈물과 북받치는 무언가를 숨죽이며 흘려보냈다.

다음날은 그가 딸과 시간을 보내려 돌아간 토요일이었다. 차강은 아침 일찍 사직서를 이메일로 발송해 놓고 부동산에 전화를 걸었다.
"네, 104동 411호. 네. 빨리 뺐으면 해요."
그리고 그에게 문자를 보냈다.

엄마랑 문제, 어떡할까요...
어디에서건 당신의 행복을 기도합니다.

부동산에서 집을 보러 오겠다는 전화가 왔다. 그는 차강이 이사 갈 집을 모른다. 막상 집을 내놓고보니 돌이킬 수 없는 행동과 그와 단절된다는 사실에 애끓기 시작했다. 결국 이렇게 인간관계가 유한해진 것이다.

차강은 부동산에서 집이 나간 다음날 이삿짐을 옮겼다. 엄마 집으로 들어가는 거라 기다릴 필요가 없었다. 손목 위의 통증보다 보이지 않는 칼날의 존재가 더 견디기 힘들 것 같았다. 헤어짐은 헤어짐으로 끝나는 게 아니다. 차강은 보고픔과 원망이 섞인, 복잡하고 견디기 어려운 고통이 감당해야 할 숙제인 것을 어린 시절 경험했었다. 그녀는 집안 곳곳에 닿아 있는 그의 흔적에 끊임없이 베일 것이 두려웠다.

마지막 짐을 실어 보내고 차강은 현관 앞에서 잠시 섰다가 결국 무릎을 꺾었다. 그와 짧은 시절 함께하며 삼킨 속울음이 그예 터져 나왔다. 텅 빈 방이 따라 울었다.

커피 한잔, 할래요…

이 문자를 쓰고 지우기를 무의식적으로 반복하며 또 한 계절이 지났다. 여전히 심장은 예리한 커터날에 베였고, 무딘 조각칼이 무시로 파고들었다. 그와 시작했던 그것은 결국 또 다른 자해였을까. 여전히 정음을 울리지 못하며 빗나가는 타점이었을까. 끝을 확신할수록, 차강은 말렛을 들었던 자신의 오른쪽 손가락이 더 휘어져 보였다.

— 공동 창작집 『푸르던』(안승환 외, 글ego Prime, 2023)에 발표된 작품을 개작.

## 강원문학의 장소와 심상지리

2024년 10월 31일 발행

저자 | 남기택, 국원호, 권석순, 김남극, 김정은, 류상범, 박상익, 성시하
　　　이민호, 이　은, 장경호, 정연수, 최도식, 최봉주, 최　윤
펴낸이 | 윤영진
펴낸곳 | 도서출판 심지
출판등록번호 | 제2003-000014호
주소 | 대전광역시 동구 대전천북로 12
전화 | (042) 635-9942　팩스 | (042) 635-9941
E-mail | simji42@hanmail.net

ISBN 978-89-6627-260-0　03800

값 15,000원

\* 이 책은 강원특별자치도, 강원문화재단 후원으로
　발간되었습니다.